© Brösel

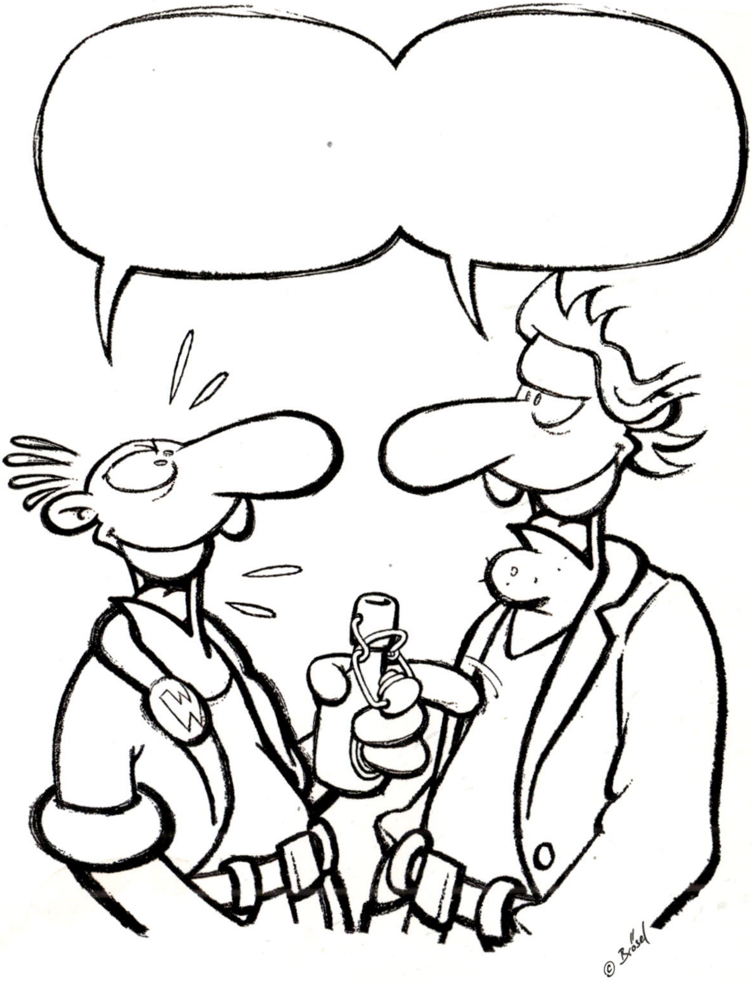

BRÖSEL, PETRA FELDMANN, TIM ECKHORST U. A.

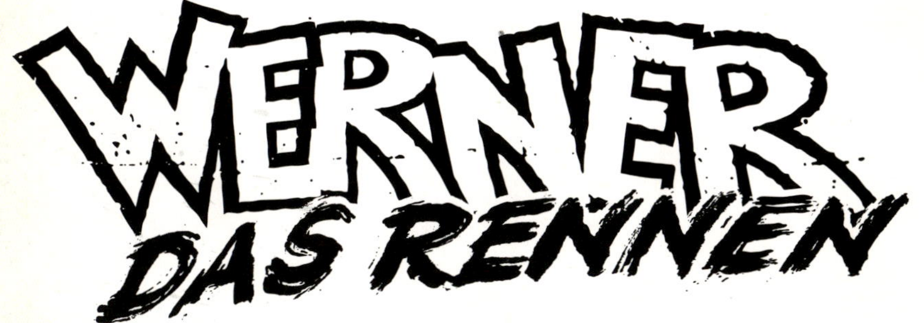

Konzeption
Brösel, Petra Feldmann, Tim Eckhorst

Buchgestaltung
Tim Eckhorst

Supervision
Petra Feldmann

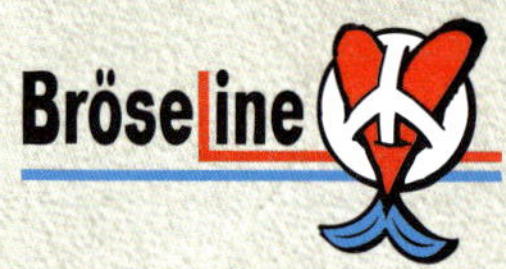

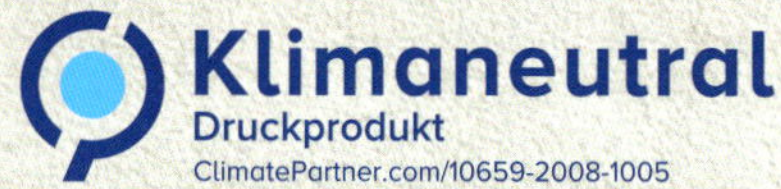

1. Auflage 2020 | Bröseline GmbH, Alte Dorfstraße 25, 24241 Sören | Fax: + 49 (0)4322/4422741 composs@t-online.de | | Originalausgabe: 2020
V.i.S.d.P.: Petra und Rötger Feldmann | Supervision: Petra Feldmann
Druck: Schipplick & Winkler Printmedien GmbH, Lübeck
Vertrieb: PPM Vertriebs GmbH & Co. KG, Dörentrup
werner.de | werner-tv.de | facebook.com/werner-41840467057 | instagram.com/broeseline.werner
Die Deutsche Nationalbibliothek verzeichnet diese Publikation in der Deutschen Nationalbibliografie: detallierte bibliografische Daten sind im Internet über http://dnb.d-nb.de abrufbar.

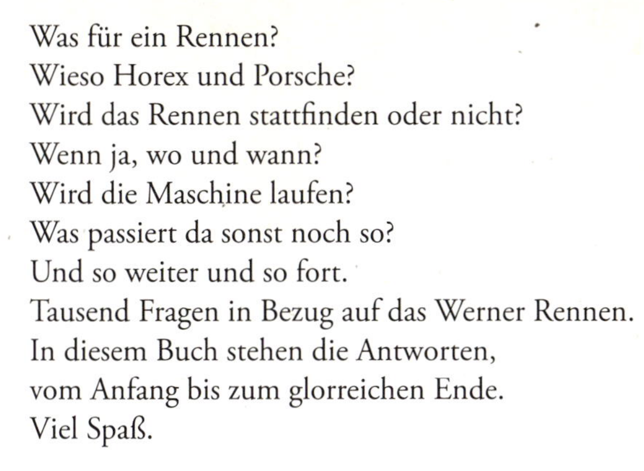

Was für ein Rennen?
Wieso Horex und Porsche?
Wird das Rennen stattfinden oder nicht?
Wenn ja, wo und wann?
Wird die Maschine laufen?
Was passiert da sonst noch so?
Und so weiter und so fort.
Tausend Fragen in Bezug auf das Werner Rennen.
In diesem Buch stehen die Antworten,
vom Anfang bis zum glorreichen Ende.
Viel Spaß.

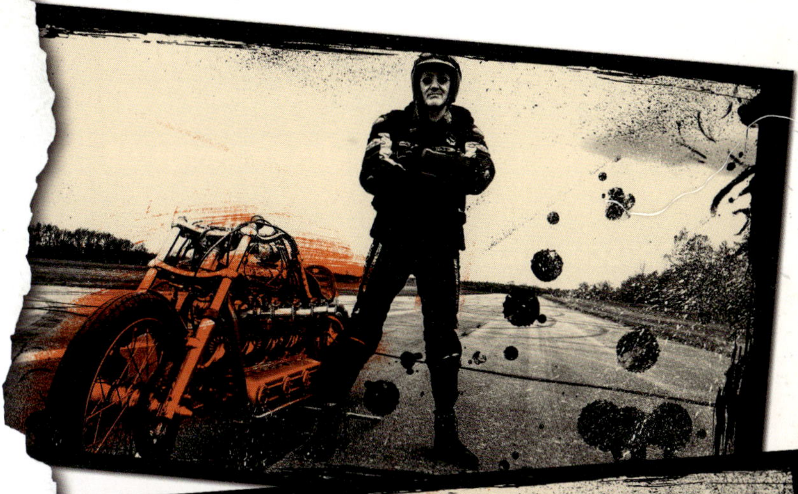

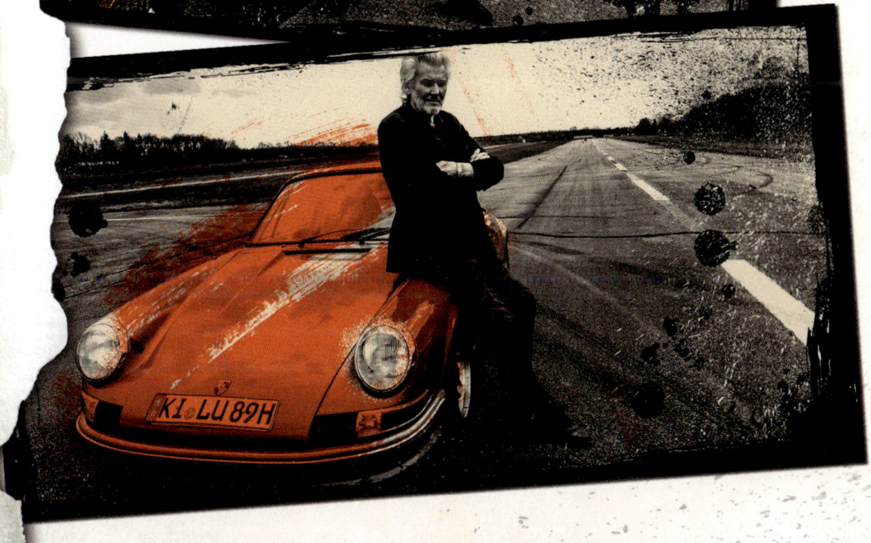

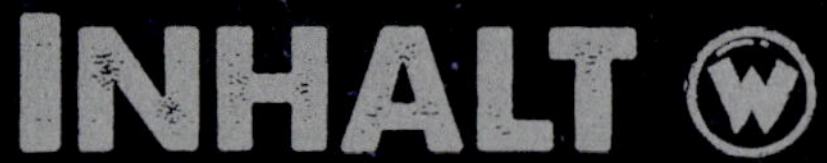

INHALT

VORWECH

Tim Eckhorst / 2020

In der Weltgeschichte gibt es viele große Rivalitäten: Caesar und die Gallier, Thomas Edison und George Westinghouse, Stones- und Beatles-Fans, Michael Schumacher und Damon Hill, Hase und Igel. Und dann gibt es da noch Brösel und Holgi.

Holger „Holgi" Henze ist Künstler, Filmemacher, Besitzer und Wirt der Kieler Kultkneipe Galerie Club 68. Der arbeitslose Lithograf, Zeichner und Motorradfahrer Rötger Feldmann verbringt viel Zeit in dem gemütlichen Establishment. Für Rötger – von allen immer Brösel genannt, weil sein Motorrad stets auseinanderzubröseln pflegt – wird der Club schnell zum Dreh- und Angelpunkt seines Lebens. Der Innenraum dient als Wohnzimmer, der Hinterhof bietet Platz zum Schrauben. In einer der Garagen steht Holgis Porsche. Den braucht er, um (von Berufs wegen) schnell in Hamburg sein zu können, muss man wissen. Abgesehen davon ist es aber auch nicht der schlechteste fahrbare Untersatz, den man haben kann, wenn man eine gute Figur abgeben möchte. Brösel und seinen Kumpels ist das alles ganz egal. Ihr Herz schlägt für Motorräder. Jegliche Energie wird dafür aufgewendet alte BSA und Horex-Schüsseln so flott zu machen, dass man damit z. B. in den Urlaub nach Italien fahren kann. Zum Hinterhof-Showdown kommt es, wenn Holgi zeitgleich an seinem Porsche bastelt. Fest davon überzeugt, dass die Gerätschaft durchweg gut läuft, bleibt ihm Zeit für abfällige Kommentare und Frotzeleien. „Vorkriegsschrott" sei das, woran die Motorradjünger da so eifrig rumfummeln. Nach Italien komme man damit auf jeden Fall niemals. Das sei lächerlich. Nicht mal vom Hof würden die Dinger fahren, prognostiziert er. Viel mehr Bewegung habe man vom Porsche bisher aber auch noch nicht gesehen, entgegnet Brösel, der von den Sprüchen echt angefressen ist. Im Club erhitzen sich die Gemüter abends noch mehr. „Deinen Salzstreuer verblasen wir doch allemal!" bekommt Holgi zu hören. Holgi schießt zurück, Brösel schießt zurück, der Kessel kocht hoch und läuft schließlich über. Ein Rennen muss es geben! Anders wird sich die Frage sowieso nicht klären lassen, wer denn nun wem sein Heckteil zeigt. Es wird nicht lange gefackelt und am 6. April 1981 wird um 00:30 Uhr auf einem Kneipenblock eine Abmachung festgehalten: Der Porsche 911 wird ab

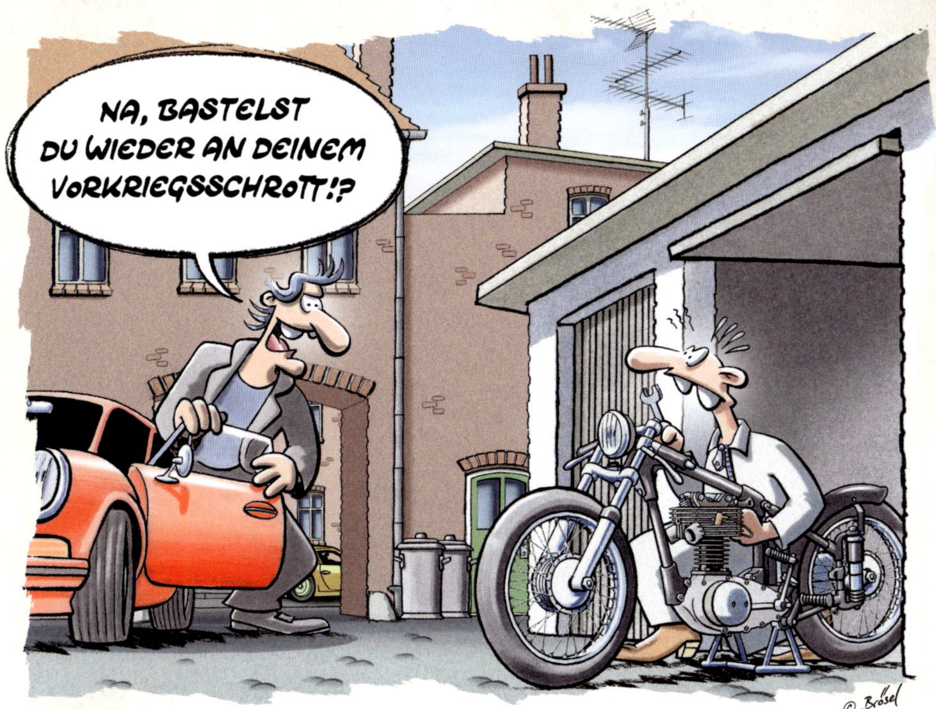

Autobahnanfang Kiel bis Abfahrt Blumenthal gegen eine Horex antreten! Jawohl! Der Wetteinsatz ist simpel: Der Sieger bekommt 100 Kisten Bier und der Verlierer wird mit Katzenscheiße beschmissen. Ein ehrbares Unterfangen.

Wenige Wochen zuvor ist das erste Werner-Buch „Oder was?" erschienen. Derweil frotzeln sich Brösel und Holgi noch vier weitere Jahre an und es entstehen in dieser Zeit noch zwei weitere Werner-Bücher: „Alles klar?" und „Wer sonst?". Vor lauter Arbeit ist für die Durchführung der Abmachung keine Zeit. Brösel zeichnet, Holgi leimt im Club seine Stühle, kauft frische Tomaten und steht hinter'm Tresen.

Brösel merkt langsam, dass er den Mund zu voll genommen hat. Was tun? Eine Maschine, die den Porsche schlägt, kostet Geld. Also malt man sich die ganze Sache erstmal auf Papier aus. Das ist dem Verlag ganz recht, der schreit schon nach dem vierten Band. Was bietet sich also mehr an als die Rivalität im Comic zu thematisieren? Brösel stürzt sich in seine Visionen vom großen Rennen. Die Geschichte zur Vision erscheint 1985 im vierten Werner-Band „Eiskalt!". Die Rivalität wird dort für Brösel stellvertretend zwischen seiner Figur Werner und Holgi ausgetragen. Das Unheil nimmt seinen Lauf und was im echten Leben begonnen hat, erhält eine ungeahnte Dynamik im Comic und findet den Weg zurück in die Realität. Aus der Abmachung wird 1984 ein echter Vertrach! Aber lest selbst, wohin diese Hinterhof-Querelen geführt haben.

WERNER + HOLGI

ES BEGANN AUF EINEM HINTERHOF

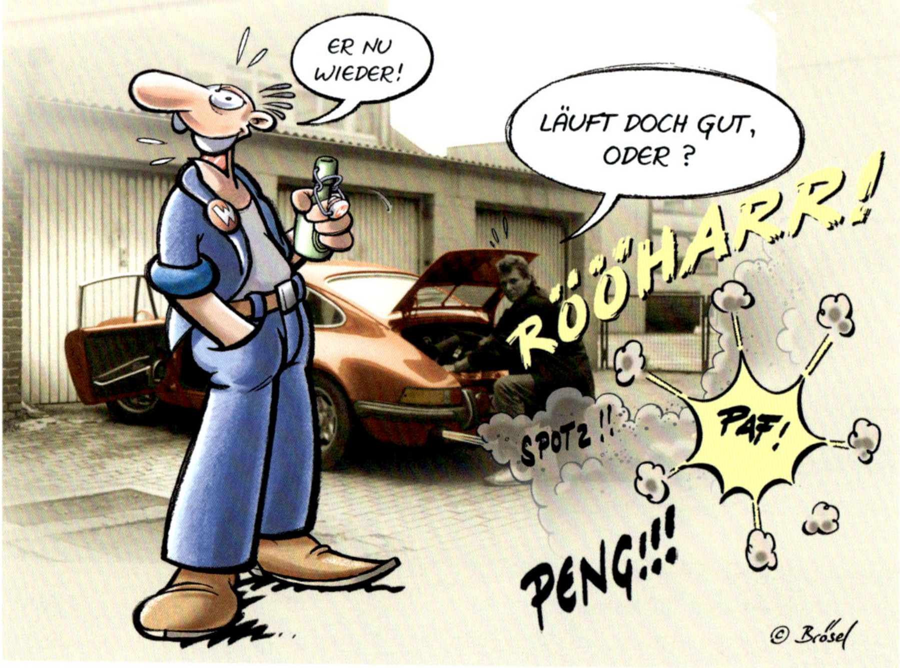

Holger „Holgi" Henzes Galerie Club 68 in der Ringstraße 68, gegründet 1968 für einen Haufen 68er, ist der Ort, den Holgi mit seinem 1968 erstmals zugelassenen Porsche täglich anfährt, um schönes Essen zuzubereiten, Bölkstoff auszuschenken, Kunst auszustellen, Konzerte auszurichten und für ein gemütliches Beisammensein zu sorgen. Vorher kauft er immer frische Zutaten ein (manchmal mit dem Porsche, da passen dann nur die kleinen Tomaten rein). Vernünftiges, frisches Essen ist für Holgi eine Selbstverständlichkeit. Da kann sich so mancher Laden 'ne ordentliche Scheibe von abschneiden! Hier kocht der Chef und der weiß, was gut ist und schmeckt!

Holgi setzt sich bis heute für Kunst und Kultur ein und hat ein großes Herz für hungernde Künstler. So auch für mich. Der Club ist mein zweites Zuhause und es ist schön, dass es so einen Ort bis heute gibt. Holgi geht jetzt auch auf die 80 zu – ich hoffe er und der Club bleiben uns noch lange erhalten! Danke Holgi!

Brösel, 2020

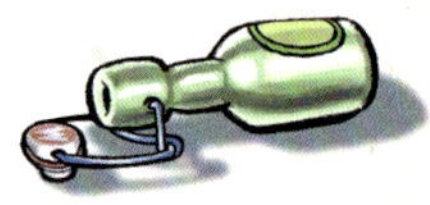

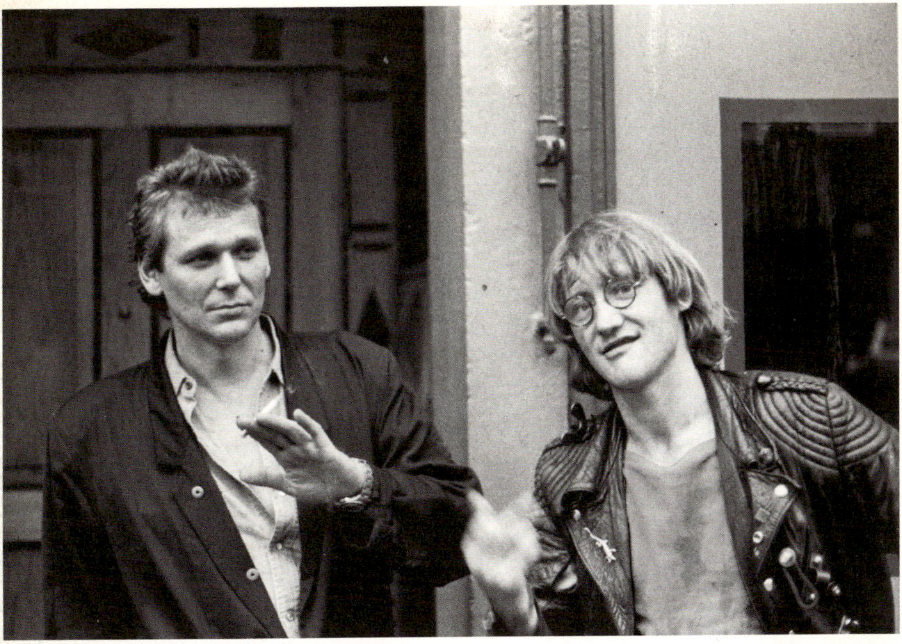

1984: Vor'm Club 68 – Rötger bröselt Holgi.

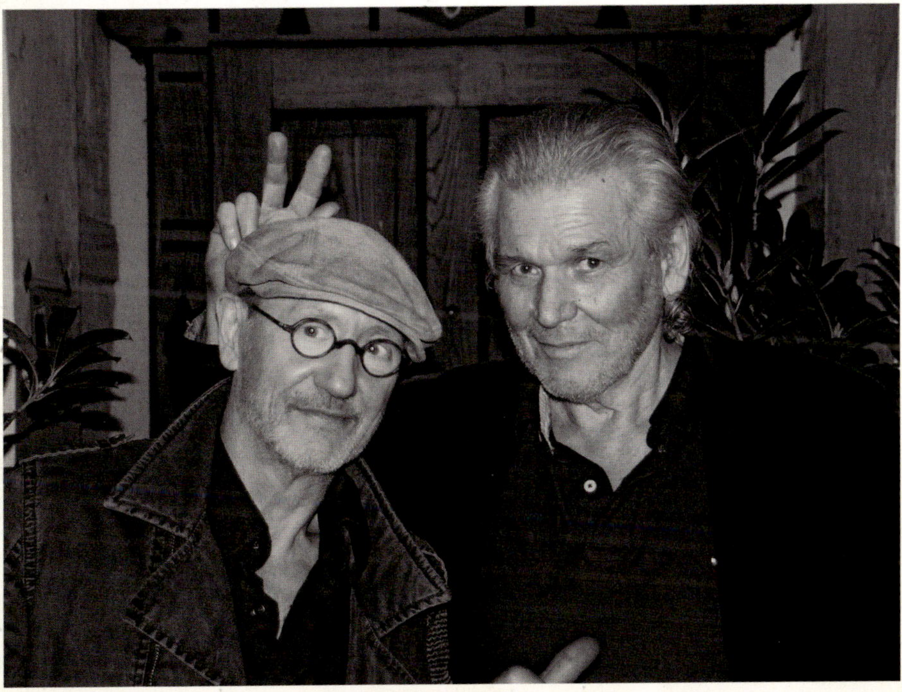

2018: Jahrzehnte später – Holgi henzelt Rötger zurück.

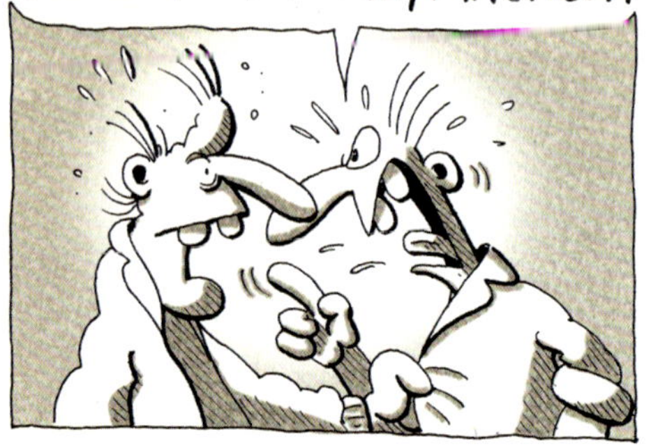
DICH LEDER ICH DOCH MIT DER HOREX AB, MACKER!

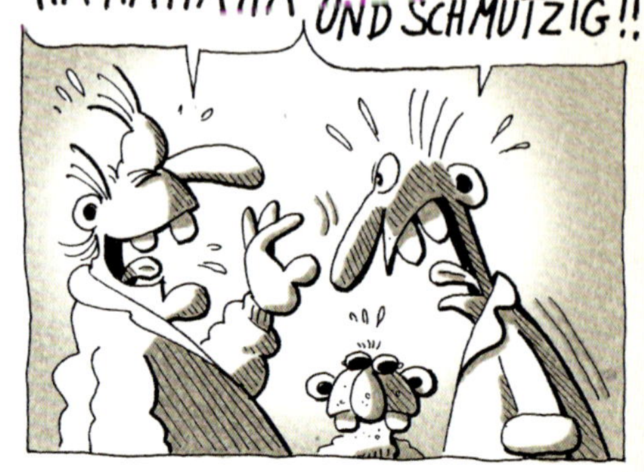
MIT DER HOREX
HA HA HA HA
JA, MIT DER HOREX MANN!!! LANG UND SCHMUTZIG!!

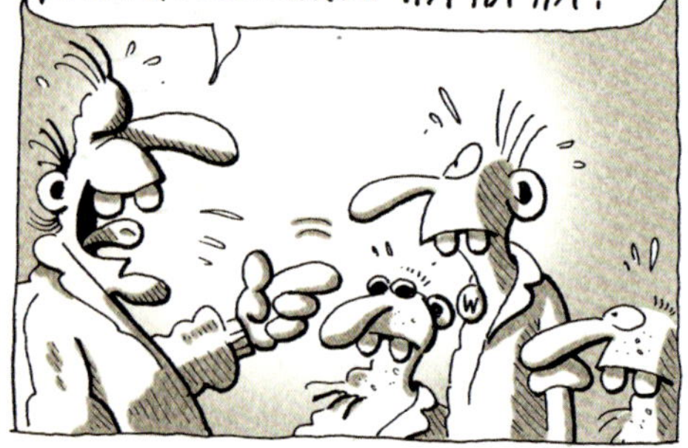
MIT DER HOREX! MEIN PORSCHE? DU WILLST MEIN PORSCHE ABHÄNGEN? HA HA HA HA IHR MIT EUERM VORKRIEGSSCHROTT HA HA HA!

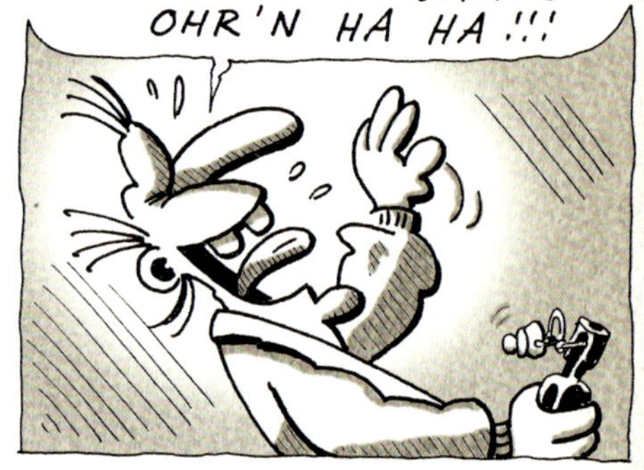
HA HA HA HA, NACH DEN ERSTEN 100 METERN FLIEGT EUCH DOCH ALLES UM DIE OHR'N HA HA!!!

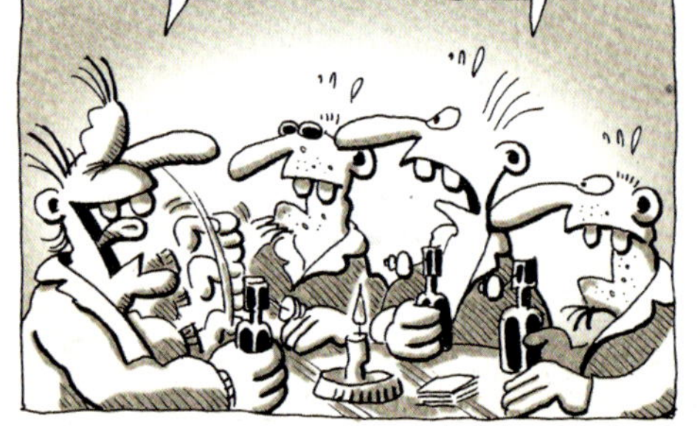
HAHAHA, MIT DER HOREX, MEIN PORSCHE, HAHAHA
GLAUBST DU WOHL NICH WA?

DAS SCHAFFT IHR NIE!
PASSMA AUF WIE DAS GEHT!
DAS GEHT RUCK ZUCK ALTER
GE NAU!

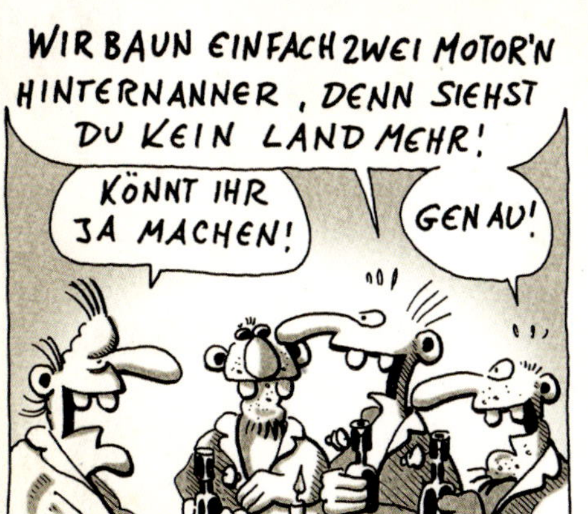

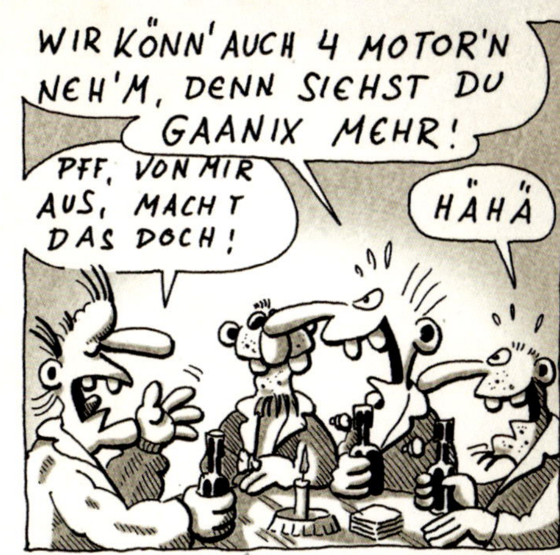

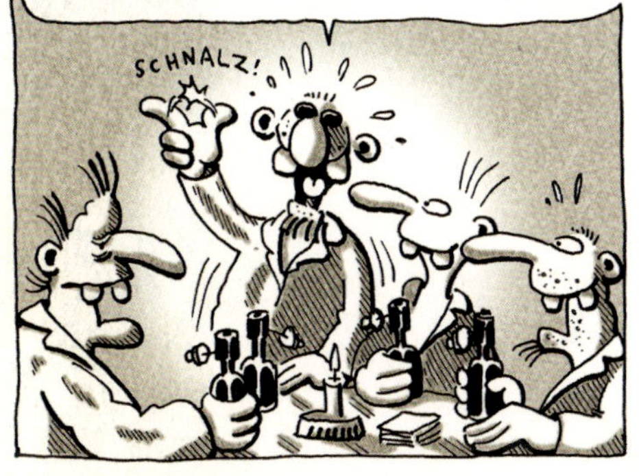

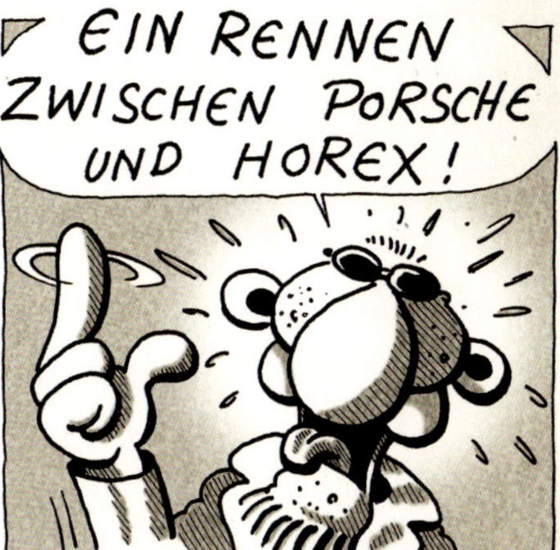

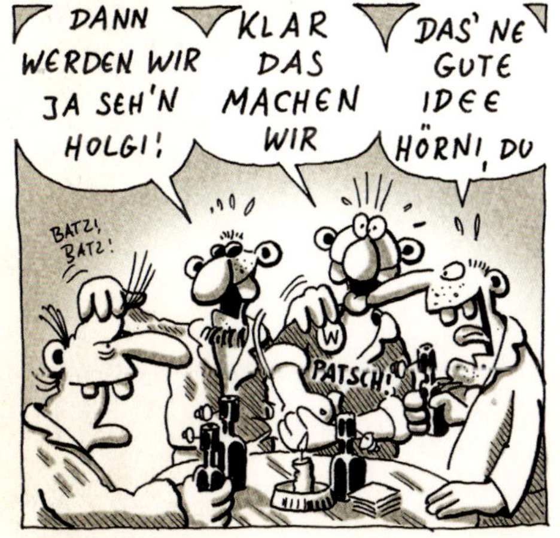

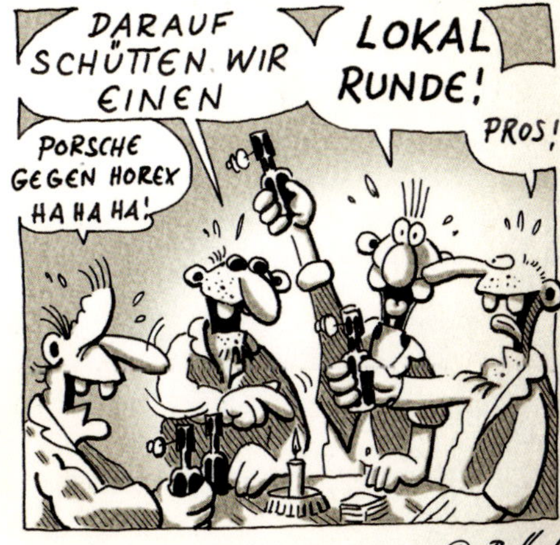

aus „WERNER – Eiskalt!", 1985 (Neuauflage 2019)

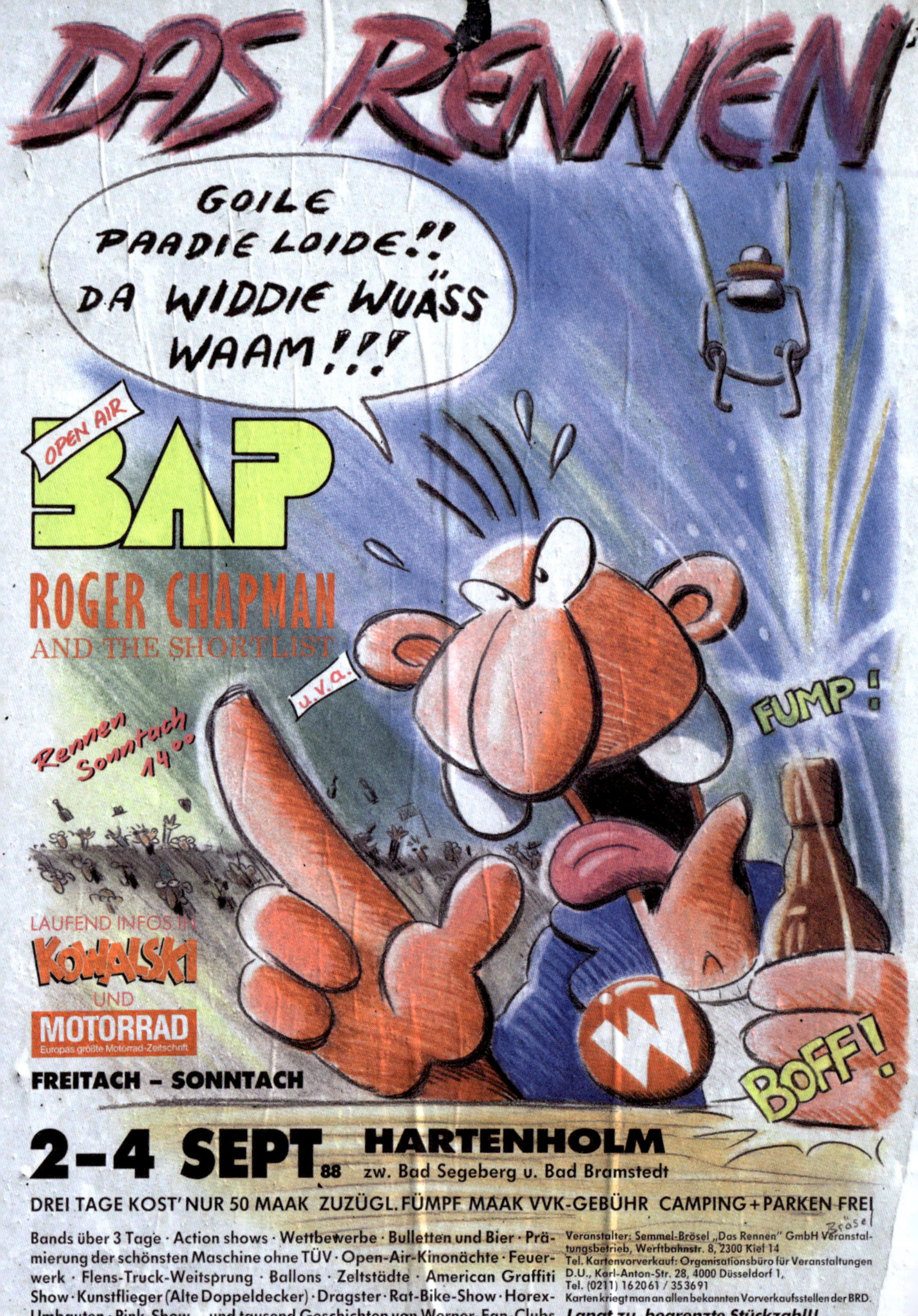
DAS RENNEN
GOILE PAADIE LOIDE!! DA WIDDIE WUÄSS WAAM!!!
OPEN AIR
BAP
ROGER CHAPMAN
AND THE SHORTLIST
u.v.a.
Rennen Sonntach 14⁰⁰
FUMP!
LAUFEND INFOS IN
KOWALSKI
UND
MOTORRAD
Europas größte Motorrad-Zeitschrift
BOFF!
FREITACH – SONNTACH
2–4 SEPT. 88
HARTENHOLM
zw. Bad Segeberg u. Bad Bramstedt
DREI TAGE KOST' NUR 50 MAAK ZUZÜGL. FÜMPF MAAK VVK-GEBÜHR CAMPING + PARKEN FREI
Brösel
Bands über 3 Tage · Action shows · Wettbewerbe · Bulletten und Bier · Prämierung der schönsten Maschine ohne TÜV · Open-Air-Kinonächte · Feuerwerk · Flens-Truck-Weitsprung · Ballons · Zeltstädte · American Graffiti Show · Kunstflieger (Alte Doppeldecker) · Dragster · Rat-Bike-Show · Horex-Umbauten · Pink-Show ... und tausend Geschichten von Werner-Fan-Clubs
Veranstalter: Semmel-Brösel „Das Rennen" GmbH Veranstaltungsbetrieb, Werftbahnstr. 8, 2300 Kiel 14
Tel. Kartenvorverkauf: Organisationsbüro für Veranstaltungen D.U., Karl-Anton-Str. 28, 4000 Düsseldorf 1, Tel. (0211) 162061 / 353691
Karten kriegt man an allen bekannten Vorverkaufsstellen der BRD.
Langt zu, begrenzte Stückzahl!!

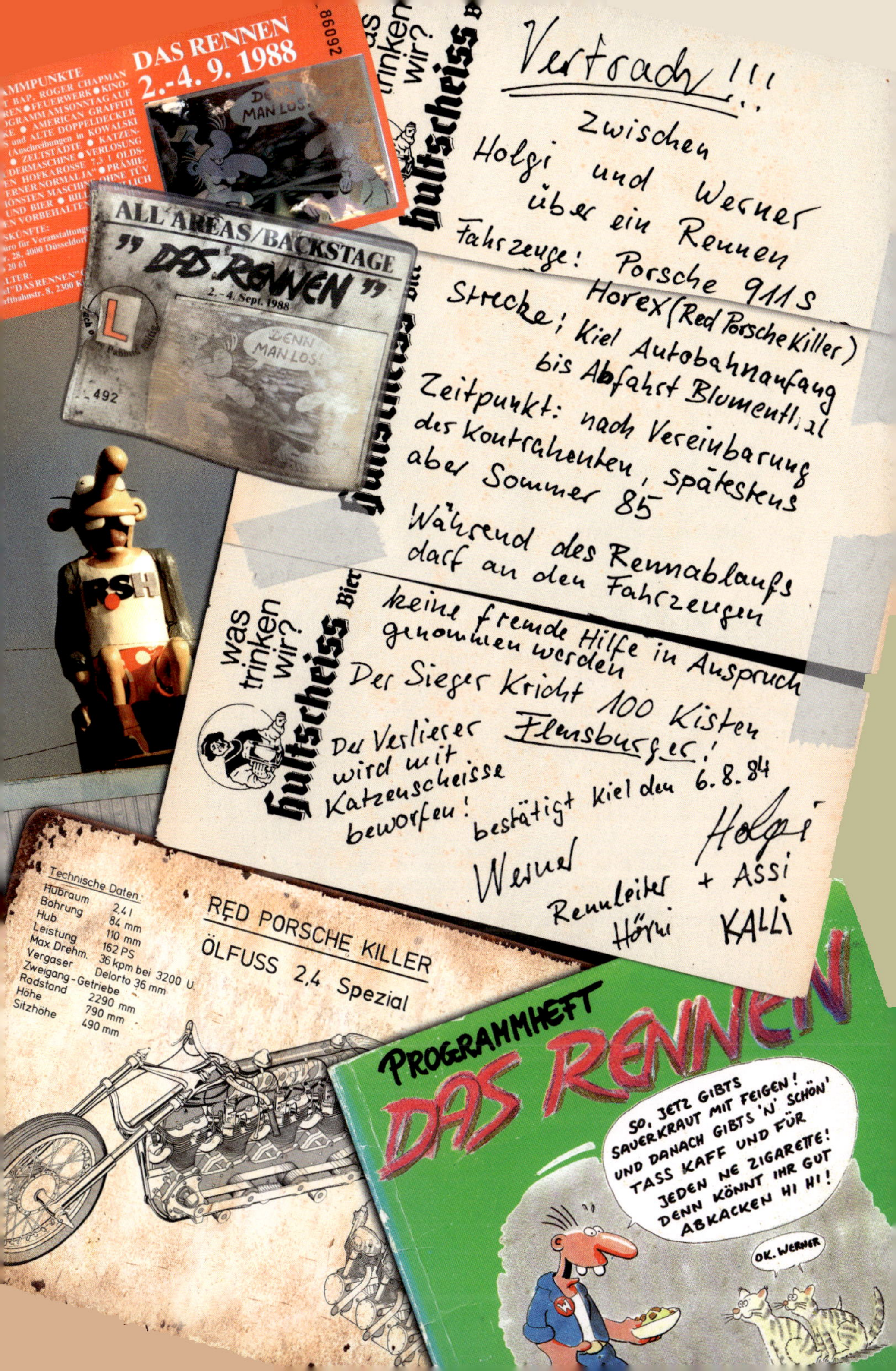
DAS RENNEN
2.-4. 9. 1988
26098
DENN MAN LOS!
ALL AREAS/BACKSTAGE
„DAS RENNEN"
2.-4. Sept. 1988
DENN MAN LOS!
492
RSH
was trinken wir?
hultscheiss Bier
Vertrach!!!
Zwischen
Holgi und Werner
über ein Rennen
Fahrzeuge: Porsche 911 S
Horex (Red Porsche Killer)
Strecke: Kiel Autobahnanfang
bis Abfahrt Blumenthal
Zeitpunkt: nach Vereinbarung
der Kontrahenten, spätestens
aber Sommer 85
Während des Rennablaufs
darf an den Fahrzeugen
keine fremde Hilfe in Anspruch
genommen werden
Der Sieger Kricht 100 Kisten
Flensburger!
Der Verlierer
wird mit
Katzenscheisse
beworfen!
bestätigt Kiel den 6.8.84
Holgi
Werner
Rennleiter Hörni
+ Assi KALLi
Technische Daten:
Hubraum 2,4 l
Bohrung 84 mm
Hub 110 mm
Leistung 162 PS
Max Drehm. 36 kpm bei 3200 U.
Vergaser Delorto 36 mm
Zweigang-Getriebe
Radstand 2290 mm
Höhe 790 mm
Sitzhöhe 490 mm
RED PORSCHE KILLER
ÖLFUSS 2,4 Spezial
PROGRAMMHEFT
DAS RENNEN
SO, JETZ GIBTS SAUERKRAUT MIT FEIGEN! UND DANACH GIBTS 'N' SCHÖN TASS KAFF UND FÜR JEDEN NE ZIGARETTE! DENN KÖNNT IHR GUT ABKACKEN HI HI!
OK. WERNER

~~Umleitung~~ Einleitung

Petra & Rötger Feldmann + Tim Eckhorst / **2020**

1988. Das Geiseldrama von Gladbeck ist gerade zu Ende und schon wird die Bundesrepublik vom nächsten Zwischenfall erschüttert. Doch von vorne.

Zwischen Kneipenwirt Holgi und Comiczeichner Brösel ist ein Streit entbrannt. Wer ist schneller? Porsche oder Horex? Für beide ist die Sache klar. Holgi sieht seinen Porsche vorn und kann gar nicht aufhören über die Ambitionen der Motorradschrauber zu lachen. Selbst die Drohung, dass die Horex dann einfach mit vier Motoren an den Start gehen wird, sorgt nicht für Schweiß auf Holgis Stirn.

Brösel setzt sich hin und zeichnet die Geschehnisse erstmal in Comicform. Seine Idee eines viermotorigen Motorrads baut er ein und haut für die technischen Zeichnungen dieses Monsters Schrauberkumpel Wolfgang „Ölfuß" Ußleber an. Der legt ordentlich vor und bringt den Red Porsche Killer zu Papier – der im Comic dann auch gebaut wird. Wunderbar! Doch wie soll man so eine Rennen-Geschichte zu Ende erzählen, wenn man gar nicht weiß, wer denn nun wirklich der Schnellere ist? Ganz einfach: Man befeuert die eigene Fantasie mal wieder mit Versatzstücken aus der Realität. Auf dem Hof vom Club 68 laufen Holgi sechs Liter Öl aus, weil er vergessen hat, den Ölfilter reinzudrehen (der Fleck ist noch heute zu sehen und sollte unter Denkmalschutz gestellt werden). Im Comic vergisst er beim Getriebeölwechsel die Ablassschraube reinzudrehen. Und schon ist das Getriebe hinüber. Ein gefundenes Fressen für Holgis Rennen-Aus im Comic. Und Werner (der im Comic stellvertretend für Brösel steht)? Soll der durch's Ziel kommen? Neee, auch Werner soll ein unverhofftes Schicksal ereilen. Und auch hier kommt die Realität ins Spiel. Ein Freund von Brösel – ein Sperrmüllmessie wie er im Buche steht – besitzt einen alten Hanomag (wie Röhrich). Eines schönen Tages fährt er vollbeladen mit allem erdenklichen Krempel von der Hofeinfahrt auf die Straße. Dann schlägt die Schwerkraft zu! Er hat vergessen die Haltebolzen von der Ladepritsche reinzuschieben und damit seine Ladung zu sichern. Die gesamte Pritsche kippt samt Inhalt auf die Straße. Aber wofür sind Freunde da? Richtig, damit man ihnen aus der Patsche helfen kann. Also packt man bei Eintreffen am

Katastrophenpunkt kräftig mit an und schon kann der Verkehr wieder fließen. Dass derlei Begebenheiten im Leben von Brösel nicht ungewöhnlich sind, ist vielen Lesern nicht unbedingt klar, weil sie denken Brösel würde in seinen Geschichten alles maßlos übertreiben. In vielen Fällen wird aber nur der blanke Wahnsinn des wahren Lebens aufgezeichnet – und im Comic manchmal sogar untertrieben. Der Kumpel mit dem Hanomag wird in der Rennen-Geschichte also zum Strohballen-Lieferanten, der die Strecke absichern soll. Tüffelig wie er ist, entlädt sich der ganze Plunder aber auf der Strecke selbst und bewirkt das Gegenteil. Werner knallt mit dem Red Porsche Killer voll rein. Weder Holgi noch er kommen durchs Ziel. Der Wetteinsatz – 100 Kisten Bier für den Sieger und den Verlierer mit Katzenscheiße bewerfen – wird nur zu 50 % eingelöst. Beide Fahrer müssen auf den Schmähturm und sollen dort durch einen Ventilator mit den Katzenfäkalien überzogen werden, da sie beide versagt haben. Zum Unglück der Besucher löst sich jedoch der Schlauch vom Ventilator, macht sich selbstständig und verteilt die Brühe über die Zuschauer. Ein irgendwie unbefriedigendes Ergebnis für alle Beteiligten. Aber umso neugieriger wird die Welt, was denn nun wäre, wenn man denn, also mal wirklich und ganz in echt so ein Rennen und überhaupt. Geht das? Immer mehr Briefe trudeln beim Verlag ein und die Rufe nach dem Rennen werden lauter. Und Ölfuß sagt: „So eine Maschine mit vier Motoren kann man bauen!“ Man muss zwar alles selbst berechnen und ausprobieren, aber danach ist man schlauer. Ganz günstig wird der Bau jedoch nicht. So um die 30.000 bis 40.000 Mark. Bauzeit: Ungefähr ein Jahr. Man entschließt sich dem Irrsinn freien Lauf zu lassen. Im Herbst 1985 beginnt Ölfuß also sich umzuhören, wer bei der einen oder anderen Stelle mit Rat und Tat zur Seite stehen könnte. Mangels kompetenter Menschen, beschließt er irgendwann frustriert, die Sache mit seinem Studium sein zu lassen, sich dem Red Porsche Killer zu widmen und die ganze Nummer mit Bekannten zu wuppen. Eine weise Entscheidung, ist man doch vorher schon auf die Fresse geflogen als man einem Typen aus Bremerhaven vier schwer zu bekommende Vierhunderter-Horex-Zylinderköpfe sowie eine Vorauszahlung hatte zukommen lassen, woraus dann nie etwas entstanden ist. Den ganzen Kram hat man sich mit einem Anwalt zurück holen müssen. Also selber machen.

Selber machen gilt auch für die Strecke. Also nicht selber bauen, sondern von vertrauensvollen Personen suchen lassen. Erste Idee: Ein Stück Autobahn sperren lassen. So schnell wie der Gedanke gekommen ist, durfte man ihn dann auch wieder verwerfen. Kann man sich völlig abschminken, sagt der Bescheid vom Amt.

Es ist also allerlei in Gange und zwischenzeitlich fragt man sich, was da denn eigentlich so passiert, wenn das Rennen gefahren wird. Schnell ist allen Beteiligten klar: Keine Sau reist mehr als ein paar Kilometer an, um ein kurzes Rennen zu sehen und sich danach wieder brav auf den Heimweg zu machen. Da muss mehr passieren. Ein wernermäßiges Open Air soll es sein! Und schon sieht man sich mit einer weiteren Herausforderung konfrontiert. Die Organisation eines Rennens mit angeschlossenem Open Air unterscheidet sich zwar nur marginal von Verlagsarbeit, aber dennoch erscheint es nicht ganz abwegig jemanden zu suchen, der bei solchen Sachen die volle Peilung hat. Irgendwer der weiß, was zu tun ist, wenn möglicherweise 30.000 Leute aufkreuzen und feiern möchten. Da muss man ja z. B. an Toiletten, Wurstbuden, Parkplätze, Ordner und so weiter und so fort denken. Der Rattenschwanz ist schier unendlich und es kristallisiert sich heraus, dass das Rennen nicht wie anfangs geplant eine kostenlose Veranstaltung sein kann. Lange Rede, kurzer Sinn: Der Profi wird auf einem Festival auf der Loreley in Form des dortigen Veranstalters Hermann Joha gefunden. Nachdem man diesem Werner und das Rennen erklärt hatte, nimmt auch die Organisation Fahrt auf – immer unter der Maßgabe den Eintrittspreis so niedrig wie möglich zu halten.

Direkt Anfang des Jahres 1987 gibt's eine Pressekonferenz, bei der mutig und vollmundig verkündet wird, dass das Rennen im September des selben Jahres stattfinden wird. Nur eine Strecke gibt es noch nicht. Wenige Tage später gibt der amtierende schleswig-holsteinische Ministerpräsident Uwe Barschel im Radio sein Indianerehrenwort, dass er höchst selbst die Erwirkung einer Genehmigung durch die Landesregierung unterstützten werde – die dem Unterfangen dann schließlich ein Stück Autobahn beschert. Beziehungsweise bescheren soll. Die SPD-Politiker Björn Engholm und Norbert Gansel springen auf den fahrenden Zug auf und signalisieren ebenfalls, sich für die gute Sache einsetzen zu wollen. Verlagsintern liebäugelt man mit der im Bau befindlichen Strecke zwischen Rendsburg und Kronsburg. Diese soll im Oktober 1987 fertiggestellt werden. Somit ist eine Sperrung einer in Verbrauch befindlichen Autobahn gar nicht nötig. Alles ganz prima. Stadt Kiel, Landesregierung, Wirtschaftsministerium, Verkehrsmysterium, Landesamt für Straßenbau und Behörden für dies und jenes im Kreis Rendsburg äußern in Gesprächen jedoch ausschließlich Bedenken. Nix bewegt sich. Im April '87 ist schließlich klar, dass es völlig ausgeschlossen ist bis September noch irgendwas Anständiges zu organisieren.

Soweit so schlecht. Was macht derweil eigentlich Ölfuß? Der schraubt nach rund 1 ½ Jahren immer noch munter vor sich hin und die Kosten für den Red Porsche Killer liegen mittlerweile bei unangenehmen 100.000 Mark. Also schon 60.000 über dem prognostizierten Limit. Herrje. Es gibt einfach kein Zurück mehr. Aber irgendwie auch kein Vor. Bis im Mai '87 plötzlich ein Angebot vom Straßenbauamt eintrudelt. Der Streckenabschnitt Kiel – Achterwehr könne genutzt werden. Aus verschiedenen Gründen stellt sich der Abschnitt aber als ungeeignet heraus. U. a. würden Wohngebiete und Feuchtbiotope die Veranstaltung stören. Wieder nix, aber es muss weiter gehen. Also wird der Gaul bewusst von hinten aufgezäumt. Ohne

Strecke beginnt man das Event zu organisieren, kümmert sich um das Rahmenprogramm und legt September 1988 als Veranstaltungsdatum fest – immer noch in der Hoffnung, dass man schon irgendeine Autobahn bekommen werde. Doch dann ändert sich wieder alles.

Vor der schleswig-holsteinischen Landtagswahl im September '87 werden den Spitzenkandidaten von CDU (amtierender Ministerpräsident Uwe Barschel) und SPD (Björn Engholm) 40.000 Unterschriften überreicht. Unterschriften von 40.000 Menschen, die von der Regierung fordern für das Rennen nun endlich und verdammt noch mal ein Autobahnstück zur Verfügung zu stellen. Doch bald darauf haben die Kandidaten ganz andere Sorgen. Am 13. September 1987, dem Samstag vor der Landtagswahl, wird publik, dass das Magazin Der Spiegel am Tag nach der Wahl über eine Verleumdungskampagne gegen Engholm zu berichten gedenkt. Diese soll Barschel initiiert haben. Die Ankündigung bringt die CDU zu Fall und sie verliert die absolute Mehrheit. CDU und FDP beschnuppern sich nach der Wahl erstmal nur noch sehr vorsichtig. Barschel beteuert seine Unschuld, steht jedoch massiv unter Druck, tritt dann am 2. Oktober 1987 als Ministerpräsident zurück und kommt einige Tage später in einer Genfer Hotel-Badewanne aus ungeklärten Gründen ums Leben. Engholm wird schließlich im Mai '88 neuer Ministerpräsident. Für das Rennen bedeutet das: Neue Konstellationen im Landeshaus und keiner weiß mehr was von irgendwas. Zwischenzeitlich kommt ein Angebot für einen privaten Flugplatz in Bayern rein. Werner in Bayern? Lieber erstmal auf eigene Faust weiter, ohne Bayern, ohne Landesregierung. Zuletzt ist es eigentlich gar nicht so schlecht gelaufen. Am 18. September 1987 findet ein Probelauf des Porsche Killers auf dem favorisierten Abschnitt Rendsburg – Kronsburg statt. Am Folgetag wird beim Straßenbauamt ein Antrag auf Nutzung dieser Strecke eingereicht. Doch nichts und wieder nichts. Die politischen Wirren im Lande machen endgültig alles zunichte. Auch wenn noch ein kleines Lichtlein auflammt als CDU, SPD und FDP im November '87 ihre Unterstützung zusichern. Doch die bieten das Stück Achterwehr – Kronsburg für 1989 an, das sich ebenfalls als unbrauchbar erweist. Und damit mal Ruhe im Karton ist, fällt die Wahl auf den Flugplatz Hartenholm. Dort hat man zwar nur 'ne kurze Strecke, aber dafür ist man vor Ort mit der ganzen Nummer einverstanden und so ist das Datum des Rennens endlich fix: 2. bis 4. September 1988!

So, und wie weit ist nun Ölfuß mit'm Porsche Killer? Der schraubt und schraubt und schraubt nun mittlerweile seit fast drei Jahren und seit etwa 2.500 Stunden daran rum. Mit dem Ergebnis, dass das Höllengerät läuft! Und mittlerweile fast 280.000 Mark verschlungen hat.

Um für das Rennen die Werbetrommel zu rühren, wird der Porsche Killer durch die Republik gefahren. Auf dem Loreley-Festival fährt Brösel mit dem Gerät während des Meat Loaf Auftritts auf die Bühne. Das Pubikum rastet aus.

Meat Loaf liegt beim Song „Bat out of Hell“ auf dem Porsche Killer. Brösel nimmt ein Bad in der Menge (und siehlt damit sowohl Motorrad als auch Meat Loaf zumindest einen Teil der Show). Nachdem man auf der Essen Motorshow gewesen ist, berichten Magazine und Zeitungen aus Idaho (USA), Israel, Spanien, Neu-Delhi (Indien), Bangkog (Thailand) und natürlich Deutschland. Hier überschlagen sich die prognostizierten Besucherzahlen des Rennens Mitte August ’88. Man geht von 100.000 aus und ahnt noch nicht so recht, dass man knapp daneben liegt.

Zum Rennen gehört natürlich auch noch Holgi und sein Porsche. Dort bleibt es weitestgehend unauffällig. Der Porsche verschlingt zwar auch zwischen 55.000 und fast 80.000 Mark (man weiß es wohl einfach nicht mehr so genau), aber Holgi sieht alles locker. Für ihn ist es „eine Art Dada-Ereignis.“ Wenn ein „Schrott-Auto“ (Zitat Holgi) gegen ein „Schrott-Motorrad“ (auch Zitat Holgi) antrete, sei das doch „ein absurdes Hase-und-Igel-Spiel in einer völlig übermotorisierten Welt.“ Für ihn steht der Spaß im Vordergrund. Es kann also losgehen. Das Rennen steht vor der Tür. Am 1. September ’88 beginnen sich die Ortschaften rund um den Flugplatz Hartenholm allmählich zu füllen. Ab dem Elbtunnel in Hamburg ist alles dicht. Spätestens ab Samstag sind die Besucherströme nicht mehr zu kontrollieren und zu koordinieren. Das Rennen wird zur freien Veranstaltung erklärt: Eintritt frei und keine Kontrollen mehr! Zitat aus der Tagesschau: „Auf inzwischen fast 200.000 Werner-Fans schätzt die Polizei die Anzahl der Besucher, die die verrückte Renn-Wette zwischen Brösel und Holgi am Sonntag miterleben wollen. Im Umkreis von 10 km haben sie ihre Zelte aufgeschlagen. Für weitere Campingplätze musste der Veranstalter in der vergangenen Nacht sogar zusätzlich 1.000.000 m² Fläche anmieten. Auf der Bundesstraße 206 brach der Verkehr zwischen Hartenholm und der Autobahn A7 total zusammen.“ Dass dabei nicht jeder Gartenzaun an Ort und Stelle bleibt, nicht jeder Bürgersteig müllfrei ist, nicht jede Fäkalie in einem dafür vorgesehen Behältnis landet und um 22 Uhr keine Nachtruhe herrscht, versteht sich wohl von selbst. Die Polizei hält sich jedoch im Hintergrund, beobachtet aufmerksam und bemüht sich um ein gutes Miteinander zwischen Einheimischen

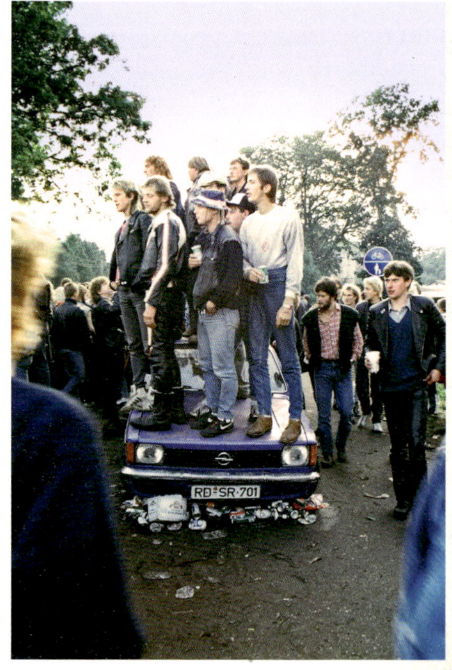

und Veranstaltungsteilnehmern. Entstandene Schäden werden im Nachgang reguliert – der Schock über die etwas ausgeartete Eventgröße und den damit einhergehenden Gegebenheiten und Improvisationen sitzt aber auch noch nach Jahrzehnten bei vielen Dorfbewohnern tief. Zwischen den Besuchern kommt es zu wenig nennenswerten Vorfällen. Man gibt auf sich Acht. Die Achtsamkeit führt jedoch auch hie und da dazu, dass man Fahrzeuge zu Tribünen umfunktioniert, damit jeder gute Sicht hat.

Auf dem Rennen gibt es quasi alles. Auf zwei Bühnen wird nonstop Gas gegeben. Zu den musikalischen Highlights zählen BAP, Roger Chapman and the Shortlist, die Fuckin' Kius Band, Funk Connection und Schroeder. Es gibt ein Zirkuszelt mit Musik drin, ein Zirkuszelt mit Mitarbeitern drin und sogar ein Zirkuszelt mit Zirkus drin. Die schönste Maschine ohne TÜV wird prämiert, Mofaweitwurf betrieben, es gibt ein Horex-Treffen, Brösels Oldsmobile von der legendären Korsika-Reise wird verlost, ein Festival-Kino zeigt Filmklassiker und Stunts und Weltrekordversuche am laufenden Band halten das Publikum bei Laune. Das eigentliche Highlight, auf das alle warten, ist aber das Rennen zwischen Brösel und Holgi. Im Vorprogramm ein ganz besonderes Ereignis: Ein aufgemotzer Bierlaster mit einem todesverachtenden Fahrer springt per Rampe über 27 Motorräder. Dabei legt sich das Geschütz auf die Seite, bringt aber Sekunden danach einen stolzen und unverletzten Fahrer zu Tage. Bilder für die Ewigkeit.

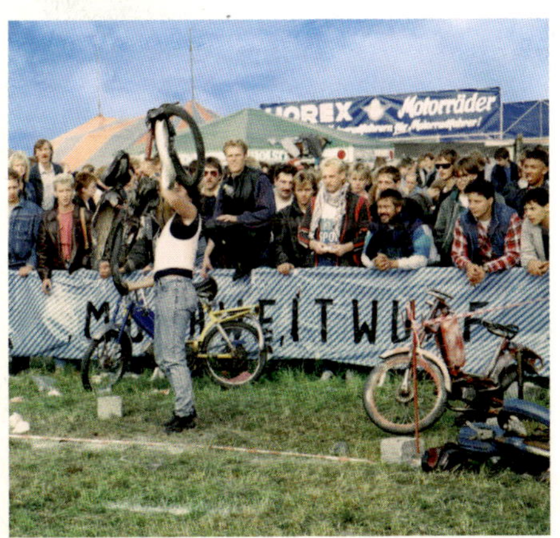

Das Rennen zwischen Brösel und Holgi ist für Sonntag 14 Uhr angesetzt. Man entscheidet sich jedoch für eine Vorverlegung, da ein großer Stau befürchtet wird (das im Programmheft für 15:07 Uhr angekündigt ist) und man sich etwas Luft verschaffen möchte. Somit geht es um 12:00 Uhr los. High Noon. Am Start flimmert die Luft, Adrenalin wird förmlich sichtbar. Die spektakuläre 42 Tonnen schwere und 48 m² große Starvision Videoleinwand ist bereit und einige Besucher haben sich besonders gute Sicht verschafft, indem sie sich gemütliche Plätze im Geäst des angrenzenden Waldes gesucht haben. Letzte Handgriffe werden getan, die Piloten nehmen ihre Plätze ein und unter dem tosenden Applaus der Hunderttausenden geht's ab! Das etwa 20-sekündige Duell endet mit einem Schock: Brösel startet unwissentlich im zweiten Gang. Das bereitet dem amtlichen Drehmoment und Vortrieb des mit einem Mähdrescheranlasser gestarteten Dragsters keine Probleme. Somit bemerkt der Ahnungslose seinen Fehler nicht und hakelt verzweifelt an der Schaltung 'rum, um den vierten Gang zu finden. In dem befindet er sich jedoch bereits. Er hätte lieber Vollgas geben sollen. Bevor der Porsche Killer also sein ganzes Potential entfaltet, ist Holgi bereits durch's Ziel gerauscht. Fassungslosigkeit bei Crew und Fans. Aber hilft ja nix... das Programm ist noch nicht zu Ende und so wartet der Schmähturm inklusive Katzenscheißeschmeißmaschine auf Brösel. Solidarisch wie er ist, begibt sich Holgi unter den Augen der Besucher mit auf den Turm. Die Flüssigkeiten brodeln mächtig vor sich hin und beginnen zu spritzen. Doch der Schlauch – oh Wunder und siehe Comic – reißt ab und ergießt sich über dem Publikum. Spätestens zu diesem Zeitpunkt ist jegliche Traurigkeit über Brösels Niederlage dahin und es wird im wahrsten Sinne des Wortes feuchtfröhlich gefeiert. Per Kran werden dem Sieger 100 Kisten Bier gereicht.

Am Ende der gezeichneten Geschichte in „Eiskalt“ entbrennt ein erbitterter Streit: Hätte dies, hätte das, dann hätte er und sonst er, aber eigentlich hat keiner. Kein Wunder also, dass Werners Kumpel Hörni bereits damals am Tresen des Club 68 Stift und Zettel für einen neuen Vertrag fordert...

Die letzten bekannten Bilder der verlosten Oldsmobile-Königskarosse. Es teilt seit dem das Schicksal des legendären Bernsteinzimmers. Sachdienliche Hinweise zum Verbleib des Fahrzeuges bitte an den Verlag.

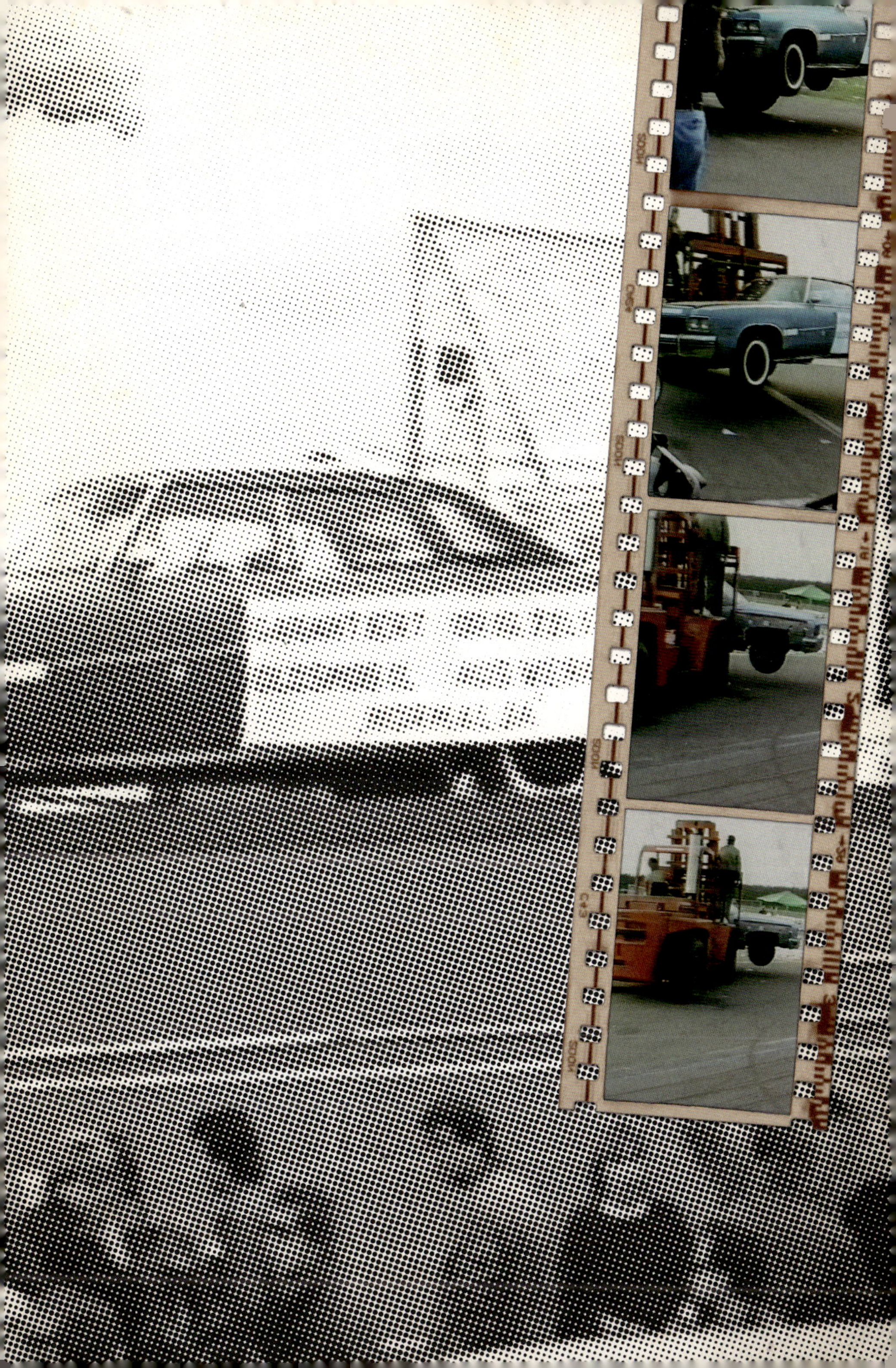

RICHTIGSTELLUNG

Brösel / 1988

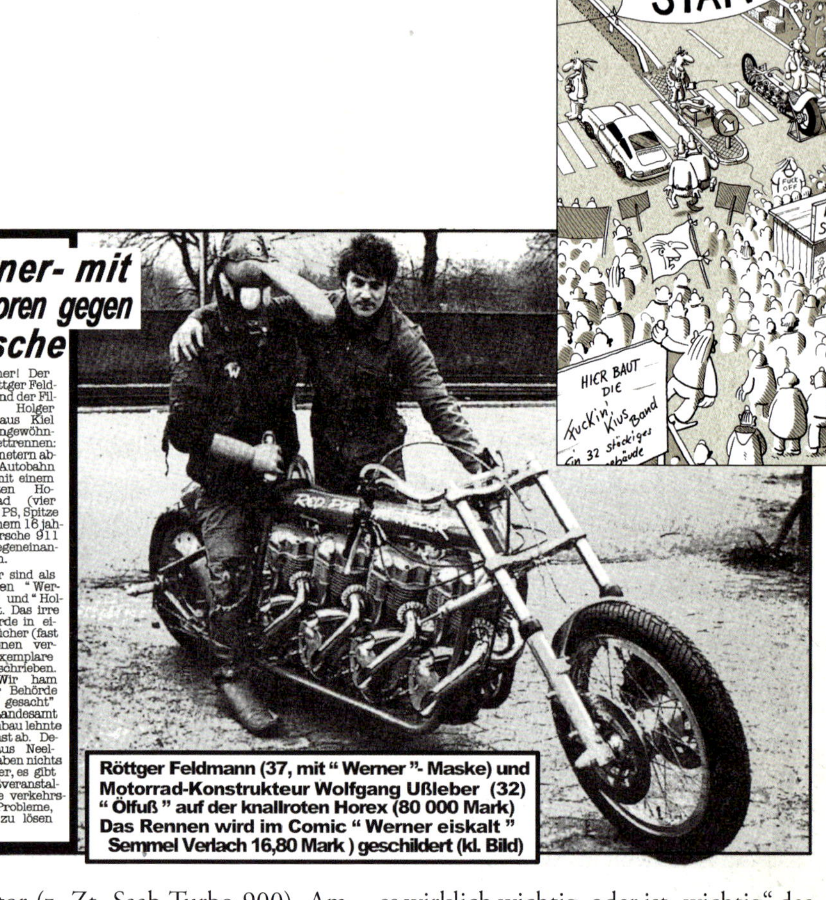

Werner- mit 4 Motoren gegen Porsche

* Ach, Werner! Der Künstler Röttger Feldmann(37) und der Filmemacher Holger Henze (43) aus Kiel planen ein ungewöhnliches Wettrennen: auf 2,5 Kilometern abgesperrter Autobahn wollen sie mit einem selbstgebauten Horex-Motorrad (vier Motoren 88 PS, Spitze 240) und einem 16 jahre alten Porsche 911 (185 PS) gegeneinander antreten.

Die Fahrer sind als Comic Figuren "Werner Brösel" und "Holgi" bekannt. Das irre Rennen wurde in einem der Bücher (fast zwei Millionen verkaufte Exemplare schon beschrieben. Werner: "Wir ham schon aufer Behörde Bescheid gesacht" Das Kieler Landesamt für Strassenbau lehnte aber zunächst ab. Dezernent Klaus Neelsen: "Wir haben nichts gegen Werner, es gibt bei der Großveranstaltung zu viele verkehrstechnische Probleme, die nicht zu lösen sind.

Röttger Feldmann (37, mit "Werner"- Maske) und Motorrad-Konstrukteur Wolfgang Ußleber (32) "Ölfuß" auf der knallroten Horex (80 000 Mark) Das Rennen wird im Comic "Werner eiskalt" Semmel Verlach 16,80 Mark) geschildert (kl. Bild)

Der Autor (z. Zt. Saab Turbo 900). Am Anfang war Werner? Am Anfang war das Licht, doch er fand den Schalter nicht… oder wie, oder was?!

Wie soll ich anfangen, um etwas über „Das Rennen“ zu Papier zu bringen? Das haben im Laufe der letzten Jahre doch andere schon getan, unsere lieben Medien, das Fernsehen, der Rundfunk, die Presse. Weil sie glaubten, es wäre wichtig, etwas über Werner zu berichten. Ist es wirklich wichtig, oder ist „wichtig“ das falsche Wort? Oder ist das richtige Wort falsch?

Wenn ich in meiner Mappe mit den Rezensionen herumblättere und die Schlagzeilen um Werner und das Rennen überfliege, würgt und windet mir das gestrig verkonsumierte Bier und der vorgestrig gesüffelte Rotspon um den Schluckaufnippel und der soeben aufgebrühte Frühstückstee erstarrt in der Tasse zu Glotter!

Da hat zum Beispiel die Blind-Zeitung „im wahrsten Sinne des Wortes" den Vogel abgeschossen! Da steht: „Werner – Mit 4 Motoren gegen Porsche". Daneben ein Foto mit der 4-motorigen Horex, darauf sitzt die Werner-Puppe mit der langen Holznase, die wir vor ein paar Jahren einmal als Buchmessegag gebastelt haben, daneben steht Freund Ölfuß, die rechte Hand am Lenker, den linken Arm auf Werners Schulter gelegt. Als Bildunterschrift kann der Bürger Otto Normal lesen: „Röttger Feldmann (37, mit „Werner"-Maske) und Motorrad-Konstrukteur Wolfgang Ußleber (32) „Ölfuß" auf der knallroten Horex (80.000 Mark)".

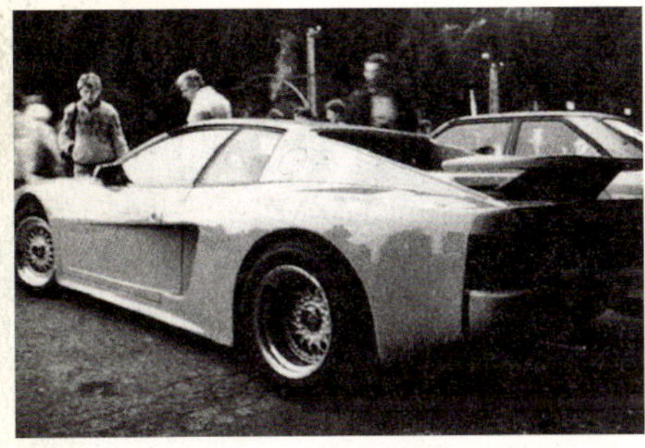

Der 185 Jahre alte Horex Kraftwagen (16 PS, 850,–) von Rüdiger Flensmann.

1. Mein Vorname schreibt sich mit einem t! 2. Dass da kein Mensch auf dem Motorrad sitzt, sieht jeder Maulwurf! 3. Der Fotograf ist ein Maulwurf, weil das Motorrad pink-metallic ist und nicht knallrot! Und 4. Das Motorrad hat fast 4-mal soviel gekostet wie angegeben!

Der obenstehende Text strotzt nur so von Fehlern. Obwohl der Verlach eine Pressemappe herausgegeben hatte, wo alle Angaben auf's genaueste zu ersehen sind. Da frage ich mich, was krebsen

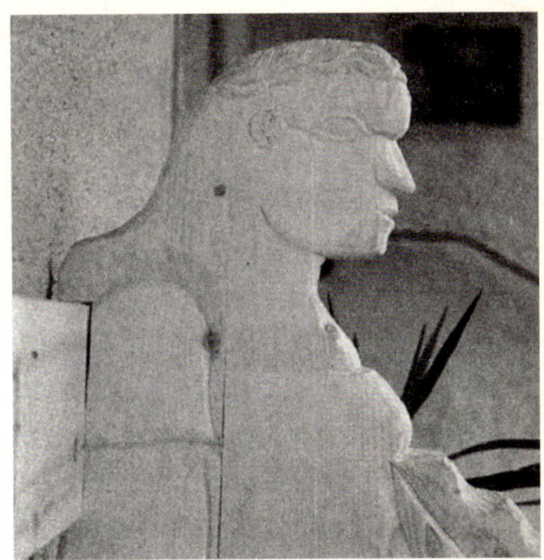

Rüdiger Flensmann (73)

bei der Blind-Zeitung für Arschnasen herum, die Tach für Tach für die armen Maurer, die auf den Baustellen in ihren Scheißhäusern sitzen, solchen Senf aufschreiben? Kann man sich damit noch mit ruhigem Gewissen den Arsch abwischen? Die Antwort liegt doch wohl auf der Hand!

Nicht nur das Bürger-Verdummungsblatt Nr. 1 von Axel Cäsar publiziert diesen Sermon, auch alle anderen, von „Fick" bis „Fregatte" und wie sie sonst noch alle heißen, sollten lieber buntes Toilettenpapier bedrucken. Darum will ich an dieser Stelle für meine Fans, die durch die vielen falschen Pressemeldungen irregeführt wurden, noch einmal die wichtigsten Daten über mich, meine Freunde und das Rennen geraderücken.

Richtig muß der nebenstehende Bildtext lauten: „Dezernent Rüdiger Flensmann (73) und der Straßenbauer Klaus Neelsen (240 PS) aus Neumünster planen ein ungewöhnliches Wettrennen: Auf 911 Kilometern abgesperrter Au-

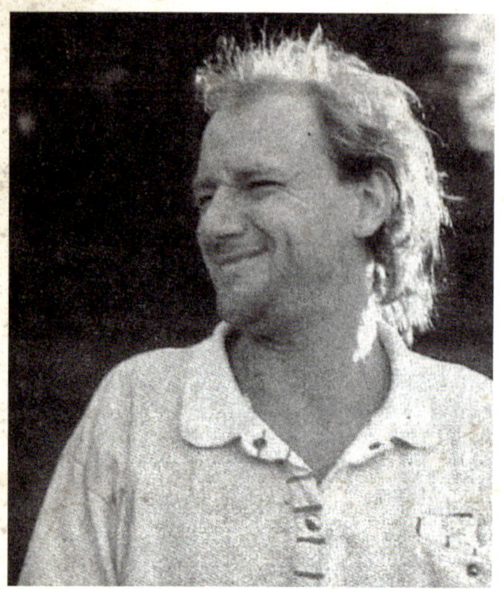

Kontrahent Klaus Neelsen (240 PS) wirkt immer noch gelassen.

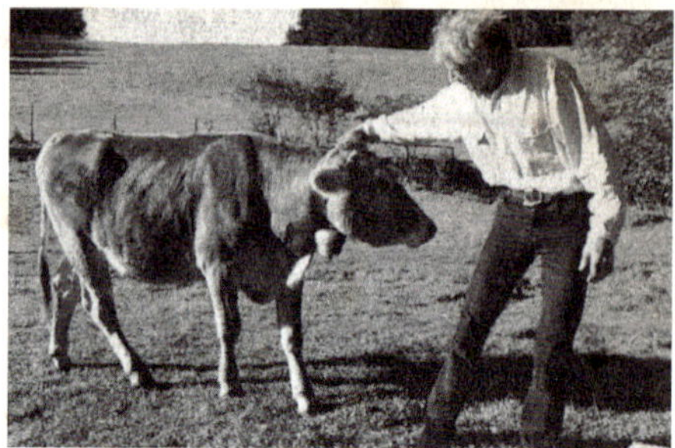

Neelsen mit seinem 88-motorigen Porsche-Motorrad (Spitze 43 km/h)

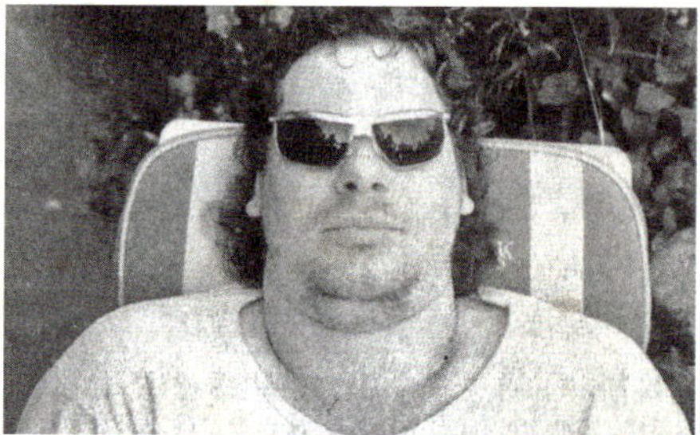

Filmemacher Wolfgang Ußleber (13)

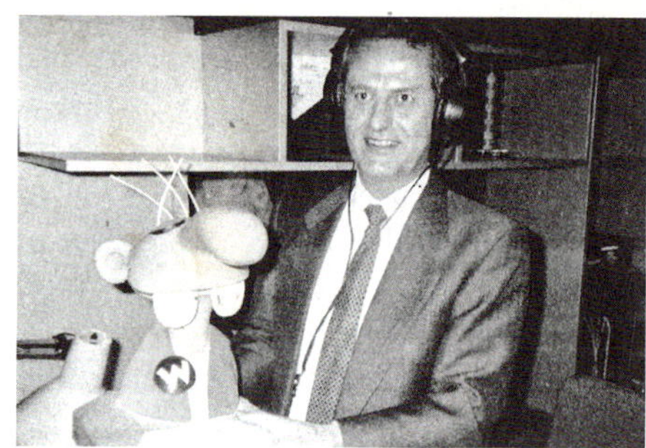

Comicfiguren Hölgi Brossel (l.) und Werni Henze (r.). „Es gibt nix, was ein deutscher Offizier nicht kann."

tobahn wollen sie mit einem selbstgebauten Porsche-Motorrad (88 Motoren, 4 PS, Spitze 43 km/h) und einem 185 Jahre alten Rolex-Kraftwagen, 16 PS, gegeneinander antreten. Die Fahrer sind als Comic-Figuren „Holger Brösel" und „Werni Henze" bekannt. Das irre Rennen wurde in einem der Bücher (fast 43 Millionen verkaufte Exemplare) schon beschrieben."

Dezernent Flensmann: „Wir ham schon aufer Behörde Bescheid gesacht." Das Kieler Kulturamt für Straßenbau lehnte aber zunächst ab. Filmemacher Wolfgang Ußleber (13): „Wir haben nichts gegen Werner, es gibt bei der Großveranstaltung zu viele alkoholtechnische Probleme, die nicht zu lösen sind!" WERNER, Comicfigur (83) meint: „Es gibt nix, was ein deutscher Offizier nicht kann!"

In dem Sinne: „Gut Schluck!"

Hau wech die Scheiße!

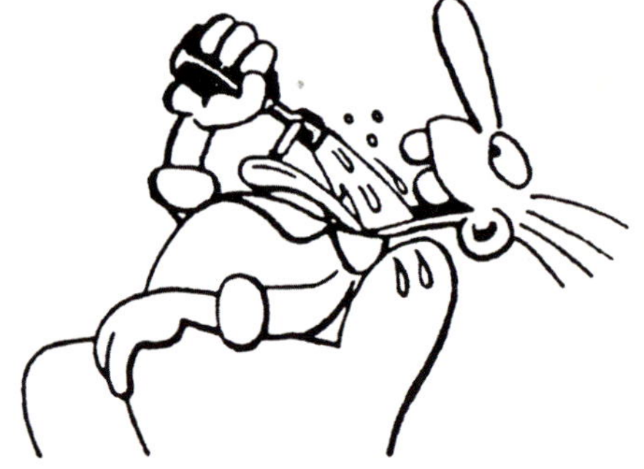

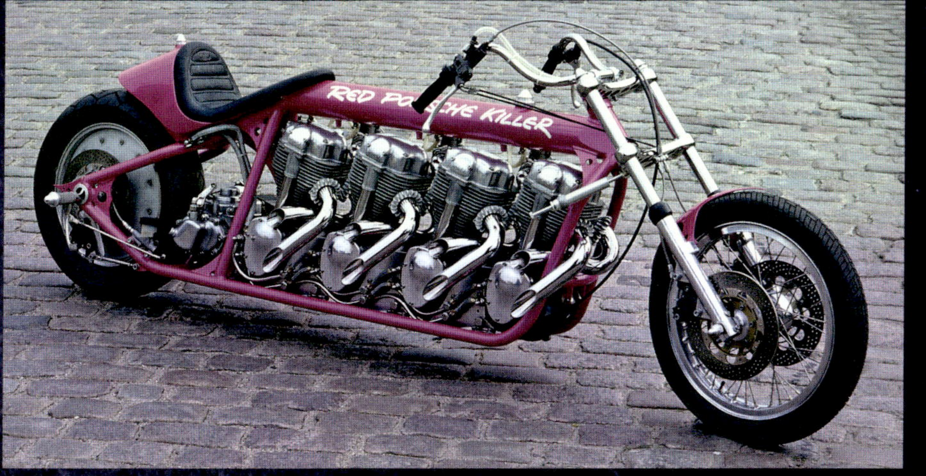

Bohrung		90 mm
Hub		86 mm
Hubraum 4 x 550 cm =		2200 cm
Verdichtung		10,5 : 1
Leistung ca. 4 x 38 PS =		152 PS bei 6000 U/min.
Drehmoment		Reichlich
Bereifung	vorne	3,50 x 19
	hinten	160/70 x 16
Antrieb		Kopplung der 4 Motoren durch Duplex Ketten
Getriebe		4-Gang Harley-Davidson Dragster Version
Zündung		elektronische Zündung
		Zündfolge 1-3-4-2
Kupplung		Eigenbau
Vegaser		4 x Del Orto 36
Gewicht, betankt		276 kg
Länge ü.a.		2863 mm
Höhe		947 mm
Radstand		2230 mm
Bremsen	vorne	Doppelscheibe
	hinten	einfach, Scheibe; beide hydraulisch
Fassungsvermögen	Benzin	9 l
	Öl	5,5 l
Anlasser		stationär, vom Mähdrescher

DER RED-PORSCHE-KILLER

Ölfuß / 1988

Horex-Fahrer bin ich schon lange, zwar kein Originalheimer, mehr ein „Glotterstuhl"-Fetischist. Und gebastelt hab ich auch immer gern. Und umgebaut.

Meine erste Horex kriegte ich 1974 und gab sie nicht mehr her. Und wie das in Schleswig-Holstein mal so ist, als Horex-Fahrer muß man zwangsläufig einmal Werner begegnen. Erst hab ich ihm die spitzen Schrauben gedreht, dann sollte ich mir Gedanken machen, wie man eine viermotorige Horex bauen könnte. Für ein Buch. Drei Seiten. Damit fing alles an. Gehäuse vermessen ölige Teile auf'm Schreibtisch, Kurvenlineale und technische Kataloge. Und Frostbeulen hab ich mir geholt damals, an den Füßen wegen kalt. Sozusagen eiskalt. Das hat alles sehr viel Spaß gemacht, ohne TÜV, nur aus der Fantasie.

Es verging ein halbes Jahr, ich schraubte in einer kleinen Gartenbude, die so klein war, daß ich sie mir anziehen konnte. In dieser Zeit reifte der Gedanke, daß es vielleicht auch Wirklichkeit werden könnte mit dem Rennen. Und ich bekam einen Anruf: „Ja, hier, ne, ja, ach so, ja, hier ist Rötger. Wir wollten dich mal fragen, ob du das Motorrad auch bauen könntest, wa!"

Ich sach: „Jo, warum nich?"

Erst den Rahmen, Fahrgestell, Räder, Gabel, Getriebe und so. Die Motoren sollte jemand anderes machen. Ein Typ aus der Bremerhavener Gegend.

Damals in unseren Augen eine Kapazität. Mittlerweile ist da wohl ziemlich die Luft raus. Wie wir alle da saßen, in seinem dunklen Wohnzimmer, unsere Kaffeetassen gar nicht finden konnten. Und glaubten das, was er sagte. Das war 1985. Alles Hinhaltetaktik. Wir haben dann aufgegeben, noch was zu wollen.

Und so kam es, dass ich die Motoren komplett auch selbst machen sollte. Also alles.

Und als Anfänger in diesem Gewerbe habe ich erstmal „schlaue Leute" besucht, aber da kamen auch nur 485 verschiedene Meinungen zustande, die mich nicht gerade ermutigt haben. Gelaber und Geschnacke hoch drei.

Erstmal habe ich Bauteile gesucht, die schlicht, hübsch und zweckmäßig waren, was man man von Engländerteilen und italienischen Accessoires sagen konnte. Viel mit Bodo zusammengehockt und Sachen gefunden. Vergaser, Gabel, Bremsen. Und gegründelt bei S. & W. in Braunschweig. Das Riesenlager zum Orientieren am Stand der Technik. Es soll ja kein Oldtimer werden, wa? Dann Material für den Rahmen, schweißbar, unproblematisch sollte es sein. Hans hat Festigkeiten berechnet, Wandstärken und so. Im August '86 war es soweit: der Rahmen war fertig. Motoren zusammengesteckt im Rahmen, breiteste Gabel Schleswig-Holsteins. Einiges noch aus Holz und Pappe. Im September dann wurde losgelegt. Finish machen. Die Buchmesse stand ins Haus. Und der Red Porsche Killer sollte das Haus Brösel zünftig vertreten. Eile war geboten. Die Zylinder, die selbst entwickelten, gab es schon vorher, der lange Primärdeckel musste eigens gegossen werden. Andere Köpfe und die Motoren waren damals noch leer. Alles zum Lackieren gebracht, Rahmen, Öltank und Tangaschutzbleche – und, Schock lass nach: Es war alles andere als rotmetallic.

Es war das geilste, obergeilste, was ich je an Farbe gesehen hab. Hab mich fast selbst überholt dabei. Aber ein Irrtum war es nicht. So schwebte ich mit meinem Kadettilac 10 cm über dem Asphalt nach Hause, immer zur Seite geguckt, ob es auch wahr war, soooooo geil geworden. Und das erste Chromteil dran, unfassbar. Wie ein UFO so fremd. Die ganze Werkstatt war gegen das, was da jetzt reinkam, schmuddelig, dreckig. Alle müssten weiße Kittel kriegen.

Motoren reingebaut, Krümmer vom Verchromer geholt, jedesmal immer noch geiler die Kiste. Im September haben wir alle geschraubt. Alles zum ersten Mal zusammengebaut, in kurzer Zeit und in durchschraubten Nächten es noch geschafft zur Buchmesse '86, wo sie dann doch nicht stand. Es gab Ärger wegen Feuergefährlichkeit, munkelte man. Dabei war den Knackwürsten in Frankfurt nicht klarzumachen, dass das Ding noch nie einen Tropfen Sprit gesehen hatte. Dafür aber hat der Mat mit seiner Farbe das tristeste Grau des Morgens in eleganten Hintergrund verwandelt: alles schimmerte Pink. Am Schönberger Deich sollten Aufnahmen für ein Poster entstehen, das ersatzweise zur Buchmesse sollte. Der erste Schritt war getan. Zu Hause konnte ich mich langsam wieder blicken lassen. Die Gewitterwolken verzogen sich wieder. Das Rennen sollte im nächsten Jahr stattfinden. „Alles Banane, nur noch Kurbelwellen rein, Ventiltrieb, Primär-Drive, und ab geht's."

Nur hatte ich die Arbeit von diversen „Spezialisten" wohl etwas zu hoch bewertet. Was alles Scheiße war, allein mit Motorenproblemen. Schwer genervt waren wir vor allem über die Kurbelwellengeschichte. Wie oft ich in Bremerhaven gewesen bin deswegen, bei einer angesehenen Kurbelwellenfirma. Und sollte eine selbstgewuchtete Kurbelwelle hinbringen, um ihnen zu zeigen, wie das geht, oder was? Zuletzt blitzten dann doch die fertigen Kurbelwellen auf der Werkbank. Leider sollten sich die darin versteckten Mängel als gravierender erweisen. Ein Pleuel düllerte gegen die Wange, beispielsweise. Wegen der knapp gewordenen Zeit natürlich besonders nett, sozusagen scheiße. 720 Mark für einen Nikasil-Zylider ist ja auch ein echter Werner-Preis, oder?

Aber es gibt auch wieder richtig Gutes. Die Geschichte mit der 5. Kurbelwelle nämlich. In Flensburg bleiben mal ein paar Werner-Fans mit dem Motorrad liegen und wussten nix Besseres als im Semmel-Verlach *[der damals Werner verlegte]* anzurufen, wo man denn mal 'n Bowdenzug gelötet kriegen könnte. Ein paar Tage später kam Brösel mit einem von dieser Bande bei mir in der Werkstatt vorbei: Wutz. Ab da führten meine Wege nach Süddeutschland. Mannheim, Ludwigshafen. Zu Guzzi- und Ducati-Freaks, die genauso auf PS-Suche waren wie ich. Nette Leute, Menge Ahnung, keine Schnacker im Renngeschäft, eben Leiber-Leidahl. Da war mir der Weg nicht zu weit. Gehört hatten sie wohl schon vom Red Porsche Killer. Aber als sie mich dann mit dem Kadettilac und dem Prüfstandmotor, dem 5. Motor nämlich, ankommen sahen, haben sie's nicht geglaubt. Das ist alles? Du allein? Mit den Müllhaufen da hinten drin? Ich sach: „Jaha, wieso?"

Insgesamt sind es vier Prüfstandtermine gewesen, den Rest Pe-Esse haben wir auf der Straße gefunden. Im Bunker gebremst, in Ludwigshafen, wie Folterkammer. Basteln, anschmeißen, Vollast, nur brutal. Drei Tage Prüfstand, drei Jahre älter. Fotos beweisen es: nur brutal. Damals hatten wir knapp über 30 PS.

Bei diesen Abenteuern lernte ich Fidi kennen, der immer mal bremste, den Prüfstand selbst gebaut hatte und mir vor allem mit Taten beiseite stand. So fuhr ich zurück, völlig fertig, aber doch nicht ganz. Irgendwo müssen sie doch sein. Die Pe-Esse. Scheiß PS. Wir hatten ja knapp über 30. Ok.

Fidi kommt jetzt immer hoch zu mir, wenn es was zu bauen gibt, sozusagen in den harten Zeiten. Er wird in Fachkreisen jetzt „Ölhand" genannt.

Zuletzt stand trotz Hindernislauf doch alles, trotz verbohrter Gehäusehauptlager, trotz krummer Pleuel oder unbrauchbarer Ventiltriebsteile. Die Motoren standen drin. Etwas schräg nach vorn geneigt, genau wie Werner immer guckt. Sie hatten tierisch Kompression, der Primärtrieb mit den Duplexketten machte einen strammen Eindruck. Kontaktlose Zündung. Von der Harley-Kupplung sind nur noch die Scheiben original. Hier hat Karl erstmal was Solides ergänzt. Sprit rein, Öl drauf und ab zum Probelauf. Unglücklicherweise war der so tierisch groß angesagt, dass es schon bald ganz Schleswig-Holstein wissen musste. Man sprach vom kleinen Kreis. Was war? Ein Riesenwirbel. Und dann die Taufe mit Bölkstoff. Was alles in der Presse stand. Jedenfalls ist der Mat nicht angesprungen, auch nicht mit Autobatterie auf meinem Rücken. Die Elektronik mochte kein Bölkstoff. Es sind die falschen Teile nass geworden bei der zünftigen Taufe.

Danach war wohl erstmal Urlaub, oder was. Und dann als erstes in Ruhe einen Anlassmat gebaut, den sogenannten Einmann-Mat mit Mähdrescher-Anlasser. Der tat's.

Nach Vergaserfeinjustierung konnte dann auch die erste, echte, richtige, originale Probefahrt unternommen werden.

FOTO © FREDERIC PLAMBECK

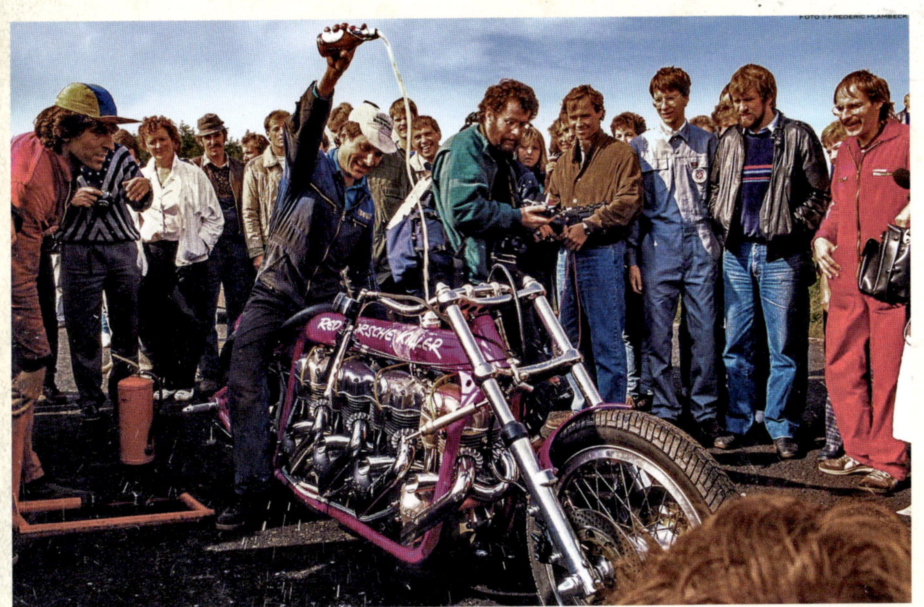

Zwar noch nicht mit voll Power und nur im ersten Gang, wegen „Außendeichverhältnissen“. Und siehe da, massiver Ärger: die Kurbelwellen verdrehten sich – die Zapfen in den Wangen. Weitere Fahrten vorerst gestoppt. Ausstellungstermine machten es uns unmöglich sofort ans Werk zu gehen, so haben wir erstmal den Prüfstandmotor im Rahmen weiterentwickelt und getestet, ihn bis 7300 U/min drehzahlfest gekriegt, mit neu entwickeltem, optimiertem Ventiltrieb, das alte Regina-Klappem ist prompt auch nicht mehr da. Wobei auch noch einige Pe-Esse abfielen, die wir natürlich aufgesammelt ham – und nun auch genuch.

Endlich konnten wir an die Kurbelwellen. Naja, der Kommentar erübrigt sich. Und ich Idi hab mich verlassen auf einen Betrieb, der sich rühmt mit 50-jähriger Kurbelwellenbau-Erfahrung. Als nächstes haben wir den Rahmen getestet mit einem offenen 1200er Suzuki-Motor. 140 PS. Schwerpunkt und Gewichtsausgleich mit einem zünftigen Bierfass.

Die ersten Red Porsche Killer Renntests in Hartenholm. Keine Probleme. Reifen getestet, Bremsen geübt. Eine Freude. Lässt sich easy fahren, das Teil, allen Unkenrufen voll zum Trotz.

Nun ist der Rahmen wieder beim Lackierer, weil einige Stellen doch etwas unsanft behandelt wurden, teilweise gefeilt, geflext oder geschweißt. Es gibt auch Stellen, da ist einfach einer mit dem 13er abgerutscht. Wie so was passieren kann? Keine Ahnung. Alle Teile sind fertig, die letzte Montage fangen wir morgen früh an und wollen bald mit dem Mat auf die Piste und hoffen, daß er möglichst wenig VWht (VauWeht).

Die Krümmer sind so kurz, daß der astreine Sound ausbleibt. Es klingt alles etwas Vau-Weig.

DER PROBELAUF
EIN TAG WIE (K)EIN ANDERER?

Niels / 1988

Alles fing eigentlich ganz harmlos an: *[Werner-Verleger]* Winni haute mich am 1. September '87 an: „Du, Niels, Ölfuß ist bald soweit, dass er mit dem Motorrad einen Probelauf machen kann, besorg ihm doch mal eine Strecke dafür. Und dann wäre es auch ganz gut, wenn die Presse dabei ist. Es gibt doch sicherlich eine gute PR-Aktion, organisier eine schöne Pressekonferenz dazu." Na gut, habe ich gedacht: „Das kann ja nicht so schlimm sein." Mich also erst mal bei Ölfuß erkundigt, wie weit er mit der Maschine ist. „Ach", sagte Ölfuß, „spätestens in zehn Tagen ist das Ding soweit, dass es läuft. Aber wenn du schon 'ne Strecke besorgst, dann bitte doch für ein paar Tage länger, damit ich wenigstens vorher noch mal probieren kann. Wäre ja nicht so schön, wenn ich den Mat vor der Presse starten will, und das Ding springt dann nicht an." Also, gesagt, getan. Die Strecke war auch relativ einfach zu organisieren, einfach hin zu den Baufirmen, die gerade eine zukünftige Autobahn bauen. Wir haben auch eine Strecke zugesagt bekommen von der Baufirma, nämlich die, auf der wir ursprünglich mal das Rennen machen wollten, zwischen Rendsburg und Kronsburg. Dann musste geklärt werden, dass diese Strecke entsprechend abgesperrt wird, damit nicht grade an dem Tag der Baustellenverkehr läuft. Haben sie alles zugesagt: „Okay, kannst für eine Woche lang diese Strecke haben, wir werden unsere Baufahrzeuge und Arbeiter entsprechend anweisen, aber die haben natürlich dann an dem Tag Durst!"

Damit hatten wir also die Strecke, alles prima geradeaus, ganz neu asphaltiert, die optimalen Voraussetzungen, dass der Motor dann auch richtig schön aufdrehen kann. Also, ich wieder zurück zu Ölfuß: „Pass auf, ich hab' eine Strecke für dich, eine Woche lang kannst du da probieren. Sag mir den Termin, zu dem das Motorrad mit Sicherheit läuft, damit ich für den Tag dann die Presse einladen kann." „Okay", sagte Ölfuß, „damit ich ein bißchen Luft habe, nehmen wir den letzten Tag der Woche, also Freitag, den 17. September." Daraufhin haben wir dann immerhin siebenhundert Leute der Presse in Deutschland eine Einladung rausgeschickt: Erster offizieller

Probelauf des Red Porsche Killer – Sie sind herzlich eingeladen, können auch Fotos machen. Bitte geben Sie den Termin aber vorher nicht bekannt, damit nicht unnötig Zuschauer an der Strecke auftauchen und Sie wirklich gute Fotogelegenheiten haben." Damit waren die Einladungen draußen. Jetzt ging's darum, die Pressekonferenz und den Probelauf selber noch einigermaßen nett zu gestalten. Punkt 1: Ein Zelt für die Presse organisieren; es könnte ja sein, dass es an den Tagen in Strömen regnet und dann könnten die „superempfindlichen Hochleistungsklapparaturen" ja nass werden. Außerdem könnten wir ihnen so einen kleinen Happen zu essen und 'nen Schluck Bier anbieten. Gut, großes Zelt beauftragt, extra mit dem anliegenden Bauern gesprochen, um es bei ihm solange auf die Wiese stellen zu können. Nächstes Problem: „wie finden so arme Presseleute aus dem fernen Süden eine so abgelegene Strecke irgendwo in Schleswig-Holstein?" „Na ja gut", denkt man sich, „stellen wir einfach Hinweisschilder auf". Hm, plietscher Gedanke. Wahlkampf in Schleswig-Holstein ist ja gerade vorbei, also schnell ab zu den Parteien, die großen Stelltafeln holen.

Na ja, und so naiv, wie ich damals war, habe ich gedacht, es reicht dann, einfach mal kurz bei der Polizei anzurufen, ob das wohl möglich sei, wegen des Probelaufs mal kurz so zwei oder drei Hinweisschilder an der Autobahn aufzustellen. Nur vormittags, für die Journalisten, damit die auch die richtige Abfahrt finden. Tja, da stellte sich dann das erste Mal heraus, dass Behörden anders arbeiten, als man gemeinhin denkt. „Ja, nein, also das ist nicht mit einem Anruf getan, da müssen Sie einen schriftlichen Antrag stellen und dieser Antrag muss dann von sieben verschiedenen Behörden genehmigt werden. Normale Bearbeitungsdauer für so einen Antrag ist ungefähr ein halbes Jahr." Ich habe gedacht: „Das kann ja wohl nicht wahr sein!" Na ja, aber dann kriegte er mit: „Das ist ja für Werner, und, na gut, Werner kennen wir ja alle, und da können wir ja vielleicht mal eine Ausnahme machen. Wollen mal gucken, ich gebe Ihnen so telefonisch die Zusage, wenn Sie jetzt den und den anrufen, und der Ihnen dann auch das Okay gibt." Na ja, ich also den und den angerufen, und der dann ungefähr mit dem gleichen Ding „Ja gut, wenn das für Werner ist und so." So habe ich also telefoniert. Dann habe ich zwei Tage lang am Telefon gehangen und insgesamt die sieben Behörden zigmal angerufen, und immer von Einem zum Nächsten, bis ich so schließlich und endlich von sieben Behörden die Genehmigung hatte, zwei Schilder für eine halbe Stunde oder eine Stunde an der Autobahn aufstellen zu dürfen, damit die Zugereisten die Abfahrt finden. Blieb nur noch, kurz die berühmten Politiker-Köpfe schön überkleben, große Pfeile draufmalen, immer schön draufschreiben „Das Rennen". Und damit hatte sich dann erst mal das Thema soweit erledigt, der Punkt war abgehakt. So, nächster Punkt war, immer mal wieder gucken, wie weit ist Ölfuß. Kommt er auch voran, kriegt er das Ding auch zum Laufen. Also jeden Tag immer noch mal kurz vom Verlach raus zu Ölfuß, zu seiner Werkstatt (immerhin gute dreißig Kilometer) Und jedes Mal Ölfuß: „Ja, dies' Teil brauche ich noch und das, kannst du mir das eben noch besorgen." So bin ich ganz nebenbei an den Tagen ein paar hundert Kilometer gefahren, um irgendwelche klitzekleinen Teile zu holen. Einen Dichtungsring oder -papier, dann brauchte er hier noch eine kleine Mutter und da noch einen Bolzen und dies und jenes. Aber Ölfuß dennoch immer ganz zuversichtlich: „Klar, das kriegen wir bis dahin hin."

Die Woche, in der der Probelauf stattfinden soll, ist da. Mittlerweile stehen in der Werkstatt vier oder fünf Leute, vollauf beschäftigt. Und sie schrauben und schrauben, der Tag des Probelaufs ist angekündigt bei der Presse und rückt immer näher. Aber Ölfuß immer: „Kein Problem, kriegen wir hin!" Na, ich denn auch ganz beruhigt, und dann ist es endlich soweit.

Ich morgens früh um sieben raus zur Strecke, meine ganzen schönen, selbstgemalten Schilder unter den Arm geklemmt, schön aufgehängt, ordentlich mit Draht befestigt, damit die Dinger nicht von irgendeinem vorbeifahrenden Auto gleich wieder umgepustet werden. Zurück zur Strecke, wo mittlerweile das Pressezelt aufgebaut wurde. Die ersten Journalisten treffen ein. Fehlt jetzt eigentlich nur noch Ölfuß und dann wäre alles klar. Na ja, es wird zehn, es wird halb elf, es wird elf, von Ölfuß immer noch keine Spur. Mittlerweile – die Journalisten werden immer zahlreicher, stellt sich heraus, dass irgendein Rundfunksender natürlich doch nicht dichthalten konnte. Musste es dann noch mal schnell morgens um neun über den Äther jagen, dass da um Zwölf ein Probelauf stattfinden soll – mit dem Erfolg, dass nicht nur Presseleute, sondern blitzschnell direkt nach der Sendung zwei-, dreihundert Leute als Zuschauer auftauchten. Es wurde immer voller und voller.

Und dann passiert der erste Flopp. Kommt da doch so ganz gemütlich so'n großer gelber Wagen an, mit den ganzen Blinkleuchten, wo an der Seite „Straßenmeisterei" draufsteht, kommt gaaanz suuutsche angetuckert, mitten auf der Probestrecke, hält bei uns an, zeigt nach hinten und sagt „Hallo, gehört das Ihnen?" Und was hat er wohl hinten drauf? Meine schönen Schilder!! Für die ich nun zwei Tage lang herumtelefoniert habe!! „Ja", sagt er, „die standen da an der Autobahn rum, un da darf doch nichts stehen." Da hatte ich dann zwar sämtliche Genehmigungen von allen Behörden, nur hatte die letzte Behörde vergessen, ihrem kleinen Mann, der da auf seinem Wagen saß, Bescheid zu sagen, dass das erlaubt ist. Und der sie natürlich dann fröhlich abgebaut. Und so was freut einen denn auch! Das war der erste Flopp.

Die nächste Panne folgte sogleich. An der parallel zur Probestrecke verlaufenden Bundesstraße krachte es innerhalb von einer Viertelstunde zwei Mal. Ganz normale Leute, die vorbeifuhren, plötzlich: „Oh, was ist da denn los?!" voll auf die Bremse und nicht daran gedacht, dass sie ja vielleicht einen Hintermann haben könnten, und dessen Auto hat sich dann natürlich gefreut. Die Polizei kam also auch auf dem Gelände an: „Was ist denn

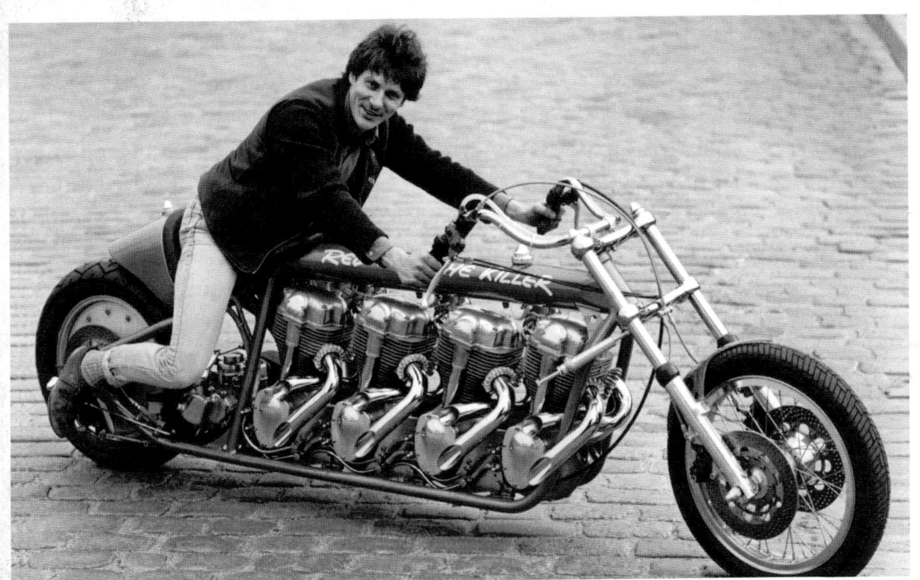

Ein Mann und sein Werk! Ölfuß auf dem Porsche Killer.

hier los? Das ist ja überhaupt nicht angemeldet“ und so weiter und so fort, man kennt das ja. Mittlerweile ist es zwölf, alle sind da, Presse ist da, Zuschauer sind da, große Erwartung, nur einer ist nicht da – Ölfuß mit der Maschine. Na ja, die Panik wird bei uns langsam ein bisschen größer – watt is mit Ölfuß? Viertel nach zwölf und immer noch nichts zu sehen. Also rein ins Auto, los, gucken Richtung Kiel, ob der vielleicht irgendwo mit einer Panne bei dem großen Hänger oder mit sonst irgendwas liegengeblieben ist. Halbe Strecke Richtung Kiel – nichts zu sehen. Schiet wat, wieder zurück zur Strecke. Oh Wunder, die Maschine ist da, kommen gerade zurecht, wie sie die große Kiste, in der das Motorrad steht, auspacken. Große Erleichterung: „Ach, klappt ja denn doch noch alles prima.“ Als der Mat das erste Mal aus der Kiste rausgerollt wird, brechen die ganzen Zuschauer und Journalisten spontan in Beifall aus, Stimmung ist hervorragend. Ölfuß lässt sich dann auch nicht lumpen, schnappt sich ’ne Flasche Bier von den Umstehenden, und dann wird die Kiste erst mal offiziell mit dem Stoff begossen und getauft. Der große Moment ist endlich da, die Maschine, mangels eigenen Anlassers hinter einen Wagen gehängt, soll nun angeschleppt werden. Selbst Ölfuß wusste zu diesem Zeitpunkt nicht, ob sie nun anspringt oder nicht, was überhaupt passiert: ob ihm vielleicht die Zylinder um die Ohren fliegen, die Kette reißt oder ob da ein Reifen platzt. Die vorher geplanten internen Testläufe waren ja geplatzt. Also wirklich der Original-, absolut erste Probelauf! Die Spannung steigt, die Erwartung wird immer größer, endlich ist es soweit. Der Wagen startet, Ölfuß hintendran im Schlepp, Räder rollen an, werden immer schneller, er lässt die Kupplung kommen. „Wumm!“ Es knallt ein paarmal heftig, es knallt noch ein paarmal... und das war's denn auch schon. Nix mit Anspringen? Nix mit sattem Sound. Nur ein paarmal „spottspott“. Ölfuß trotzdem frohen Mutes: „Kein Problem!“ Also das Ganze noch mal zurück. Wieder geschleppt, wieder kam nichts in Gange. Ölfuß und sein Team auf Fehlersuche! Hier noch mal was geguckt, da noch mal was geschraubt.

Nächster Versuch. Das Gespann taucht wieder auf. Tenor dann: „Ah, der eine Zylinder hat schon mal richtig geknallt. Und sie war schon mal ganz kurz da!“ und so weiter und so fort. Na ja, und dann standen die ganzen Leute, und dann hatten die alle ihre klugen Ratschläge: „Ja, das liegt an der Zündung...“ „Ja, das liegt an der Einstellung...“ „Och, das liegt hieran, das liegt daran.“ Jeder hat seinen Senf dazu zu geben.

Es wurde voller Hektik alles Mögliche probiert, Ölfuß hat sich sogar eine große Autobatterie auf den Rücken geschnallt, weil einer meinte, die Batterie, die drin wäre, die wäre schon alle und und und... Endeffekt war, sie ist keinen Meter zum Laufen gekommen, die Maschine.

Die Presse jedenfalls verpieselte sich so nach und nach, nur Ölfuß konnte natürlich nicht aufgeben. Er probierte bis abends um sieben alles Mögliche, bis auch er schließlich erkennen musste, daß es wohl absolut nicht mehr funktionieren würde. Also ziemlich bedeppert die Maschine eingepackt und ab nach Kiel.

Na ja, und dann haben wir uns abends in Kiel in der Kneipe hingesetzt bei einem schönen Bier und versucht, uns gegenseitig aufzumuntern: „Wenigstens der eine Zylinder hat ja schon mal gelaufen, und kurz war sie auch mal da!“ Dennoch war es eine ziemlich niedergeschlagene Stimmung. Folglich wurde es ein recht feuchter Abend. Am nächsten Morgen haben wir dann doch mit recht bangen Erwartungen die Zeitungen auf geschlagen, um mal zu sehen, wie weit der Verriss wohl gehen würde. Aber siehe da, kein Blatt hat uns zerpflückt, im Gegenteil, einige hatten sogar Verständnis: „Es wäre ja eher ein Wunder gewesen, wenn so 'ne Wahnsinnskonstruktion tatsächlich laufen würde.“ So sah das Ganze doch nicht mehr ganz schwarz aus, eher grau.

Nach diesem so „erfolgreichen“ Tag konnte die Nachricht, dass viele Presseleute die Einladung erst nach dem Probelauf erhielten, mich auch nicht mehr vom Stuhl hauen. Auf meine diesbezügliche Anfrage bei der Post erteilte man mir folgende Auskunft: „Ja, bei Drucksachen haben wir keine Beförderungspflicht. Und die befördern wir dann, wenn wir gerade mal Zeit haben.“ Und da hatten sie wohl gerade mal keine Zeit. Also, merkt Euch: wichtige Sachen nur per Brieftaube!

Abschließend bleibt festzuhalten: viel mehr, als bei diesem Probelauf schiefgegangen ist, konnte gar nicht schieflaufen. Das bedeutete für mich, dass die zukünftige Organisationsarbeit für das Rennen eigentlich nur noch besser werden konnte. Und wie es so schön heißt: Wenn die Generalprobe völlig in die Grütze geht, dann wird die Premiere goil.

NOCH 768 STD...

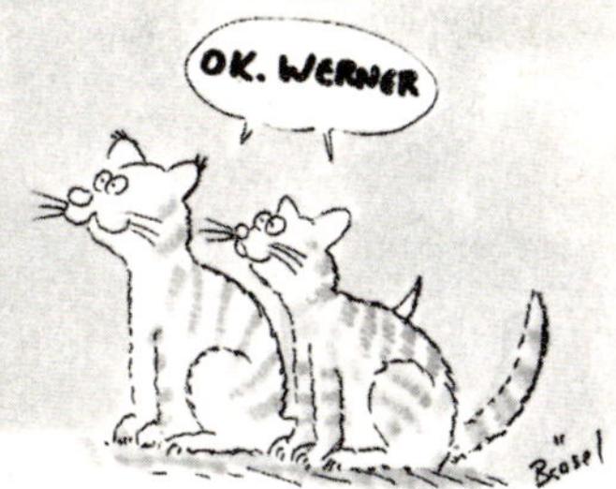

HOLGI ZITTERT WIE SÜLZE!

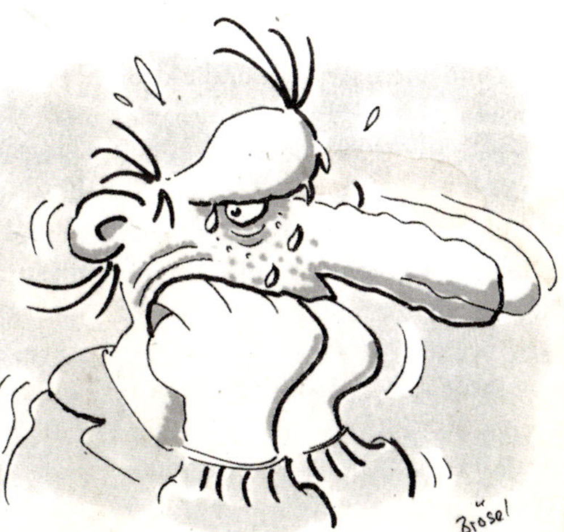

Bauern, Behörden, Bolizisten

Mike Conrad / 1988

Es handelt sich um die 1 ½ Jahre der Vorbereitungsphase für dieses Rennen, wobei meine Tätigkeit zum Jahreswechsel 86/87 begann, indem Hermann Joha mich in meinem Antiquitätengeschäft angerufen hat und fragte: „Du sprichst doch plattdeutsch. Hast du nicht Lust, für uns das Werner Rennen in Schleswig-Holstein zu organisieren? Und ich gehe davon aus, dass du da in der Lage bist, die Kommunikation mit den Einheimischen wahrzunehmen."

Die Aufgabenstellung begann damit, dass praktisch eine Rennstrecke gesucht werden musste. Im Vorfeld hatte der Semmel-Verlach verschiedene Streckenabschnitte ausgeguckt, wobei der Schwerpunkt natürlich auf der Strecke zwischen Kiel und Blumenthal gelegen hatte. Das muss in der Zeit Februar/März 1987 gewesen sein, als wir praktisch durch Schleswig-Holstein gebraust sind, um Autobahnen, Landstraßen, Militärflugplätze und Privatflugplätze nacheinander zu besichtigen. Dabei erinnere ich mich, dass das Stück Autobahn zwischen Rendsburg und Kiel eine einzige Baustelle war. Es war noch nicht eine Trasse geschüttet, sondern lediglich durch Pfosten abgesteckt, wo die Trasse entlang laufen sollte. Es war nur eine Kiesschüttung vorhanden.

Bei dieser Herumfahrerei haben wir alles vergessen und gesabbelt was das Zeug hält, über Strecke, die Länge, die Krümmung, die mögliche Krümmung der Autobahn und haben vergessen, auf den Benzinstand meines Wagens zu gucken. Und dann blieben wir ohne Benzin liegen. Mein Mitfahrer musste per Anhalter zur nächsten Tankstelle fahren, weil ich mein kostbares Spielzeug nicht alleine am Straßenrand zurücklassen wollte.

Nach der Besichtigungsreise erschien mir das Stück Autobahn von Rendsburg in Richtung Kiel, was noch zu bauen war, am geeignetsten für unser Vorhaben. Ich bin dann sofort beim Verkehrsministerium in Kiel vorstellig geworden, wo die Semmel-Fragen bestens bekannt waren. Es gab schon einen Aktenordner dort, der ziemlich prall gefüllt war mit Aktennotizen, Zeitungsausschnitten und mit den Anfragen des Semmel-Verlachs selbst. Mir wurde dort erneut beschieden, dass mit einer Sperrung eines Autobahnstückes nicht zu rechnen und jede weitere Diskussion in dieser Hinsicht zwecklos sei.

Als nächstes habe ich dann die Militärflugplätze in Schleswig-Holstein abgeklappert, wobei fast alle durch die hohe Sicherheitsstufe ausgefallen sind, lediglich der Flughafen Hohn bei Rendsburg erschien mir als geeignet, und ich wurde dort empfangen und sogar auf's Flugfeld gelassen.

Der Oberst R. (Kommodore), also der Chef von diesem Flugplatz, war hellauf begeistert von dieser Idee, denn wörtlich wurde mir von ihm gesagt: „Hier ist sowieso der Hund begraben und normalerweise ist hier überhaupt nichts los. Und wenn das Rennen hier hinkommt, von dem meine Kinder total begeistert sind", er kannte also die Werner-Figur, „wäre hier endlich mal was los, die Infrastruktur wird belebt und wir haben hier 'ne Riesengaudi."

Der Platz war für unser Vorhaben super geeignet, denn mit 50 Meter Breite und 4 Kilometer Länge, top gerade und top eben, hätten wir eine total gute Situation gehabt. Der Flugplatz ist rundherum mit 3 Meter hohem Zaun und Stacheldraht obendrauf eingezäunt, das ideale Veranstaltungsgelände. Ich bin total begeistert von dort weggefahren und habe gesagt: „Das ist es, hier können wir die Sache machen." Das Umfeld, Riesenumfeld für Campingplätze, wäre super gut gewesen. Und umso enttäuschter war ich in der darauffolgenden Woche, als der Kommodore R. mich durch Major B., der Presseoffizier des Flugplatzes ist, anrief und sagte: „Durch einen Spezialbelag, der auf unserem Flugplatz angebracht worden ist, ein sogenannter Antiskitbelag, der auch Starts und Landungen bei fünf Zentimeter hohem Wasserstand ermöglicht, ist es uns durch das Veto der Techniker nicht möglich, das Rennen hier stattfinden zu lassen. Wir dürfen auf diesem Belag keine Beschleunigungsverzögerung durchführen, der Belag reisst auf und wird zerstört." Und so entstehen Millionenschäden, die durch das Ergebnis der Veranstaltung nie wieder hätten eingespielt werden können.

Also wieder nichts. Ich habe mir überlegt, es gibt ja in Kiel-Holtenau den Flugplatz, der zwar nicht so sehr groß ist und kein sehr großes Umfeld hat, aber auch dort bin ich vorstellig geworden. Und auch dort wurde ich abschlägig beschieden, einfach aus dem Grund, dass SAR, also die sogenannten Seenotrettungshubschrauber, jederzeit starten und landen können müssen, auch nachts, sonnabends, sonntags. Sie haben also im Prinzip keine Pause, und der Flugplatz kann durch eine Außenveranstaltung nicht blockiert werden, so dass auch dort keine Möglichkeit war, weiterzukommen.

Meine letzte Chance sah ich in meinem Freund Heinz A. aus Bornhöved, ein alter Flieger und ein gewiefter Hase in der Flugszene Schleswig-Holsteins und Niedersachsens, ja, darüberhinaus sogar, in Amerika ist er sogar bekannt. Ich fragte ihn, wo man eventuell einen Privatflugplatz aufreißen könnte. Da haben wir also von Flensburg über Neumünster, Lübeck, runter bis an die Peripherie von Hamburg und eben auch Hartenholm gesprochen, überall die

Länge der Flugplätze erfragt, wobei der Flensburger am längsten ist. Aber der ist so dicht am Stadtgebiet, dass er dadurch schon ausgeschieden ist und über die Kürze der Landebahnen aller anderen Flugplätze nur noch Hartenholm übriggeblieben war. Hier muss ich einflechten, dass ich mit Hermann zusammen einmal bei dem Flugplatz Schachtholm in Rendsburg gewesen bin, weil wir meinten dort mit 1 km Länge das ideale Gelände zu finden. Aber dadurch, dass der Nordostseekanal praktisch neben der geteerten Landebahn, also nur durch eine Straße getrennt, entlangläuft, waren die Auflagen, dass nachts die Schifffahrt nicht durch Lichter irregeleitet werden darf, nicht zu erfüllen. Denn es wäre nicht schön gewesen, wenn sich ein 80.000 t Schiffsbug plötzlich in unsere Rennstrecke hineingebohrt hätte.

Ich bin dann also mit einem Plan vom Flugplatz Hartenholm zum Semmel-Verlach gefahren und habe dort Streckenlänge, Umfeld, die Topographie vorgelegt mit der Frage und Bitte, ob die Kontrahenten überhaupt bereit sind, auf 'nem Platz, der insgesamt nur knapp 800 m und mit Grasauslauf 950 m lang ist, zu fahren. Ich kriegte dann 'ne Woche später von Ölfuß das Okay, daß die Strecke im Prinzip ausreichen würde. Ich bin daraufhin zum Besitzer des Flugplatzes Hartenholm gefahren und habe einen Optionsvertrag für 1987 mit ihm abgeschlossen.

14 Tage später hatten sich wohl unsere beiden Schnellfahrer im Club 68 wiedergetroffen, und es wurde über die Strecke, besonders über die Streckenlänge diskutiert. Als Ergebnis davon bekam ich den Bescheid, dass wir uns den Flugplatz Hartenhom abschminken können und gefälligst weitersuchen können, bis wir etwas gefunden haben, was den Vorstellungen der beiden Kontrahenten entspricht und eine Mindestlänge von 3 ½ bis 4 km haben müsste. Kurz darauf wurde das Rennen aus den uns allen bekannten Gründen für 1987 abgesagt.

Ich bin dann wieder zurückgegangen in mein Antiquitätengeschäft und habe mich bemüht, wieder alte Klamotten zu verscheuern, bis dann Hermann um die Weihnachtszeit 87/88 auf mich zukam und mich fragte: „Hast du nicht Lust? Die Werner-Kiste geht nun doch los. Du kennst die Sprache da oben und verstehst die Leute und es hat dir auch immer viel Spaß gemacht, mit mir zusammenzuarbeiten und die Streckensuche beginnt praktisch wieder von vorne."

Ich wunderte mich zwar, dass man überhaupt wieder auf mich zu kam, denn ich hatte im Jahr davor den Eindruck gewonnen, dass man mit mir nicht unbedingt zufrieden war, dass ich den Eindruck erweckt habe, dass ich ein hochnäsiger Rotzlöffel, ein Schnösel bin, der nicht unbedingt in das alternative Denken der Semmel-Leute reinpasste. Aber trotzdem hatte ich mich gefreut und mittlerweile hatten sich auch die Fronten geklärt und wir verstehen und achten einander.

Es wurde also mit den Semmel-Leuten vereinbart, dass wir zweigleisig fahren wollten. Auf der einen Schiene sollte die Regierung so weit wie möglich plattgefahren werden, um doch noch das Stück

Autobahn zwischen Rendsburg und Kiel zu aktivieren und mit allen Mitteln wurde ja gearbeitet, wie bekannt ist.

Parallel dazu sollte ich mit S. einen Vorvertrag über den Flugplatz Hartenholm machen, um dann mit 'ner Deadline, ich glaub', es war der 15. März, die Sache offiziell werden zu lassen. Bis dahin aber war absolutes Stillschweigen zwischen den Partnern vereinbart.

Nachdem immer neue, allerletzte genannte Termine verstrichen waren, musste Hermann z.B. dann noch nach Bonn fahren, um mit Presse-Infos irgendwelche Politiker breitzuschlagen. Nach Gesprächen mit Politikern, die dann doch nicht gefruchtet haben, hatten wir uns entschlossen, aus dem Vorvertrag mit S. einen richtigen Vertrag werden zu lassen. Auch dieser richtige Vertrag wurde unter Stillschweigen abgeschlossen, da immer noch eine Option ausstand, die eventuell noch zu einer Änderung der Strecke hätte führen können. Aber das war nicht möglich, so dass dieser Vertrag doch letztendlich Gültigkeit kriegen konnte. Durch Indiskretion, von welcher Seite auch immer, war aber vorher publik geworden, dass dieser Vertrag existent war. Und die Presse, speziell die Segeberger Zeitung, fing an, bevor wir eigentlich eine offizielle Verlautbarung machen wollten, Schleswig-Holstein zu bombardieren. Die Kieler Nachrichten hatten mit wahnsinnigen Zahlen – 150.000 Besucher – und bereits verkauften Eintrittkarten usw. vorgepowert, so dass der S. eine ganz schlechte Position hatte, und wir zu dem Zeitpunkt das Stillschweigen immer noch aufrechterhalten haben. Er hat mich dann total in die Pfanne gehauen und hat gesagt: „Du bist mir ein schräger Vogel, du hast mich zum Stillschweigen verurteilt, auf der anderen Seite posaunst du das aber raus.“ Alle meine Beteuerungen nützten nichts. Er hat mir in dem Moment nicht geglaubt und mir den Schwarzen Peter zugeschoben. Mittlerweile haben sich die Wogen aber geglättet und wir sind im Prinzip dicke Freunde, weil wir irgendwo die gleiche Wellenlänge haben. Nur eins macht er überall, ob es einer hören will oder nicht, er erzählt jedem, ich hätte ihn fürchterlich „gekantet“, er hätte aus mir locker den vierfachen Preis rausschlagen können, er könne sich in' Hintern beißen, dass er damals sofort mir geglaubt hat und nach meinen zweistündigen Beteuerungen, was für arme Schweine wir sind, und dass wir einfach nicht mehr Geld im Budget haben und dass wir nicht mehr ausgeben können usw., unterschrieben hat.

Nachdem die allerletzte Deadline jetzt verstrichen war und wir mitgeteilt haben, dass Hartenholm der Platz sein wird, wo wir das Rennen stattfinden lassen, haben wir jemanden zum Katasteramt nach Bad Segeberg geschickt, weil ich die Idee hatte, dass man so am besten rauskriegen kann, wem was gehört, wer was gepachtet hat. Und wir haben dort einmal die Katasterpläne und dann in mühsamer kleiner Pularbeit die einzelnen Besitzer zugehörig zu den Flurstücken und den Fluren herausgesucht, um uns eine Arbeitsgrundlage für das Anmieten der Camping- und Parkplätze zu schaffen. Ich habe dann Verträge vorgefertigt, wo wir nur noch die Namen, die Flurstücke, den Preis und, ganz link, die Reinigung eintragen mussten. Und dann sind wir frohgemuts zusammen losgefahren und haben angefangen mit dem dicksten Brocken, das ist der Bauer S., dem dieses Stück Land gehört, um das wir so lange gekämpft haben. Wir kamen dahin und wurden natürlich mit offenen Armen empfangen. Ich hatte mich also telefonisch avisiert und er hatte sein Konzept stehen. Das hieß 50.000 Mark für das Stück Land für die Veranstaltung, Reinigung wir und keine weiteren Sprüche. Er war total hart, war nicht bereit, über diesen Preis zu diskutieren und ich glaube, auf dem Küchentisch oder auf'm Sideboard hab ich 'n BMW-Prospekt gesehen. Ich weiß nicht, ob das in Zusammenhang zu bringen ist mit seiner Forderung. Im Prinzip lässt sich der leicht herstellen. Wir sind beide ziemlich bedröppelt dort abgezogen und konnten nur noch sagen, dass wir das nicht allein entscheiden können und haben uns dann abgeseilt. Wir sind dann erstmal in die Kneipe gegangen und haben 'n Bier getrunken, nachdem wir gleich beim Ersten so einen vor'n Koffer gekriegt haben. Anschließend sind wir dann zum Bauern R., dort haben wir relativ auf Granit gebissen. Es war kein Thema des Preises, sondern er sagt: „Ik bün Buer un ik will Buer ween, un ik geef yü dat Land nich." So ungefähr hat er formuliert und: „Mi interesseert dat Geld nich und ik wull min Roh hebben und will mit den Kraam jümmers nix to don hebben. Mi hett dat letztes Johr schon argert, dat dat so luud wer und se hebbt mi de Schieven inschmeeten, weil se hier randaleert hebbt. Ik wull dat nich. Lot mi bloots mit den Schiet tofreden!" Na ja, gut, dann sind wir auch da weg. Den Mann habe ich also noch zwei- oder dreimal telefonisch zu bearbeiten versucht, um ihn umzustimmen, aber er ist hart geblieben und wir konnten mit ihm über sein Land nicht diskutieren. Er blieb auf dem Standpunkt, er wolle allein sein und seine Kühe darauf treiben und alles, er und sein Vieh wollen ihre Ruhe haben. Ende der Durchsage. Mehr war da nicht zu reißen.

Beim nächsten Bauern hatten wir dann wesentlich mehr Glück. Das ist der Bauer H. und der hat für uns interessantes Land in der Größenordnung von 20 ha, unterteilt in Roggenfelder und zweimal Wiesen. Auch hier waren wir telefonisch angemeldet, weil man die Bauern nicht immer antrifft, die sind immer unterwegs. Wir hatten ihn aber so hinbeordert, dass er über die Mittagszeit zu Hause war. Er hatte gerade gegessen, war guter Laune und bereit, mit uns zu diskutieren und zu sprechen. Da haben wir 'nen sehr guten Deal hingekriegt, insofern er unser Angebot sofort akzeptiert hat. Die Verträge mit den anderen Bauern, bei denen wir noch zusätzlich Camping- und Parkplätze angemietet haben, als sich eine gewisse Routine eingestellt hatte, sind ohne große Probleme über die Bühne gegangen.

Die eigentliche Problematik, die dann im Nachhinein auf einen zukam, das war das Wegerecht, was man haben muss, um die Zufahrt von den Seitenstraßen auf die einzelnen Felder zu erlangen, da hier die Anlieger aller Wege Mitspracherecht beanspruchen. In diesem Zusammenhang gibt es eine Episode, die auch auf dieses Wegerecht hinausläuft. In der Gegend steht ein Einfamilienhaus auf offenem Gelände. Der Weg ist total zugewachsen und das Haus ist unbewohnt, man sieht also ganz deutlich, dass da seit Jahr und Tag kein Mensch drin gewohnt hat. Ich habe also recherchiert und rausgekriegt, dass dieses Haus einem Herrn M. gehört, der vor 13 Jahren mit seinem Bauernhof abgebrannt ist und dann das Versicherungsgeld für seinen Bauernhof kassiert hat, 80 % der Versicherungssumme, mit der Maßgabe, dass er die anderen 20 % der Versicherungssumme für den Wiederaufbau des oder eines Hauses verwenden muss. Da hat er dieses Einfamilienhaus aufgebaut, also auf einem Stück seines Landes, aber separat vom Bauernhof, das hängt nicht zusammen, ist gleichzeitig in einen Wohnwagen, den er in sein Haus, also in seine Scheune reingestellt hat, eingezogen. Und dann, nachdem sein Einfamilienhaus fertig war, hat er die restlichen 20 % von der Versicherung kassiert, nur um zu frohlocken, dass er nun die volle Versicherungssumme gekriegt hat. Seit über 12 Jahren wohnt er in diesem Wohnwagen, der in seiner Scheune steht. Das ist ein kleiner Wohnwagen, wie sie eben so vor 15, 18 Jahren gebaut wurden, hat er wohl gebraucht gekauft und ich habe ihn auch darin gesehen. Ich bin also da hingefahren mit dem Bürgermeister, weil der gesagt hat: „Da muss man ein bißchen vorsichtig sein. Du kannst nicht einfach mit dem Auto auf seinen Hof fahren, es kann sein, dass er dann mit dem Schrotprügel auf dich schießt.“ Wir haben also das Auto auf der Straße abgestellt und sind dann zu Fuß dort hingegangen. Und der Bürgermeister hat mir den Weg dahingehend geebnet, dass er vorgegangen ist. Er war bekannt und hat angeklopft und dann ist der Besitzer rausgekommen aus seinem Wohnwagen, der also unter einem Riesenberg Heu in der Scheune steht. Von einem Balken, also man muss sich vorstellen, die Scheune hat kein Dach mehr, da hängen nur noch so schwarze gekohlte Balken rum und das Dach ist zum größten Teil weg, und dann hängt da eine 25- oder 40-Watt-Birne in seinem Wohnwagen und das ist seine ganze Stromversorgung. Über das Haus wollte er nicht reden, das ist nicht vermietbar, ist seins, das gibt er nicht her, haben schon viele versucht. Ja, dann haben wir über das Wegerecht gesprochen. Und der Lawrenz, der Bürgermeister, hat vorher gesagt: „Also, bei dem kann das teuer werden, wenn wir den Weg haben wollen.“ „Ja“, hat er gesagt, „die Veranstaltung weiß ich nichts von.“ Dann haben wir uns über den Weg unterhalten. „Ja, Jung, kannst du so haben, brauchen wir keinen Vertrag machen, machen wir ’nen Handschlag.“ Ja, da habe ich den Weg umsonst gekriegt. Muss man noch sagen, der hat keine Zähne mehr, der ist also 82 Jahre alt und ernährt sich, glaube ich, ausschließlich von Ravioli, auf jeden Fall waren in dieser Scheune an der einen Wand 200 oder 250 leere Raviolidosen aufgestapelt, so ’n Tisch und so ’ne Dosenöffnungsmaschine waren da wohl in dem Raum. Das war das, was ich da gese-

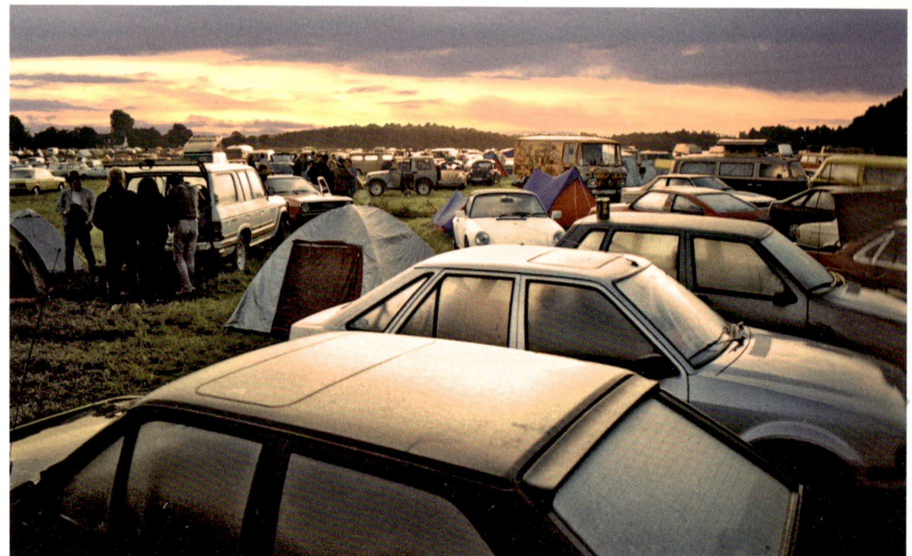

hen hab'. Zu dem Bürgermeister Lawrenz von Hartenholm muss man noch erzählen, wir waren anlässlich des 75-jährigen Bestehens mit einem Informationsstand auf der „Open-Air-Festivität" auf dem Sportplatz in Hartenholm und da hat der Bürgermeister Lawrenz gesagt: „Gut, dass wir beide da zusammen rumgelaufen sind." Alle Bauern hatten ihn schon angerufen, viele sagen wir mal: „Wir wandern aus, wir nageln unsere Türen zu, wir verreisen oder irgendsowas, weil da ja die Vandalen kommen." „Und nachdem wir nun zusammen gesprochen haben und rumgelaufen sind auf dem Platz und alle uns gesehen haben, haben wir vielen diesen Zahn gezogen und jetzt sind sie alle gut auf uns zu sprechen und besserer Stimmung."

Es hat viel genützt, dass wir dort hingefahren sind, denn im Prinzip war da nicht so viel los. Dieses eine Faktum hat uns bei der Bevölkerung Pluspunkte eingehandelt und die Verhandlung auch mit den Bauern, wo wir im Nachhinein diese Optionsverhandlung gemacht haben auf zusätzliche Parkplätze, wesentlich erleichtert. Zu dem leidigen Thema Behörden, Behördengänge, Genehmigung, Genehmigungsverfahren kann man nur sagen, dass man mit den meisten einigermaßen gut klarkommt, außer dass ich mit den Herren von der unteren Landschaftspflegebehörde innig unbefreudet bin. Die haben von Anfang an versucht, uns Knüppel zwischen die Beine zu legen. Und obwohl ich mich auf alle Gespräche, auf alle Forderungen und Auflagen eingelassen habe, will sich eigentlich kein gutes Verhältnis einstellen.

Abschließend kann ich sagen, daß ich in diesem Jahr für die Werner-Geschichte zwischen 17 und 18.000 Kilometern gefahren bin und auf der Strecke von Düsseldorf nach Kiel und zurück praktisch jeden Zaunpfahl kenne, jede Autobahnkurve – es langt langsam.

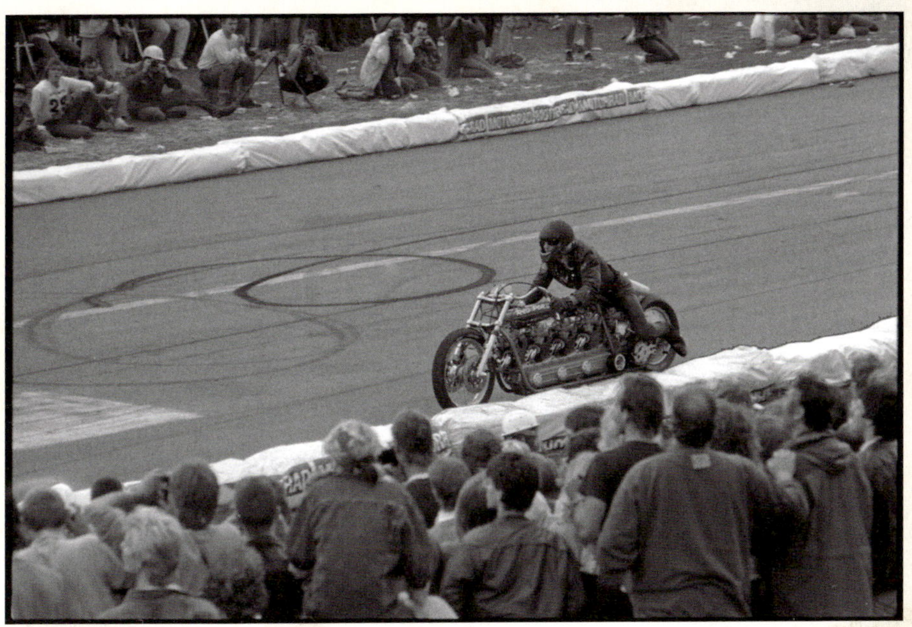

Der Porsche Killer und Rötger während des Rennens.

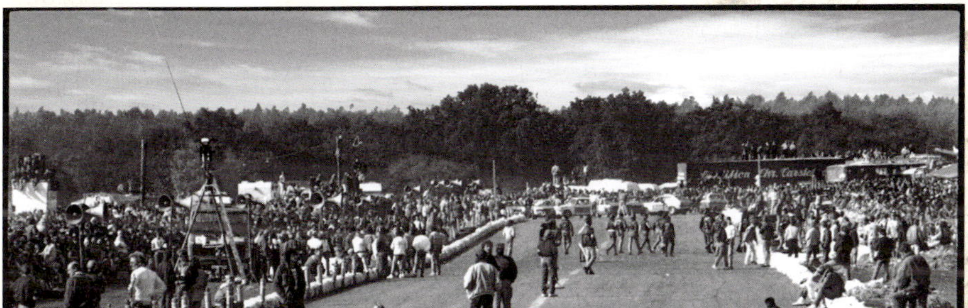

Flanieren, Picknick, brettern: Eine anständige Strecke bietet viele Möglichkeiten zur ausgelassenen Freizeitgestaltung.

Werners Vadder

Papa Feldmann / 1988

Ich, Rötger Feldmann (63), Privatmann, Spießer, Vizepräsident der nördlichsten Museumseisenbahn in Deutschland, Pensionär, muss es ertragen. Immer und immer wieder, fast täglich. Und das auch noch in einer Kleinstadt im Norden Schleswig-Holsteins, wo einen sowieso jeder kennt. Was muss ich ertragen? Dieses nämlich, in den verschiedensten Varianten: Da brüllt plötzlich einer „Guck mal Papa, der ist der Vater von Werner!" und zeigt mit dem Finger. „Wer ist Werner?" sagt der Vater. Alles dreht sich um und starrt mich an. „Mensch, du weißt doch – Werner-Eiskalt und so." „Ach, der mit dem Motorrad", sagt der Alte. „Sieht gar nicht so blöde aus. Habe ich mir ganz anders vorgestellt. Wie kommt der zu so einem verrückten Sohn? Sind Sie wirklich der Vater von Werner?" usw., usw. und so fort.

Noch schlimmer, denn es gibt in un-

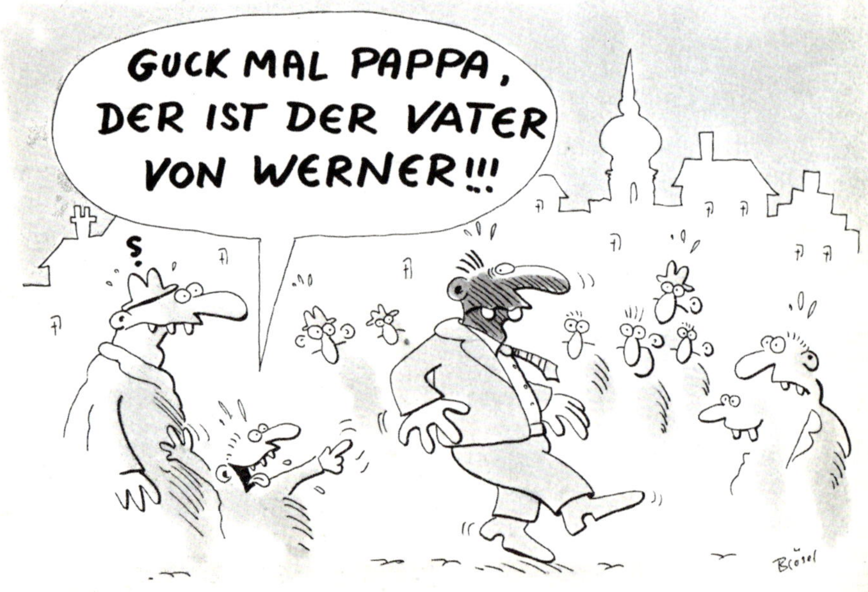

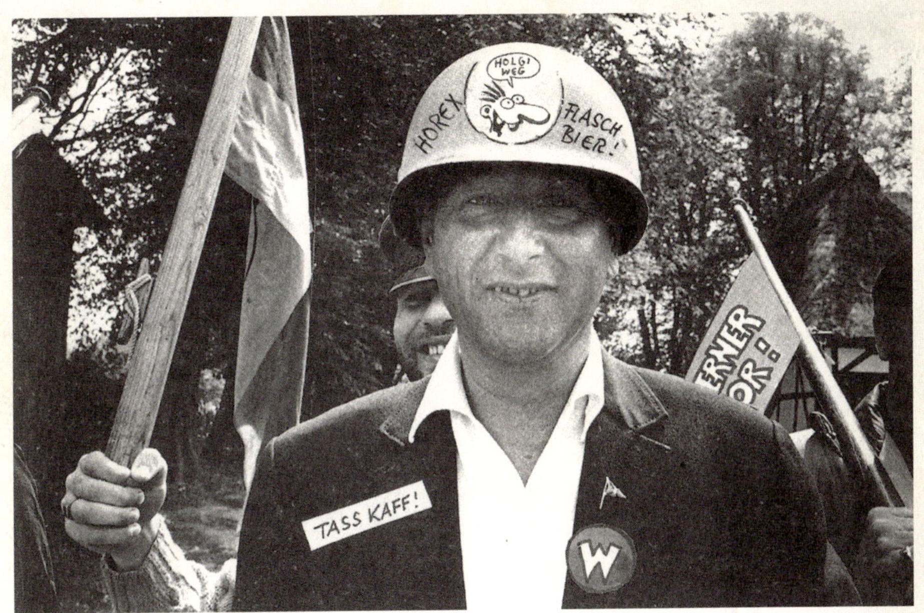

Vater von Werner in Fan-Ausrüstung für das Rennen

serer kleinen Stadt einen Pauker, der öfter an Biertischen rumhängt, mich kennt, und mit dem ich mich auch öfter mal unterhalten habe. Er kennt meine Fähigkeiten auf dem Gebiet des Zinnfigurenanmalens und findet das toll. Er meint, mein Sohn wäre aber besser, nämlich genial. Er ist der beste Werbe- und Reklameonkel in unserer Region für Werner, Rötger (positiv) oder für mich (negativ). Er nervt mich damit, weil er bei jeder Gelegenheit wieder davon anfängt, und das geht dann so:

„Hol doch deinen Sohn mal her mit seinem Motorrad. Läuft das wirklich? Was gibt's Neues vom Rennen? Ist die Mutter auch so begabt? Das Rennen wird ja nun wieder abgeblasen. Scheiß-Bürokraten. Wie kommt ihr beide zum gleichen Vornamen? Ist doch selten, was?" (Rötger ist ein Name, der in unserer Familie seit 1630 immer wieder vorkommt.) „Hat wohl der Junge als Künstlername erfunden, und du machst dann das nach. Willst damit wohl auch so berühmt und berüchtigt werden? Hör mal! 700 Unterschriften haben wir an der Schule für das Rennen gesammelt und an Engholm *[Ministerpräsident des Landes Schleswig-Holstein von 1988 bis 1993]* geschickt. Der nimmt das ja nun alles in die Hand, der kann ja gar nicht anders, wenn er dem Wählerwillen Ausdruck verleihen will, und er muss ja Blau-Weiß-Rot hochhalten gegenüber den weiß-blauen Bazis von Franz Josef *[von 1978 bis 1988 bayerischer Ministerpräsident]*. Wäre ja noch schöner. Habe volles Vertrauen in die Sache (auch in die Bürokraten?). Lisbeth, noch 'ne Runde. Müsste ja eigentlich auch Werner-Bier trinken, bei dem Vater. (Gibt es noch

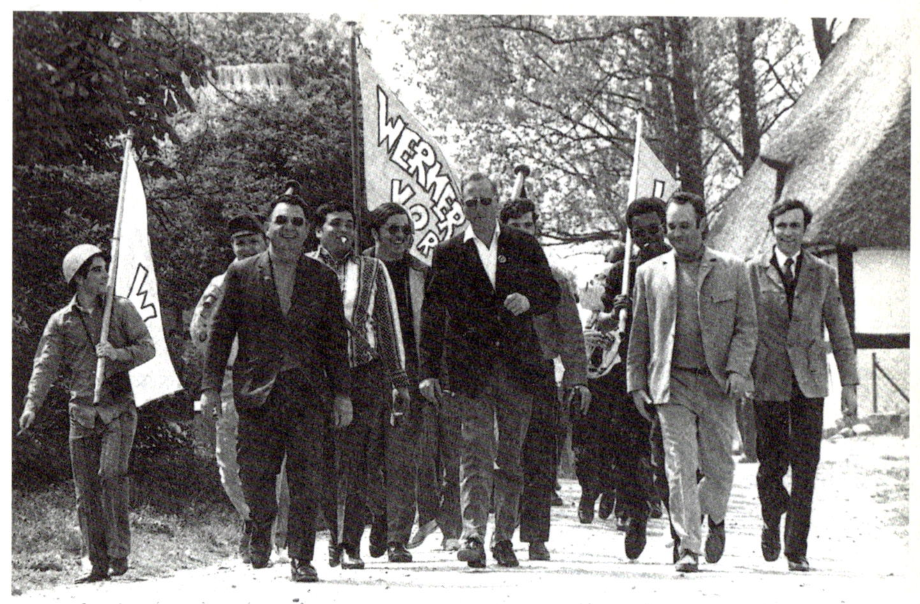

Werner-Fans mit Vater an der Spitze (Bildmitte) auf dem Marsch zum Rennen

nicht.) Hallo, Herr Fürchtenichts, kommen Sie doch zu uns, ich gebe auch 'ne Runde aus. Kennen Sie den Vater von Werner? Hier, Herr Feldmann ist der Vater von Werner, na, Sie wissen doch, der geniale Comiczeichner. Hochkünstlerische Familie."

So sabbelt er immer weiter, unterhält auf diese Art ganze Stammtischrunden, laut und deutlich, ganze Kneipenbesatzungen hören mit. Neulich erreichte er den Kulminationspunkt. Mitten in der Stadt brüllt er plötzlich: „He, Herr Feldmann, Ihr Werner ist ein ganz großes Arschloch." Alle Leute blieben stehen. Er hatte wieder ein paar Jubis getankt. Was war los?

„Vorgestern habe ich Ihren Herrn Sohn getroffen, in einer Kneipe in F. Er saß da mit ein paar Leuten, alles Nassauer, wildes Volk, nutzen nur Ihren Sohn aus. Setzte mich dazu und erklärte, dass ich Sie gut kenne. Wir haben uns gut unterhalten, auch über das Rennen. Ich habe auch eine oder zwei Runden ausgegeben. Aber nun kommt der Hammer. Die Leute hatten kein Geld mit und ich musste an die 200 Mark bezahlen. Die haben sich nur über mich lustig gemacht. Das habe ich gemerkt.

Na, ich habe gute Miene zum bösen Spiel gemacht. Wissen Sie, Ihr Sohn ist ein lieber Mensch, habe auch gut von Ihnen gesprochen, aber er ist von üblen Typen umgeben. Er merkt es bloß nicht. Er ist viel zu gutmütig."

Diese Story wird nun auch wegen ihm in unserer kleinen Stadt rumerzählt. Alle freuen sich klammheimlich, dass dieser Lautsprecher Lehrgeld bezahlen musste. Wer hat nun wen ausgenutzt? Ich fand das gut von den Jungs.

Was soll ich nun über das Rennen sagen? Die Idee, am Biertisch einst entstanden, im Buch zeichnerisch mit viel Liebe zum Detail, kommt nun zur Ausführung.

Es übersteigt meine spießerische Vorstellungskraft, dass dieses technisch vollkommene Motorrad verwirklicht wurde – mit Liebe und Fleiß und Ideenreichtum von wenigen Leuten.

Das Verrückte, Einmalige, Sensationelle an der Sache ist es wohl auch, was nun so viele Menschen miterleben wollen. Das Rennen hielt ich zunächst für lebensgefährlich verrückt. Aber echt Feldmann (Circus Feldmann). Ein Vater hat die Hosen voll. Als ich auf dem Red Porsche Killer saß, nein, liegen musste man ja darauf, konnte ich mir nicht vorstellen, dass diese Maschine beherrschbar sei. Aber die Jungs sind guter Hoffnung. Ich bewundere im Stillen Werners Mut.

Dem Porsche gebe ich nur einen Rat für das Race. Er sollte zunächst im Windschatten des „Killers" fahren und dann plötzlich, wie diese Marke es oft auf der Autobahn praktiziert – Lichthupe – ausscheren – rechts überholen – einscheren – vorsetzen – und dann?

Der Ausgang wegen dieser blöden Wette? Werner hält sich seit langer Zeit einige Katzen. Der Produktion von Katzendreck steht nichts im Wege. Vielleicht läuft sie schon auf Hochtouren, damit die Wette im Wortlaut erfüllt werden kann. Armer Verlierer! Dem Gewinner, sicher beiden Kontrahenten, ein fröhliches Prost mit „Werner-Bier"
wünscht Papa Feldmann.

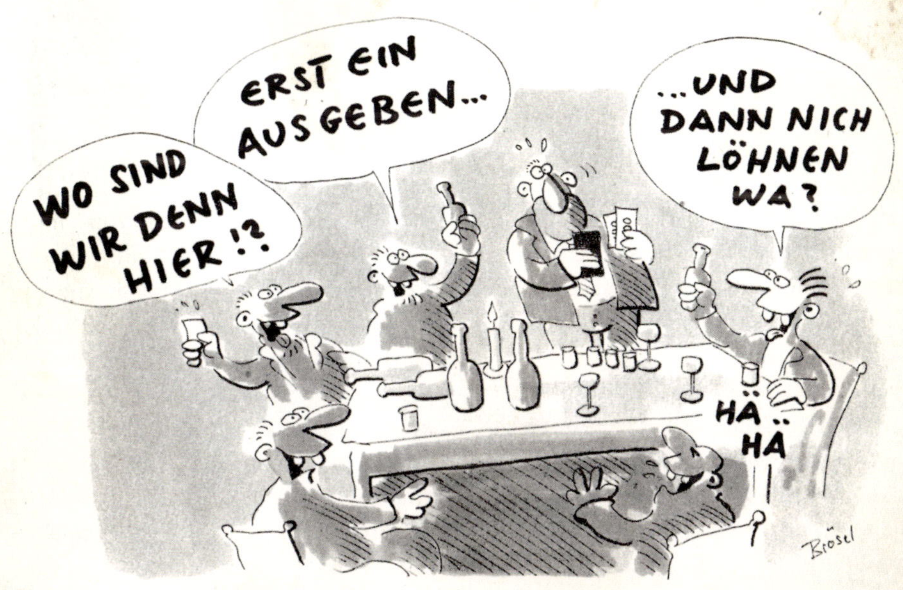

~~Der Imperator~~
~~Der Predator~~
~~Der Vibrator~~
Der Organisator

Hermann Joha / 1988

Erinnerungen an die letzten 2 ½ Jahre. Für mich hat die ganze Geschichte damit begonnen, dass zu meinen Motorradfestivals, die ich seit 1984 organisiere, irgendwann der Rötger auf die Loreley kam, sich das alles angeguckt hat. Dann lag der Gedanke nahe, das Rennen usw. es gibt da organisatorische Probleme usw. und so fort, dass ich irgendwann die Uschi Feldmann angerufen habe, die mir vom Semmel-Verlach als Ansprechpartnerin genannt wurde und habe gefragt: „Uschi, hättest du nicht Lust, dass ihr euer Rennen im Rahmen eines unserer Motorradfestivals stattfinden lasst?“ Bin mir da eigentlich auch nicht sonderlich vermessen vorgekommen, auf jeden Fall habe ich dann die extremst bärbeißigste Antwort bekommen: „Also wenn überhaupt, dann könnt ihr vielleicht eines eurer Motorradfestivals bei unserem Rennen stattfinden lassen.“

Ich war kurz davor, den Hörer aufzulegen, hab' aber dann gedacht, mit zickigen Frauen bist du in der Vergangenheit immer am besten gefahren – mit Abstand, hörst dir doch mal an, was sie so weiter erzählt. Bin also hoch fahren, wir haben uns unterhalten, eigentlich auch ganz prima verstanden und die ersten Pläne geschmiedet.

Ein Riesenproblem an dieser ganzen Geschichte war, dass ich immer wieder bei Sponsoren vorstellig geworden bin, z. B. bei der Motorradzeitung in Stuttgart von den Vereinigten Motorverlagen. Ich hab' mich dann irgendwann schon nicht mehr getraut, irgendetwas nur zu sagen, weil ich das Gefühl hatte, dass mich kein Mensch mehr ernst genommen hat, was die Rennen-Geschichte anging, weder irgendwelche Sponsoren, noch irgendwelche Leute aus der Konzertszene, die ich daraufhin angesprochen hatte. Was mich praktisch an der Organisation der Veranstaltung bis zum heutigen Tage nicht schlafen lässt, ist die völlige absolute Unkalkulierbarkeit dieser Veranstaltung. Daher können wir praktisch nur mit einem Organisationsplan in die Veranstaltung gehen, wo wir jeden vorstellbaren Notfallplan parat halten, um auf die gegebene Situation zu reagieren.

Was wir inzwischen für die Veranstaltung erleben, sind Dinge wie z. B. Intrigen oder Ähnliches, die zwar eigentlich normal sind, aber sich halt trotzdem immer wieder als Knüppel im Kreuz recht unangenehm bemerkbar machen. Das Problem taucht in dem Augenblick auf, wo Veranstaltungen in der Größenordnung organisiert werden und wo es sich rumspricht, dass die Veranstaltung wohl der absolute Superknaller wird. Plötzlich bekommen sämtliche Leute, mit denen man irgendwie zu tun oder zu schaffen hat, das berühmte Dollarzeichen in die Augen und alles wird auf einmal doppelt so teuer. Es ist eine Tatsache, dass in dem Moment, wo jemand angesprochen wird, Werner Rennen hört, plus 200 % gerechnet wird.

Was wir weiter erlebt haben, sind Geschichten, dass diese Werner-Plakate einen Souvenirwert haben, der sich in Worten wirklich kaum ausdrücken lässt. Egal, wo man die Dinger aufhängt, überall wird man sofort angehauen, teilweise, je nachdem wie betucht die Leute sind, mit Angeboten von 10,- DM, 20,- DM bis 25,- DM, weil die Leute unbedingt Plakate haben möchten. Ich habe einfach, um die Durchdringung der Information über das Werner Rennen zu testen, vor vier Wochen in Mannheim bei Pink Floyd sechs große Tafeln anbringen lassen von ein paar Freunden von mir. Es waren jeweils sechs Werner-Plakate neben- und untereinander an Zäunen und Brücken angebracht, wo der Hauptstrom der Besucher vorbei musste. Man konnte ein Phänomen beobachten, was mir alle Plakatierer und andere Konzertveranstalter, mit denen ich mich unterhalten hab', als völlig neu bestätigt haben: die Leute sind wirklich traubenweise vor dem Plakat stehengeblieben und erzählen fasziniert davon, dass sie auf jeden Fall hinfahren möchten. Das ist, dann auch wieder das, was mir in meinen Überlegungen als diese Unkalkulierbarkeit der Veranstaltung immer wieder hochkommt.

Die Struktur der ganzen Veranstaltung wurde so aufgebaut, dass jeder, der in irgendeiner Form einen Job bekleidet, gleiches mindestens fünf- bis zehnmal gemacht hat, egal ob das jetzt die Musikanlage ist bis hin zur technischen Leitung und der Rennstreckenleitung. Es sind alles Leute, die dutzende Male in diesen Bereichen gearbeitet haben.

Wir haben bei der Veranstaltung größtmöglichen Wert auf Servicegedanken gelegt, der sonst bei Open Airs immer völlig außen vor gelassen wird. Wir haben einen Preis gemacht, der der niedrigste ist, den es überhaupt bei deutschen Freiluftveranstaltungen bisher gegeben hat, das heißt 0,4 l für 3 Mark. Weiterhin haben wir die Toilettenkapazität so ausgerechnet, dass sie nach den Listen auf 120.000 Leute ausgelegt sind. Und bei momentan zu prognostizierendem Kartenvorverkauf sind dies auch 40.000 Leute mehr, als wir absehen können – wie gesagt, die Unkalklierbarkeit wieder mit eingerechnet.

Eine kleine Geschichte, was diese Werner-Durchdringung, egal wo man hinkommt, recht gut untermalt, ist die, dass mich ein Freund angerufen hat und sagt: „Du, pass auf, ich sitz auf 'ner Polizeistation, ich brauch' dringend 15 Freikarten für das Werner Rennen, geht das in Ordnung?“ Ich habe also nur Polizeistation gehört, dann dachte ich mir, das kann ja nicht verkehrt sein, wenn du

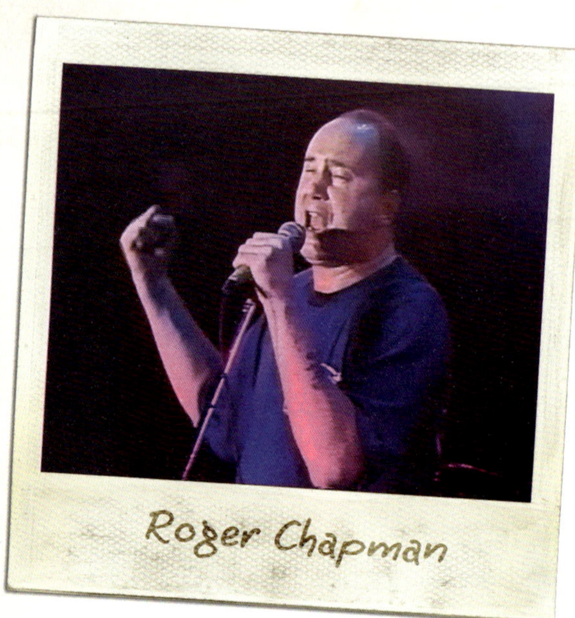

da mal ja sagst, später hat er mir dann erzählt, dass er wegen losem Auspuff und Schleudern vor irgendeinem Gebäude von einer Polizeistreife einkassiert wurde. Dann hat er nebenbei erzählt, dass er für die Organisation des Werner Rennens arbeitet und er gerade dabei ist, die Katzenscheißeschmeißmaschine zu konstruieren. In dem Moment, wie er das aussprach, hat dann der Oberindianer von der Polizeistation alles fallen lassen, sämtliche Kollegen geholt, ihn in die Mitte gesetzt: „Erzähl mal." Es stellte sich raus, dass alle auf der Polizeistation, die sich im allertiefsten Hinterbayern befand, absolute Werner-Fans waren. Der Auspuff war vergessen, das Schleudern war vergessen, die 15 Freikarten waren versprochen. Das sind Kleinigkeiten am Rande, wie man sie immer und immer wieder erlebt die ganze Zeit über. Was das Programm der Veranstaltung angeht, so haben wir sowohl versucht, Attraktionen zu bieten, die speziell für die Leute, die dort kommen, einfach super sind, gleichzeitig haben wir Leute zu Eigenaktionen animiert. Denn bekannterweise kann man sich noch so anstrengen – wenn man 'ne Horde gutgelaunter Leute zusammen hat, auf irgend'ner Wiese 'n Fass Bier in die Mitte stellt, 'n Scheißhaus dazu, dann hat man die größte Fete. Und wenn man irgendwie das Falsche macht, dann kann man sich noch so anstrengen, mit Riesen-PA, den wahnsinnigsten Gruppen und die beste denkbare Atmosphäre versuchen zu erzeugen, dann kommt einfach keine Stimmung rüber. Und wir glauben, wenn unheimlich viele Leute selbst was machen und selbst Aktionen bringen, dass es dann, zumal die Motivation dieser völlige Einmaligkeits-Charakter des Werner Rennens ist, in Kombination mit diesen Eigenaktionen eigentlich Stimmung und eine Riesenfete geben muss, egal welches Wetter kommt. Völlig egal.

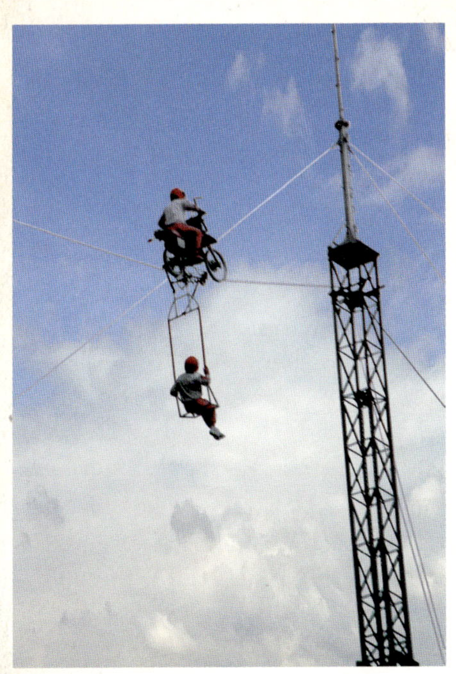

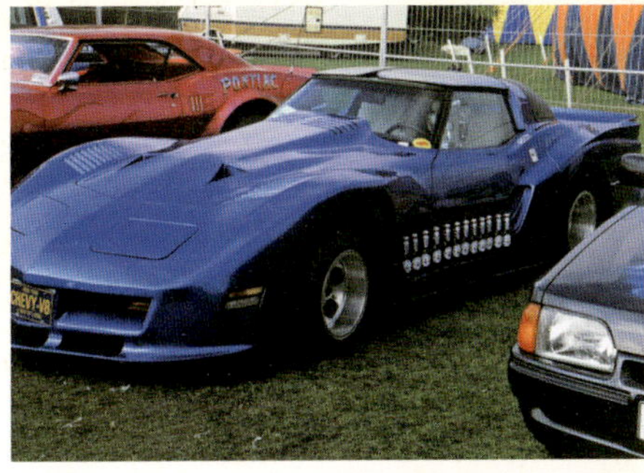

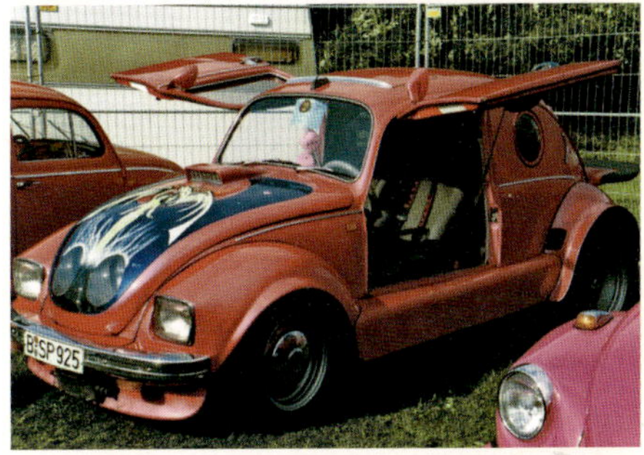

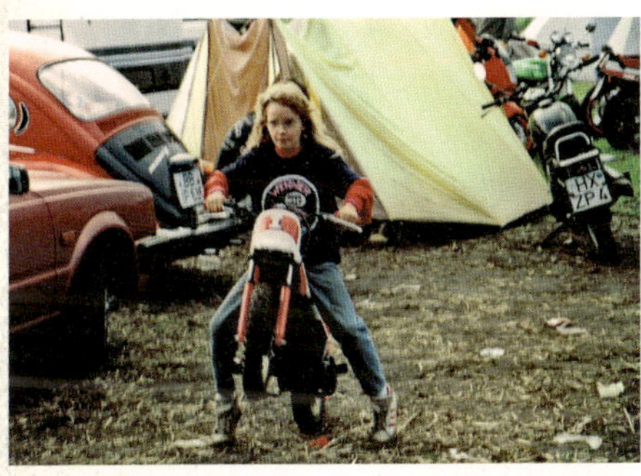

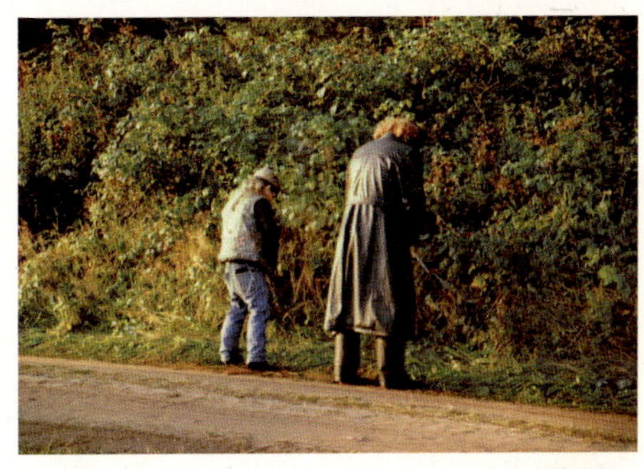

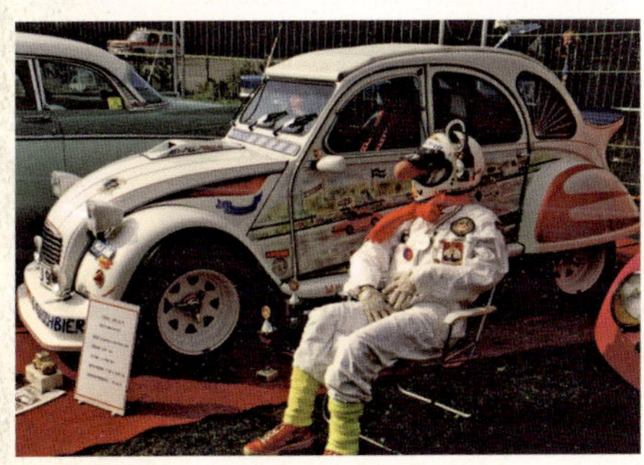

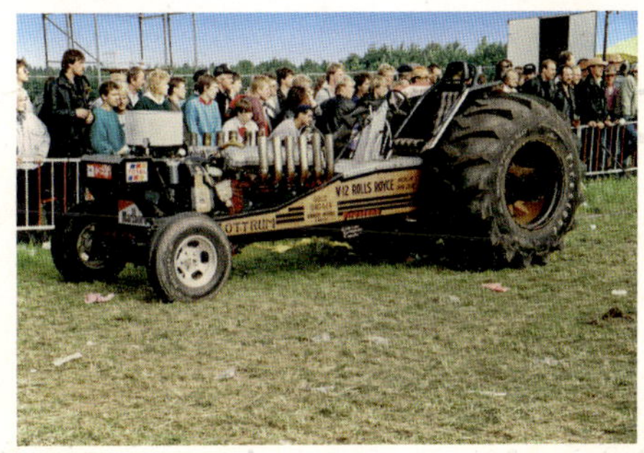

Das Event-Gelände 1988.

Die 18 Sekunden von Hartenholm

Richard Kähler *Kowalski* / **1988**

Ich muss sagen: Es war ein totaler Schock für mich. In jener Zehntelsekunde, als ich den roten Schatten des Porsches an mir vorbei durchs Ziel rasen sah, dann lange, lange Zeit gar nichts, und dann, endlich, die 15, 20 Meter Abstand wollten mir vorkommen wie eine Ewigkeit, auf der anderen Seite der Fahrbahn der langgestreckte, graue Schatten der Horex mit dem schwarzledernen Rötger wie schon erschöpft hinterher gezogen, da gab es mir einen furchbaren Stich ins Herz, und meine schlimmste Befürchtung war wahr geworden: Er hat es nicht geschafft! Er hat's vergeigt! Furchtbar...

Ich weiß noch, dass ich aufschrie, zusammen mit den anderen Reportern am Rande der Fahrbahn direkt hinter den Strohballen aufsprang, vorhechtete und den Fahrzeugen nachsah, wie sie in den Auslauf ballerten, Holgi rechts an der mächtigen hölzernen Rampe für den Flenslaster vorbei, Rötger links mit voll Karacho auf die Pappkartonmauer zu, und wie ich schrie: „Er ist gestürzt! Er hat sich hingelegt!"... Ich sah Rötger noch durch den Staub schliddern und die Maschine geradeaus weiterrutschen – dann war endgültig alles vorbei. Aus. Verloren.

Ich muss sagen: Ich war wahnsinnig enttäuscht. Denn eine Horex „Regina 400" war auch für lange, lange Zeit meine absolute Lieblingsmaschine gewesen. Auch wenn sie nur einen Motor hatte.

Danach hatte ich Ohren für gar nichts mehr. Der Stadionsprecher aus seinen Flüstertüten entlang der Strecke konnte mir nichts Neues oder gar Tröstendes mehr erzählen. Ich wusste nur, Rötger und die Horex hatten verloren. Und ich konnte und wollte es nicht begreifen, war wie blöd im Kopf. Ich blieb nur einfach hilflos stehen, dort direkt neben dem Asphalt, sah die Tausenden, die seit den frühen Morgenstunden gutgelaunt und dichtgedrängt an die Absperrung gedrückt auf ihren „Werner" gewartet hatten, sich wie vor den Kopf geschlagen und schrecklich still und schweigend abwenden und wie Zombies zum Start hinauf und zum Schmähturm gehen, langsam und mit leeren, verständnislosen Gesichtern. Die Horex hatte verloren. Das war endgültig. Daran gab es nix mehr zu rütteln -- wie konnte das nur geschehen?

Dann ging ich langsam hinunter zur Rampe, zum Zielauslauf, und mein Kopf war völlig leer. Ich weiß noch, dass ich mich in einen kleinen, dichten Kreis von gaffenden Neugierigen drängte. Und da sah ich ihn: Den „Red Porsche Killer". Einsam und allein. Zum ersten Mal seit Monaten von seiner Mannschaft verlassen. Mit dem mächtigen, dicken Hinterreifen in den Erdboden eingegraben, die Gabel irgendwie krumm, lehnt er müde, erschöpft und irgendwie kaputt zur Seite geneigt auf plattgewälzten Pappkartons. Irgendwo an seiner Unterseite fließt Öl heraus. Wie ein waidwunder Tiger kommt sie mir vor, die bildschöne Maschine. Wie zum Hohn hat jemand eine leere Bierflasche an ihre Seite gelehnt. „Das war's, Mädel", dachte ich in diesem Moment. „Du hättest was Besseres verdient." – Mann, war ich traurig.

Übertrieben? Nö. Ich kann mich gut verstehen: Ich kenne Rötger, und ich weiß, wie sehr sein Herz an diesem herrlich unvernünftigen Stück Motorrad hängt, wie stolz er auf seinen Killer war und darauf, dass seine ausgedachte Geschichte nun wirklich Wirklichkeit geworden war. Ich habe Ölfuß, Ölhand & Kalle kennengelernt, die dieses Sahnestück fast aus dem Nichts und unter unsäglichen Nervereien und Durchhaltenächten entwickelt, zusammengeschraubt und zum Laufen gebracht haben, nur um diesen wunderbar ausgeflippten Traum wahr zu machen. Ich habe ihre Sorgen und Probleme während der Monate der Bauzeit an diesem einmaligen Einzelstück immer wieder mitbekommen – und ich war bei den letzten Probefahrten auf dem noch menschenleeren Flugplatz vor dem grossen Ereignis dabei. Und daher weiß ich: Die Horex hätte gewinnen können. Sie hatte absolut das Zeug dazu. Keine Frage.

Das wußte auch das Horex-Team. An jenem grauen, vernebelten Morgen um 6 Uhr, an dem ich den letzten Probelauf von Holgis Porsche betrachtete, saßen auch sie, Rötger, Ölfuß, Ölhand und Kalle, heimlich in den Gebüschen und Wäldern rund um Hartenholm, lugten durch Fernrohre und betrieben astreine und gnadenlose Werksspionage. Und nachdem sie Holgi und seinen Red Porsche dutzende Male hatten die Piste auf- und abrasen sehen, wussten sie: Er war schnell. Aber eben nicht zu schnell…

Holgi und sein Team hingegen hatten bis zum Rennen keine Vorstellung von der Leistungsfähigkeit der Vierzylinder-Horex. Sie konnten nichts anderes tun als das, was sie auch getan haben: Porsche gut vorbereiten, Fahrer optimal trainieren und im entscheidenden Moment volle Pulle fahren. Und nachdem ich bei den Probeläufen mitbekommen hatte, dass Rötger nur lausige zweimal die paar hundert Meter Rennstrecke auf der Horex hatte fahren und sich an dieses Monster gewöhnen können, weil jedes Mal die empfindlichen Kettenantriebe der Horex in die Binsen gingen, wenn man sich nur leicht verschaltete oder bei geringer Drehzahl ruckelnd daherzuckelte… da ahnte ich allerdings, dass es gar nicht absolut sicher war, dass „Werner! Werner!" gewinnen würde, wie 99,99 % der Festbesucher noch eine Sekunde nach dem Start so eisenhart und unerschütterlich glaubten. Und sich natürlich von Herzen wünschten.

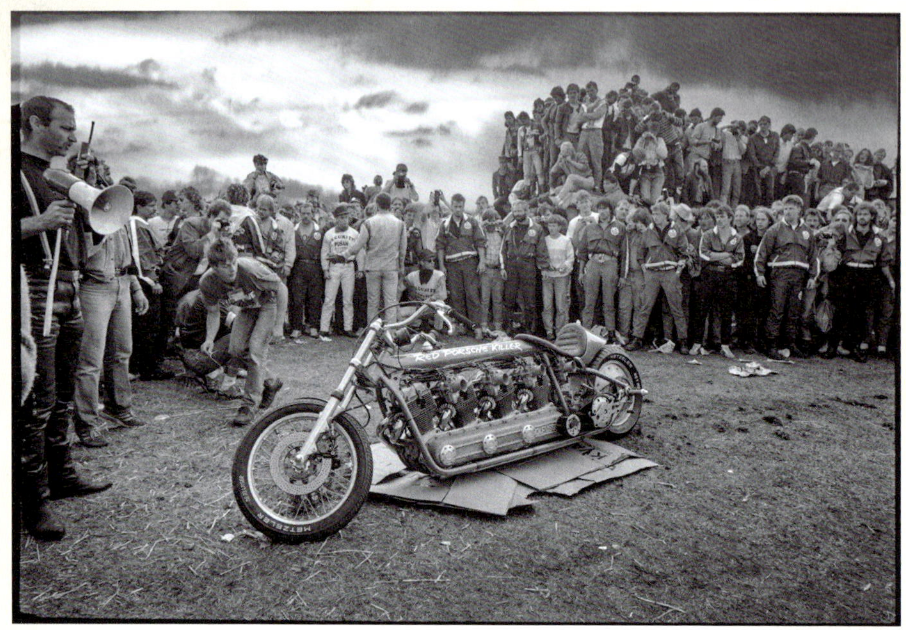

„Du hast Recht gehabt", sagte einer der Semmel-Mitarbeiter zu mir, als ich eine Stunde nach jenen tragischen 18 Sekunden das Pressezelt betrat und auf die abschließende Konferenz mit Rötger und Holgi wartete, noch immer etwas schwummerig im Kopf und voller Fragen. Ja, ich hatte so etwas geahnt und laut gemutmaßt, dass es eben überhaupt nicht so arschklar und bombensicher sei, dass die Horex gewinne, dass es für Rötger und seine bärenstarke, aber sensible Lady kein Zuckerschlecken werden würde gegen den gut trainierten Holgi und seine optimale Leistungsmaschine. Aber verdammt – manchmal macht es eben nicht den geringsten Spaß, Recht zu behalten!

Nun, Rötger hat es getragen wie ein echter Werner: „Tja, so issas eben, wenn man Eins und Zwei und Oben und Unten nicht unterscheiden kann", scherzte er auf der Konferenz schon wieder über das sich verdichtende Gerücht, er habe sich irgendwo auf der Hälfte des Rennens verschaltet bzw. sei gleich vom Start irrtümlicherweise im zweiten statt im ersten Gang losgebrummt. „Und wir vom Team haben extra noch gestern Abend und inner Nacht vorm Rennen kein' Tropfen Bier angerührt... Ich glaub', das war der Fehler!" – Da musste ich zum ersten Mal wieder lachen.

Heute habe ich mir alle Aufnahmen vom Rennen noch mal auf Video angesehen und bin ziemlich versöhnt mit allem. Die 18 Sekunden von Hartenholm liegen jetzt deutlich vor mir: Der Start. Den gnadenlos seinen Motor hochjagenden und die Kupplung schießen lassenden Holgi, und wie er sich auf seinen Spezial-Gummiwalzen davonkatapultiert. Die röhrende Horex, wie sie mit winziger Verzögerung und ein, zwei

Metern Verlust in die Hufe kommt. Wie Rötger in Bauchlage verzweifelt fußelnd nach den weit und tief zurückliegenden Fußrasten und dem Ganghebel sucht, am Gasgriff orgelt, als wüsste er nicht recht, was eigentlich los ist. Nur eben glasklar das Eine: Der Porsche ist vor mir… und unter mir läuft irgendetwas furchtbar falsch! – da war nichts mehr zu retten.

Dann das Bild vom noch leicht verwirrten Rötger, die Kamera hält dicht auf ihn, gerade ist er aufgestanden von seinem Sturz, schon prasseln die Fragen auf ihn ein: „Ich hab' den vierten Gang nicht gefunden!" schreit er sein Dilemma aus sich heraus. Also könnte es durchaus so gewesen sein: Aus Versehen im zweiten Gang angefahren, durch den dritten und vierten hochgeschaltet und dann hat der Arme verzweifelt den vierten gesucht, in dem er schon lange drin war, anstatt wie Henker Gas zu geben. Nein, man kann ihm keinen Vorwurf machen: Er hatte einfach zu wenig Gelegenheit zum Üben. So sieht's aus.

Aber sei es, wie es sei: Ich habe auch noch andere Bilder im Fernsehen gesehen. Und die haben mich wieder mit allem versöhnt und mich daran erinnert, worum es bei diesem Rennen eigentlich wirklich ging. Die Hubschrauberaufnahme von Holgi, wie er aus seinem Porsche springt, kaum dass er ihn auf der Grasnarbe schliddernd zum Stillstand gebracht hat und hinüber rennt zu seinem Freund Rötger… und wie er den eben aus dem Staub Aufgestandenen in die Arme schließt und die beiden sich sekundenlang fest umarmen und umklammert halten wie eine Mutter ihr heilgeliebtes Kind nach kreischenden Autoreifengeräuschen. Denn darum ging es: Um zwei Freunde, die aus Spaß ein Wettrennen mit ihren heißgeliebten alten Gurken veranstalten wollten. Und Freunde sind sie geblieben. Wahrscheinlich nun noch mehr als zuvor.

Und dann zu sehen, wie Rötger und Holgi unter dem Jubel der 250.000 Fans hintereinander die Leiter zum Schmähturm hinaufsteigen… Wie sich Rötger aufrecht und breitbeinig vor den Katzenscheißeventilator stellt und mit entschiedener Handbewegung den Dreck zum Rauskommen auffordert: Hau raus die Scheiße! …Wie sogar Holgi, über seinen Sieg gar nicht so begeistert, als echter Kumpel auch eine Ehrenportion Sprühdreck in Empfang nimmt… Und dann – ich glaub', es hackt! – doch tatsächlich dieser Gummischwengel von Güllepumpenrohr aus der Verankerung reißt und seine Scheiße über die gesamte hellaufbegeisterte und wieder fröhliche Menge schleudert wie ein wildgewordener Gartenschlauch… herrje, bin ich froh, dass ich da dabei gewesen bin!

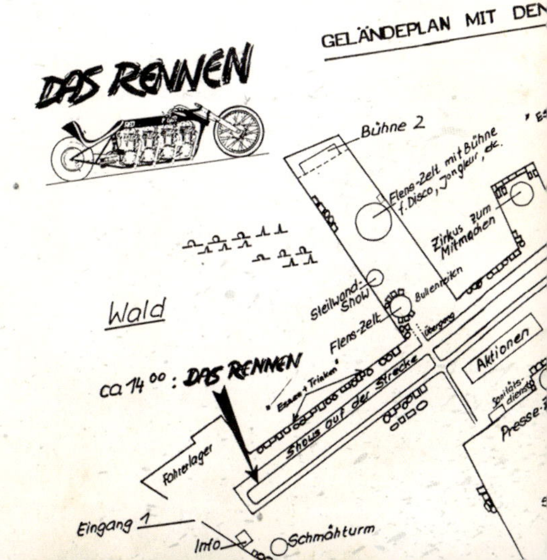

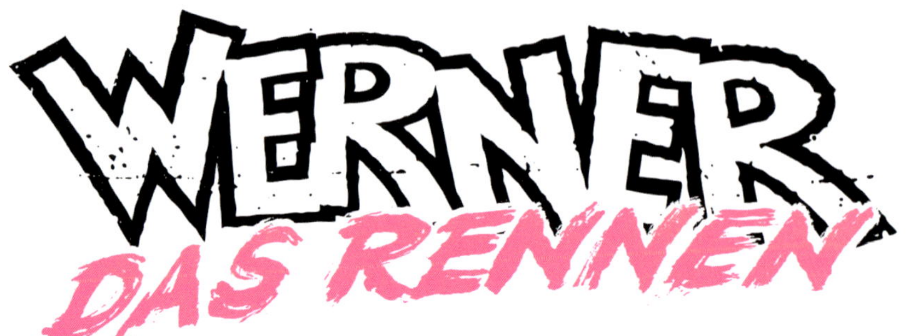

FLUCHPLATZ HAATENHOLM, 4. SEPTEMBER 1988, 12⁰⁰ UHR

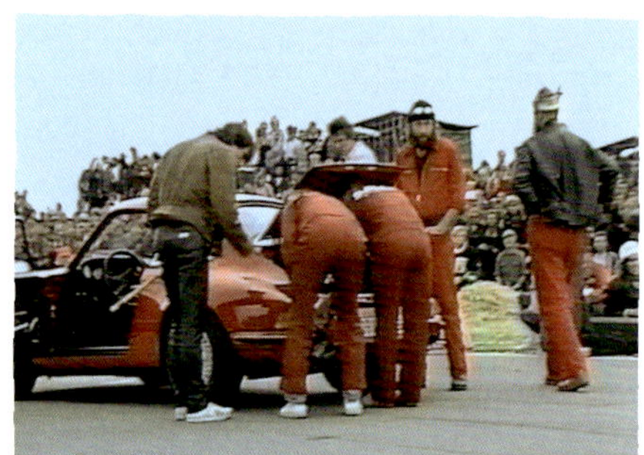

Team Holgi fummelt anne Vergaser.

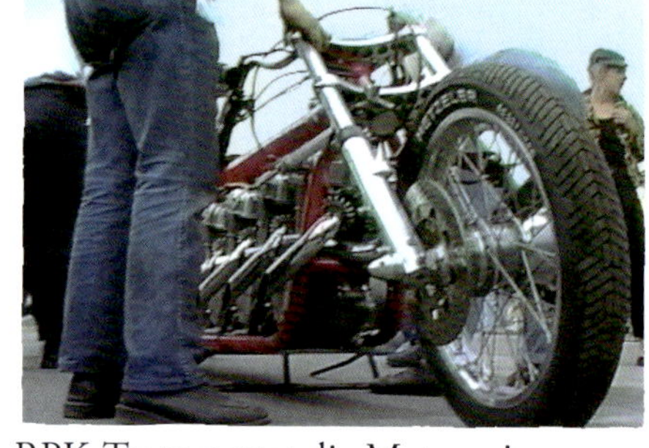

RPK-Team startet die Motoren!

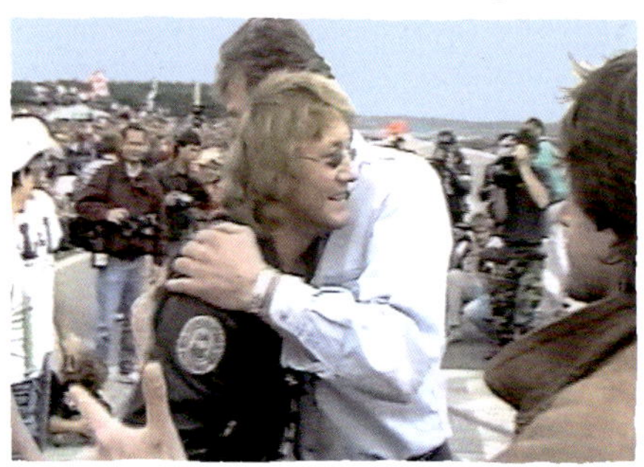

Holgi wünscht Brösel Hals und Beinbruch.

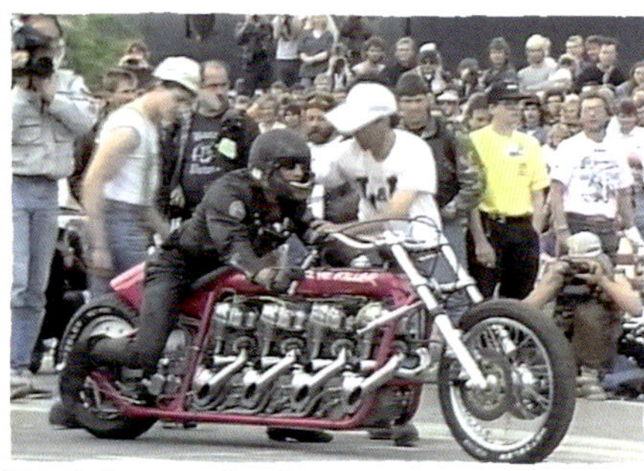

Die Motoren laufen!

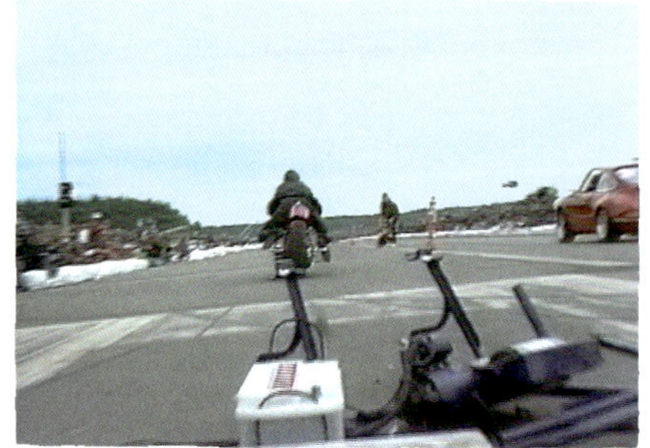

Brösel tritt auf den Schalthebel...

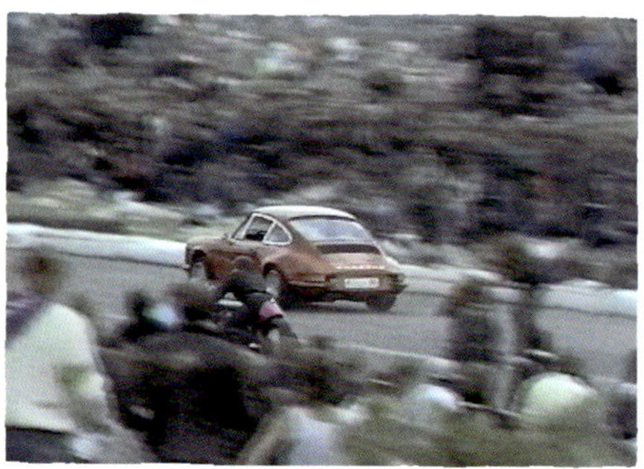

...er hätte ihn hochziehen sollen.

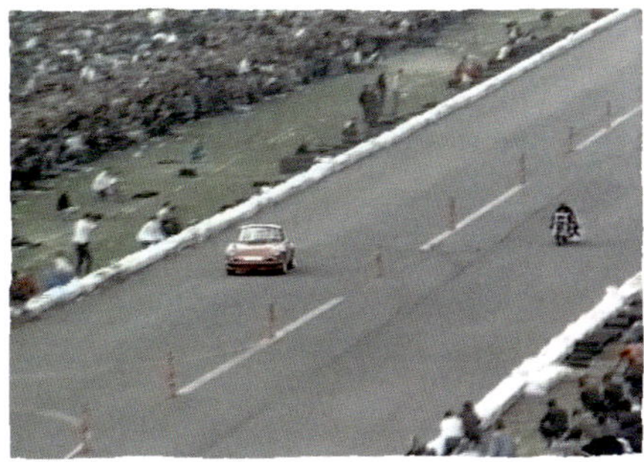
Wieso geht der 4. Gang nich rein?

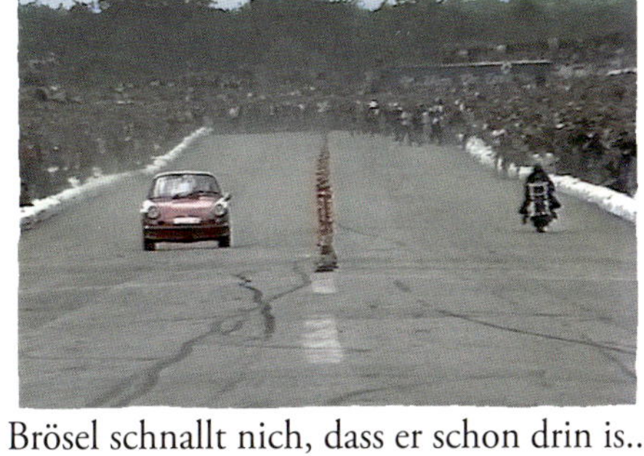
Brösel schnallt nich, dass er schon drin is...

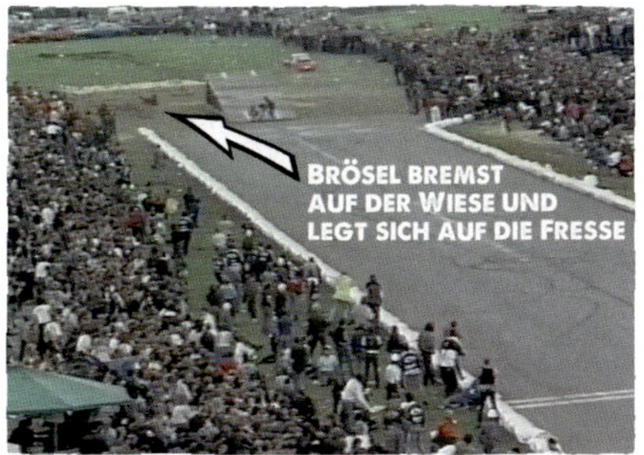

Verkackt!

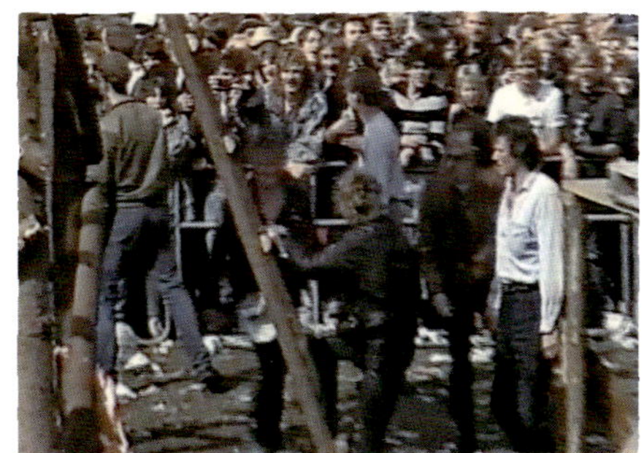
Es geht auf den Schmähturm...

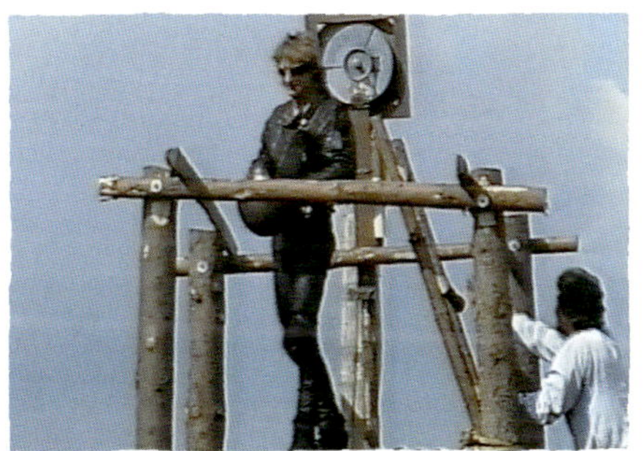
...wo die Katzenscheiße droht.

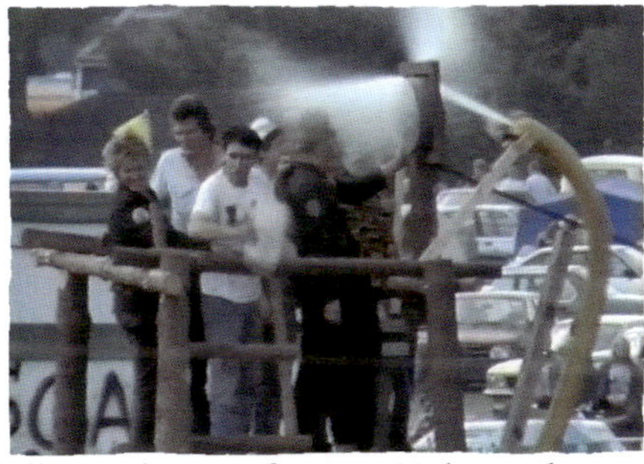
Alle machen tapfer mit, Holgi auch.

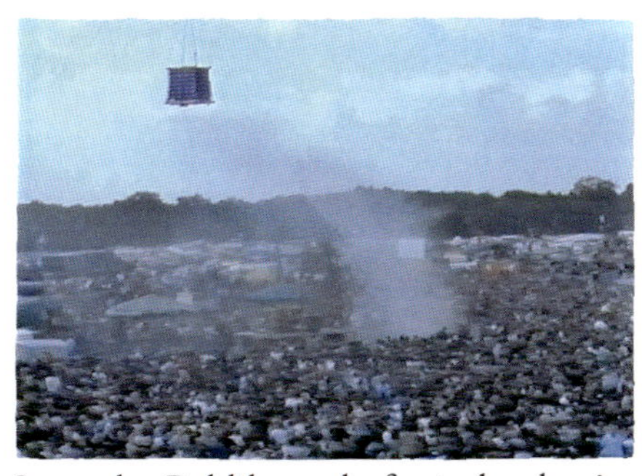
Sogar das Publikum darf mit duschen!

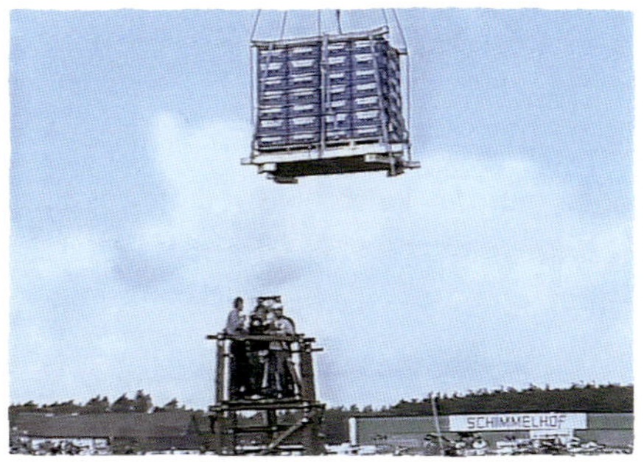

Dem Sieger winken 100 Kisten Flens!

ÖLFUSS' FRUST

Ein Interview mit Ölfuß / 1988

Wie war das denn nu im Abstand von fünf Tagen und so. Erzähl mal, wie hast dich vor dem Start gefühlt, überhaupt die Tage davor.

Also, die Tage davor, das war absolut easy. Wir haben am Donnerstag den Deckel zugemacht – noch in Schönberg – und dann haben wir erstmal 'n schönes Bier getrunken und gesagt: „So, mehr können wir erstmal nicht machen. Wir haben unseren Teil erfüllt." Na ja, und denn sind wir hingefahren nach Hartenholm und haben den Kram abgeladen, das Motorrad in den Schimmelhof reingestellt, die Wohnwagen besiedelt und so.

Ihr wart im Fahrerlager?

Ja, ganz toll. Dann kam Andi noch mit seinem Kartoffelwagen und Jürgen mit seinem Magirus und dann waren da noch zehn Mühlen, Oberglotterbiker.

Deine war auch dabei?

Nee, die ist noch nicht fertig, wir haben noch ein Fahrrad mitgehabt, damit ist Fidi immer rumgefahren. Und dann bin ich Donnerstag noch nach Hause. Es war tote Hose überall, auf den Straßen, da war gar nichts. Und dann Freitag auch noch mal ganz zurückgekommen. Ab dann ging das alles so seinen Gang, erstmal schön 'n Bier getrunken und so. Es wurde immer dichter und immer voller, bis zum totalen Verkehrschaos.

Hast du denn in der Zeit schon darüber nachgedacht oder hat dich das irgendwie belastet, wie hast du das so empfunden? Hast du mit der Mühle gezittert oder hast du in der Zeit nicht daran gedacht?

Nein, überhaupt nicht. Ich hab' ja echt gewusst, dass die Mühle das kann. Ich bin ja probeweise viermal volles Rohr die Piste entlanggefahren, genagelt, was das Zeug hergab, weil ich das erst wissen musste. Und dann haben wir sie aufgemacht, die Nacht noch und Rötger sollte nächsten Tag fahren. Und da war nix, es war nix. Es war echt in Ordnung. Viermal, nä! Naja, okay, dann hat Rötger sie am nächsten Tag im zweiten Gang... und das war alles ein bisschen dramatisch... Untertourigkeit und so mag sie nicht... und lange Gas wegnehmen schon gar nicht.

Da sind dann die Ketten weggeflogen?

Ja.

Und du hast viermal voll Stoff

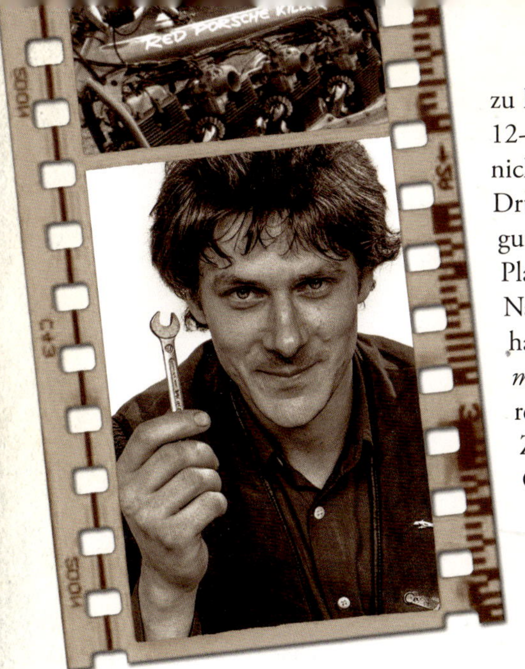

durchgefahren – ohne dass die Ketten weggeflogen sind?

Da war nichts. Die haben sich noch nicht einmal nennenswert gelängt. Ist wahr, das ist so. Und seitdem habe ich das vollste Vertrauen gehabt zu der Maschine. Ich denke: „Okay, wenn Rötger den Freitag keinen Biss hat, dann soll er ihn wenigstens den Sonntag danach haben.“ Und dann haben wir alles nochmals verbessert, vor dem Rennen neue Ketten aufgezogen, wir hatten das optimale Material. Und schön noch mal laufen lassen und abgehört den Motor. War alles ruhig, und dann nach Hartenholm gefahren mit dem Vertrauen darein. Und dann gab’s die Aufregung beim Anlassen kurz vor dem Rennen, ein paar Probleme, weil wir alle so aufgeregt waren. Dann haben wir halt nicht richtig den Kompressionshebel kommen lassen, zu plötzlich. Dabei ist der Anlasser etwas zu heiß geworden. Das war nämlich ein 12-Voltanlasser, verträgt eben 24 Volt nicht zu lange. Dann haben wir ihn mit Druckluft gekühlt und den Mat dann gut angekriegt. Und vorne auf dem Platz, da sprang sie auch astrein an. Nachher ging alles ganz schnell. Wir haben vereinbart mit *[Veranstalter Hermann]* Joha, wie es geht mit den Startregeln, mit der Ampel und mit dem Zählen, und dann legte er den ersten Gang rein, Aber Rötger muss einfach raufgetreten sein und der zweite war drin. Ersten Gang musst du ziehen, zweiten musst du drauf treten. Das Getriebe ist voll schaltbar gewesen. Der vierte war drin. Das ist sicher. Und wenn er den nicht noch gesucht hätte, den vierten, dann hätte er ihn voll abgeledert. Noch im zweiten Gang, anfahrenderweise. Wenn er nur noch Gummi gegeben hätte. Na ja, da ist der Start gegeben worden. Und dann fährt er an wie mit so’m Chopper. Einkuppeln und 1.000 – 1.500 Touren und langsam Gas geben. Oh, nee. Im zweiten ist das weniger verwunderlich. Und die Meute vor mir schiebt sich zusammen wie so ’ne Flüssigkeit – wie so ’ne Welle. Nimmst du irgendein Schiff auf’s Wasser – was macht das Wasser – es schwappt zusammen. Und ich guck’, springe ein paarmal hoch und so. Einmal, dann bleibt er da hinter und ich denke: „Na, in der Mitte könnte er ihn kriegen. Aber dann ist auch schon vorbei. Und denn hör’ ich als nächstes: „Holgi hat gewonnen!“ Echt, furchtbar! Furchtbar! Das kann nicht angehen. Wir haben uns alle angeguckt, uns ist nichts mehr eingefal-

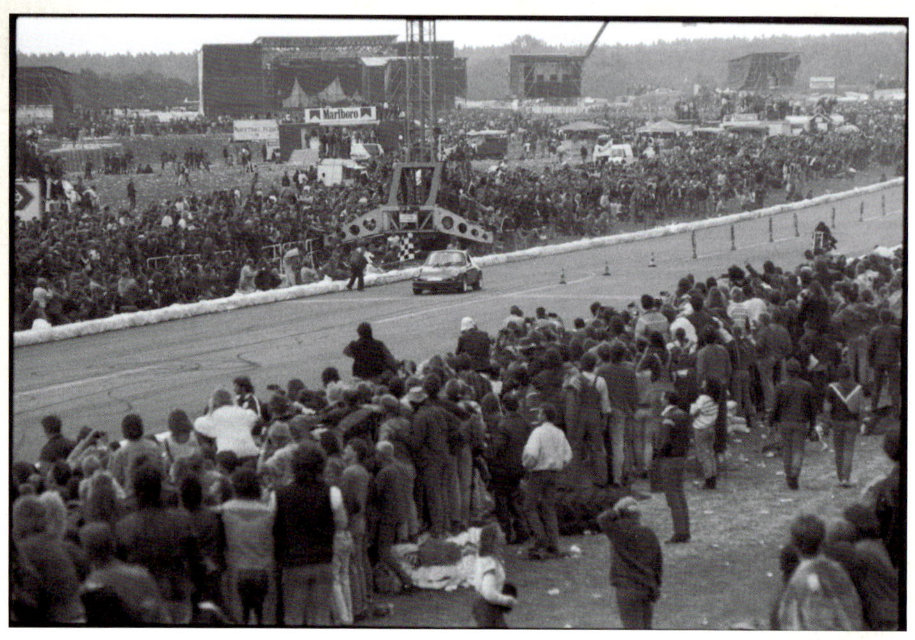

So sieht das aus: Der Porsche liegt vorn und Brösel sucht den vierten Gang (der schon längst drin ist).

len. Nichts, nichts, nichts...! Und das richtig zu fassen, das hat gedauert. Klar, dann ging es auch ganz schnell weiter. Dann kamen sie angefahren mit dem Trubelauto von den Düsseldorfern, uns aufgeladen und ab zum Schmähturm. Was auch ziemlich eindrucksvoll war. Dann habe ich mir erstmal ordentlich ein paar Biere reingezogen. Das kam auch ganz hervorragend, weil den ganzen Vormittag war auch besser nichts. Aber was soll's: Rötger ist Rötger. Klar, wir haben viel gearbeitet, und uns war das klar, dass er das können muss. Er hat auch noch mit einem anderen Motorrad geübt – mit 'ner 1500er extra noch geübt, weil wir ihn am Freitag noch so ausgeschimpft hatten. Und dann war nur noch Auflösung angesagt. Das Rennen war vorbei. Ich sach noch zu Karl: „Jetzt ist das große Rennen!" Schieben wir das Ding noch zwei, drei Meter weiter und Rötger setzt sich drauf. Totaler Moment war das.

Und Vorahnungen hast du nicht gehabt?

Na klar, aber was soll's? Wenn ich jetzt die Zeit so im Nachhinein angucke, gab es immer kleinste Zeichen, die darauf hindeuteten, dass es vielleicht nicht klappen könnte. Habe ich mich also auch seelisch darauf vorbereitet, dass es so kommen würde. Aber ich hatte das überhaupt nicht in der Hand. Wir haben wirklich das Optimale getan – und jetzt ist das Rötgers Part. Und wie das jetzt aussieht, zieht er auch Positives daraus, dass er verloren hat. Im Grunde ist damit ja auch mehr anzufangen, sagt er, wenn er jetzt gewonnen hätte, dann wäre die Story so richtig zum Abschluss gekommen, wie alle das erwartet haben und wunderbar und so. Und jetzt ist immer noch alles kontrovers, es kommt nichts zur Ruhe. Die Leute labern, labern, labern. Rötger ist gefragt wie nie zuvor. Aber er hat das ja wenigstens eindeutig gesehen und nicht rumgelabert wegen dem Getriebe. Na ja, es gibt ja auch mehrere verschiedene Typen von Motorradfahrern. Er ist eben kein Heizer, sondern eben mehr ein Chopperfahrer, Meister des freien Glottertums. Und so eine Mentalität kannst du nicht innerhalb von Sekunden vergessen. Es sei denn, er hätte sich öfter drum gekümmert. Das hätte er machen können. Er ist in der letzten Zeit nicht mehr mit der Kiste gewachsen. Weil er hat ja mit seinen Sachen den Kopf voll, wie wir mit unseren. Wir haben ihm oft angeboten: „He, komm' vorbei, du musst üben!" „Ach, wieso? Ich habe doch mit der Suzuki geübt, das klappt doch ich brauch' doch gar nicht mehr üben!" Falsch. Was ich nun echt sehr schade fand. Am Anfang nach dem Rennen habe ich mir gedacht, die ganze Arbeit und so hat sich im Grunde nicht gelohnt. Innerhalb so einer kurzen Zeit so'n Ding so zu verbraten. Klar, habe ich da gedacht, nach 5 Tagen bin ich wieder anders davor. Mein Bruder hat mir auch erzählt: „Du hast drei Viertel von dem erreicht, was du überhaupt hast erreichen können. Ein Viertel: Kiste springt nicht an, nicht ums Verrecken. Zweites Viertel: Kiste läuft, verreckt während der Fahrt. Das dritte ist: Sie kommt durch, aber verliert. Und das vierte: Sie kommt durch und gewinnt." Das ist ziemlich realistisch.

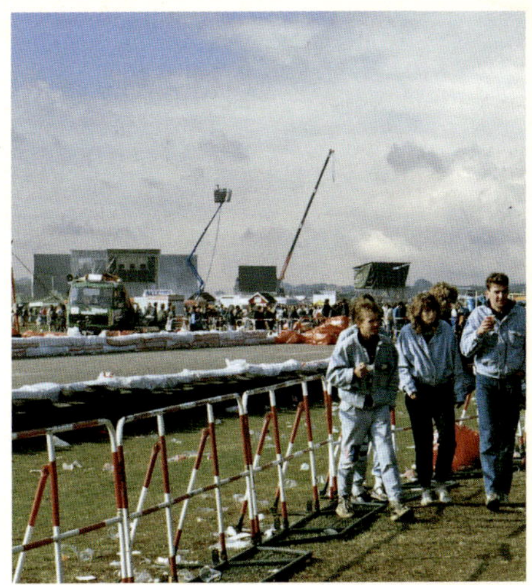

Man beachte die Sicherheitsvorkehrungen.

Das hat mich zuerst ganz schön wieder aufgebaut. Und dann die Tatsache, dass ich das zuerst ganz schön persönlich genommen habe. Ich habe verloren, weißt du. Aber mein Einfluss ging nur bis zu einem bestimmten Punkt. Aber das war Rötgers Show.

Ja, wie geht's weiter jetzt? Weißt du auch nicht genau, wahrscheinlich.

Ja, normalerweise würde ich mal schätzen, dass die Kiste sechs Mal aushalten würde und dann müssten die Ketten gewechselt werden. Beim Rennen ist der mittlere Kettenspanner wieder am Anschlag gewesen. Und das war's. Da musst du an der Kette 5,3 t ziehen, damit sie reißt. Und das waren bestimmt an die 5 t, die beim Lastwechsel zusammenkamen. Na ja, jetzt wieder in Stand setzen, den Kram. Ausstellungen und so, mal wieder Ketten wechseln und so und wieder zum Laufen bringen, dass man wieder fahren kann und auf die nächste „Herausforderung" warten.

Jeder Verlierer ist ein Gewinner

Petra Feldmann / 2020

Beim ersten Werner Rennen war ich auch dabei. Alle wollten da hin, ich wußte zuerst gar nicht warum – aber ich wollte immer da sein, wo etwas los ist und so habe ich mich mit dem Shufflehaus Team, einer damaligen Kultkneipe aus Kiel, auf den Weg gemacht zum Getränkeverkauf in einem sechseckigen Stand. Rötger kannte ich nur vom Sehen aus dem Club 68. Neun Jahre älter hatte er einen ganz anderen Freundeskreis und unsere Wege haben sich nur selten gekreuzt. Er wollte mich zwar auch mal abschleppen, aber da mein Herz schon vergeben war, musste er leider einen Korb einstecken. Mir wäre einiges an Lebenserfahrung erspart geblieben, wenn ich ja gesagt hätte, aber wer weiß wofür das gut war.

Mit einem großen Setra Bus sind wir nach Hartenholm gefahren, unser Wohnmobil in dem wir auf den unbequemen Schulbussitzen mehr oder weniger ausruhen oder oben auf dem Dach das Spektakel und vor Allem das Rennen verfolgen konnten. Das ganze Ereignis war einmalig, alle waren gut drauf aber vom Rennen selber habe ich leider kaum etwas mitbekommen. Die Feldmann Brüder und ihre Freunde waren echt cool und alle hatten ihren Spaß. Besonders witzig fand ich die rebellische, lässige Art und den Eigensinn, die tolle Lederjacke von Brösel, total zusammengeschustert mit Nieten, Flügelschrauben und Hutmuttern, die Mützen mit den langen Schirmen, die spitzen Schuhe (ich trug damals selber auch fast nur Cowboystiefel) und die alten Horex Motorräder mit dem speziellen coolen Sound. Als Schneiderin mit eigenem Laden („Outfit" hieß er) hat mich jede Art von Kreativität begeistert und inspiriert, Mode ist meine Leidenschaft und seine alte Lederjacke und die Klamotten von damals, die ich retten konnte, halte ich noch heute in Ehren.

Es war das lustigste und coolste Festival unter vielen, die ich erlebt habe, so vielseitig und aus einer Idee heraus geboren, die in etwa so wie der Kampf zwischen David und Goliath oder Handwerk gegen Industrie und Kommerz ihren Weg gesucht hat. Der Phantasie und dem Zeitgeist entsprungen, der sich endlich gegen die Versklavung der neuzeitlichen Mächte zur Wehr setzte. Damals gab es noch kein Internet, kein Facebook oder Instagram, Werbung und Kommunikation musste noch mit Brie-

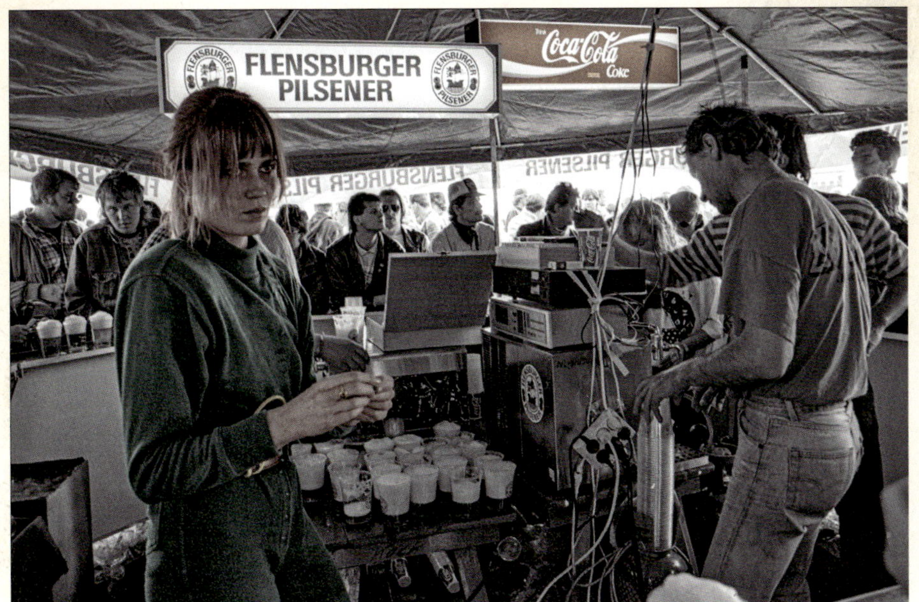

Alkoholdealerin sein ist moralisch nicht immer einfach.

fen, Radio, TV und vor allem mit Büchern gemacht werden. Rötger schaffte es mit Werner und einer Menge auf den ersten Blick als Quatsch und Blödsinn erscheinendem Humor, eindeutig zweideutig und in Wirklichkeit zeitkritisch und tiefsinnig in Schleswig-Holstein, dann in Deutschland und mit dem Rennen sogar weltweit Aufmerksamkeit zu erregen. Das soll ihm mal einer nachmachen. Auch wenn er bei diesem Rennen nicht gesiegt hat, war er der Gewinner der Herzen.

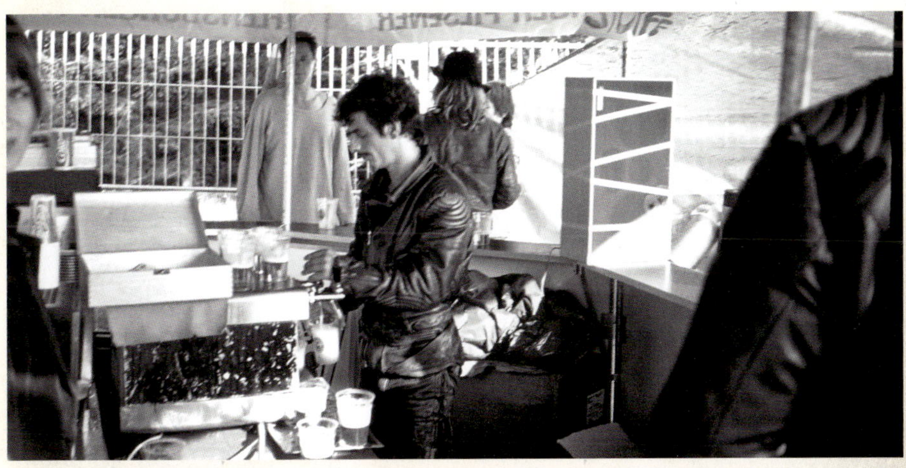

Manfred Garnitz (†) war auch dabei.

WAS WAR DAS DENN NU' WIDDER?

Wolfgang Niedecken BAP / **1988**

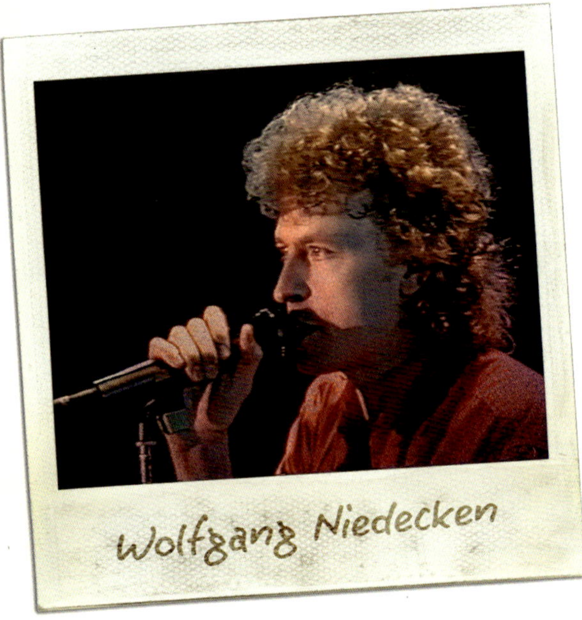

Da befindest du dich seit Tagen auf Promo-Tour für die neue BAP-LP, erzählst vom frühen Morgen bis in den späten Abend jedem greifbaren Journalisten, wie dufte du die findest und plötzlich findest du dich um ½ 2 morgens auf einer Festivalbühne vor locker 250.000 optimal gelaunten Menschen wieder?!? Das ist ein Anblick, der mir ganz einfach die Sprache verschlägt. („Wir sollten schon von daher nur noch vor so vielen spielen", hörte ich da jemanden raunen?)

Aber mal von Anfang an: Irgendwann hatte ich durch einen „Spiegel"-Artikel erfahren, dass wir auf dem Rennen spielen... o.k., wenn das da drin steht, wird's wohl stimmen! Das war vor ungefähr zwei Jahren. Später fiel mir dann ein, dass da mal so'n paar Gestalten vom Verlach bei einem unserer Gigs im hohen Norden aufgeschlagen waren und sich diese Zusage nur im Laufe des gemeinsamen Kampftrinkens ergeben haben kann. Egal, keine Reue. Im Sommer drauf: Es liefen gerade die Live-Gigs mit den Complizen und einer davon war Brösels Busenfreund Frank Hocker von „Schroeder" – gibt's am Vorabend des Erscheinens des bislang letzten Werner-Comics an der Theke unserer Kölner Stammkneipe eine private Autorenlesung, die ich wohl nie vergessen werde: Da steht dieser geniale Chaot völlig aufgeregt vor uns und erklärt uns höchstpersönlich jeden einzelnen Gag des gesamten Buches. Das hätte ich wohl gerne mal auf Video... für die langen

Winterabende, für die Enkelkinder und überhaupt, weil einem sowas ja sowieso wieder mal kein Schwein glaubt. Herr Biernot, der mit dem Kellerschlüssel, ist übrigens im Laufe der Zeit in unseren Kreisen zu einer regelrechten Kultfigur geworden.

Ähnlich wie in der Story mit dem Rohrbruch erging's uns dann viel später nach dem gelungenen, jetset-mäßigen Transfer Stuttgart-Hamburg (raus aus

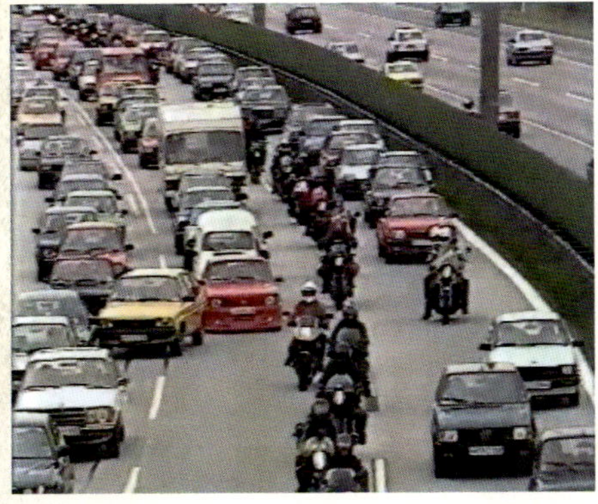

Anreise zum Rennen. Ein Stau wie es im Buche steht.

der „Wetten, dass...?"-Show, rein in den 8- Sitzer) insofern, als die versprochenen zwei Helikopter einfach nicht auf dem Hamburger Flughafen zu finden waren. Von unserer Suche nach den Dingern und den dazugehörigen Piloten hätte ich übrigens auch gern ein Video (Gründe: s.o.). Die Gespräche mit den Jungs vom Bodenpersonal liefen ungefähr so ab: „Wir suchen zwei Hubschrauber, die auf uns warten." – „Gibt's hier nich!" – „Aber die sind uns fest zugesagt." – „Wieso?" – „Wir müssen zum Rennen, nach Hartenholm." – „Da ist alles dicht, da kommt keiner durch." – „Deshalb soll das ja mit den Hubschraubern geregelt werden!" – „Ach so,"... (Bedenkzeit)... „Was wollt ihr'n da? ...Da sind doch nur Verrückte!" – „Wir sind BAP, wir spielen da." – „Und wir sind der Papst!" – „Nä – ehrlich... das gibt echt Ärger, wenn wir da nicht hinkommen!"... „Die Straßen sind dicht, da kommt ihr nicht durch, da bräuchtet ihr schon 'n Hubschrauber... oder doch besser zwei..." So ungefähr ging das eine Stunde lang, wunde Finger vom Telefonieren mit den Organisatoren der „goilen Paadie", die auch nicht mehr draufhaben als „Die Hubschrauber müssen aber da sein", um schließlich zur Einsicht zu gelangen, dass auf dem Luftwege wohl der Zug abgefahren war. Also, alles Richtung Taxistand und die ganze Erklärerei noch mal von vorne. Ungläubigkeit paart sich mit Furcht und auch dieser Versuch droht zu schweitern, bis sich zwei jüngere Taxifahrer doch noch zu dem Versuch entschließen, diese Verrückten zu den anderen Verrückten zu bringen.

An der Autobahnausfahrt „..."? erwarten uns dann netterweise zwei Polizeiautos, deren Insassen wir – Gott sei Dank – nix mehr erklären müssen, und weiter geht's in Richtung Hartenholm. Ärgere mich, dass ich die offensichtlich gigantischen Dimensionen des Festes nicht aus der Luft zu sehen kriegen soll, bin aber dennoch unendlich erleichtert, wie ich dann nach ca. tausend Stops die schwarze Kaaba von Hartenholm sehe. Die Bühne... Himmel & Menschen / Pääd und Scheeße..., wir sind da!!! / Chapman spielt / Publikum ist tierisch drauf, nur Eisi *[Gulp]* muss wohl im Programm mit Kleinkunst nach „Schroeder" leicht deplatziert gewesen sein... nicht ganz so schlimm, Brösel soll die Situation in einer Mischung von Guru und Gouvernante in Ordnung gebracht haben („Ihr seid Arschlöcher!!... Guckt mal, wie das hier aussieht... Da springt mein Motorrad ja gar nich' mehr an... Ihr seid so scheiße drauf!!!"), jedenfalls flog von da an kein Zeug mehr auf die Bühne. Dann geht alles blitzschnell: Umziehen, Feuerwerk, „Born to be wild"... stimmt, haben vergessen nachzufragen, ob das heute schon jemand gebracht hat... offensichtlich nicht. Es geht ab wie Sau, laut genug scheint's auch zu sein. Soweit ich sehen kann, sind Leute aus dem Häuschen. Alle Befürchtungen, von wegen das Publikum wäre nicht das unsere, erwiesen sich innerhalb kürzester Zeit als unbegründet. Keine Ahnung, an welcher Stelle des Programms meine erste längere Ansage stattfand, nehme an, dass ich die Stücke von der neuen LP kurz vorgestellt habe, denn die konnte ja noch keiner kennen, weil die Platte just vor Festivalbeginn in den Läden war... und ausgerechnet auf die neuen Nummern waren wir natürlich am heißesten. Das Publikum ist völlig anders, als wir uns das vorgestellt hatten. Null Randale, im Gegenteil, sogar die Nummer „Kristallnaach", die gar nicht so recht herzupassen scheint und die wir auch nur deshalb auf dem Zettel steh'n haben, weil sie hier und heute von einem ZDF-Team für einen Film zum 50-jährigen Gedenken an die Reichskristallnacht gefilmt werden soll, wird so aufmerksam wie selten aufgenommen; man lässt uns sogar die ersten beiden Strophen lang selbst den Takt finden. Die Zeit bis zu den Zugaben verfliegt wie nur was. Dann ein Medley, das wir seit mindestens sieben Jahren nicht mehr gebracht hatten: „Wahnsinn" (von der allerersten LP) / „Peter Gun" / „Cadillac"... übergehend in das bewährte Paket „Fahn eruss" / „Waschsalon"... „Macht die müde", hatte der Brösel mir noch im Wohnwagen hinter der Bühne gesagt... schien nicht zu klappen, nur die Herren Musikanten hingen jetzt so langsam, aber sicher komplett in den Seilen. Allen voran der Jürgen, unser neuer Drummer, der, ob seiner Monstergrippe, total varieté-reife unsynchrone Trommel- und Hustenwirbel darbot. Lange konnte das jetzt nicht mehr so weitergehen. „Nemm mich met" und „Clown" von der neuen LP werden noch nachgelegt. Immer noch drängt sich niemand in Morpheus Arme. Zugegeben: Die letzte, in Frage kommende Zugabe ist erst recht nicht von der Sorte „Das-war's-wohl"... möchte wissen, wie wir jemals auf die Idee gekommen waren, aber mehr geht einfach nicht mehr: „Verdamp lang her" und Ende. Erst nach einer Viertelstunde fangen die Reihen an, sich zu lichten. Es ist kurz nach 4:00 Uhr und wir fahren zur Pressekonferenz. Hoffentlich schreiben die Kollegen auch schön, wie sehr wir uns auf die Tour freuen...!?

THE DAY AFTER...
IRGENDWIE SAH'S ECHT SO AUS.

Mike Conrad / **1988**

Es konnte sich, glaub' ich, niemand vorstellen, wieviel Müll 250.000 Leute fabrizieren. Es konnte sich auch niemand vorstellen, wieviel Schaden 250.000 Leute anrichten. Gewollt oder ungewollt, vielleicht in einigen Fällen auch zwangsweise, wenn man an die normalen menschlichen Bedürfnisse denkt. Es ist einfach gigantisch. Obwohl diese Themen in die Negativecke des Festivals gehören, gehören sie dazu.

Wir sind uns in den Tagen nach dem Rennen vorgekommen, als würden wir mit den Leuten am Telefon nur noch über Scheiße reden, stinknormale Scheiße. Aber alles lässt sich regeln, alles lässt sich irgendwie bereinigen, es ist nur eine Frage der Zeit.

Die Bauern, die Anwohner und wir haben versucht, alles so schnell, so reibungslos und so unbürokratisch wie irgend möglich zu regeln. Und irgendwie hat es geklappt.

Trotz dieser negativen Dinge, die in den Gemeinden rundherum passiert sind, haben uns viele Anwohner gesagt, sie würden das Ganze noch mal machen mit uns. Das war „Das Rennen", die goile Paadie, aber noch mal als Revanche und noch mal mit uns? Ich weiß nich! Lieber nich!

Folgendes ist ein ungeschnittener Dialog aus dem Orga-Büro zwischen Uwe A. und Mike C.:

Ein Bauer wollte die Mistforke holen und hinter mir her. Da habe ich mir gesagt: „Na, gut, dann fahre ich lieber." Aber das beste war, eine Frau hat gesagt: „Herr Conrad, ich schwöre es Ihnen, ich sorge dafür und trommle die Leute zusammen, dass wir uns mit 25 Leuten einen Bus mieten, und wir kriegen raus, wo Sie wohnen. Und dann scheißen wir Ihnen vor die Tür."

Die Frau C. ist so ein bitterer Fall.

Wir müssen für das Gemüse Ersatz geben, ich würde die Mohrrüben nicht mehr fressen, also beim besten Willen nicht. Der Vor- oder Gemüsegarten ist wohl nur noch ein brauner Haufen. Und ein stinkender Haufen vor allem. Du kannst dir das nicht vorstellen... und wenn dann die Sonne scheint – es muss so bestialisch gestunken haben...

Einer will die ganze Scheiße kompostieren. Er hat von dem Amt die Genehmigung gekriegt, will den Dreck mit Baumrinden, Tannennadeln und

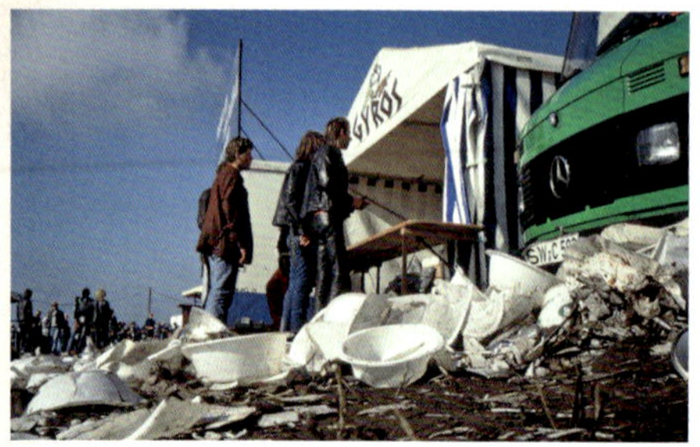

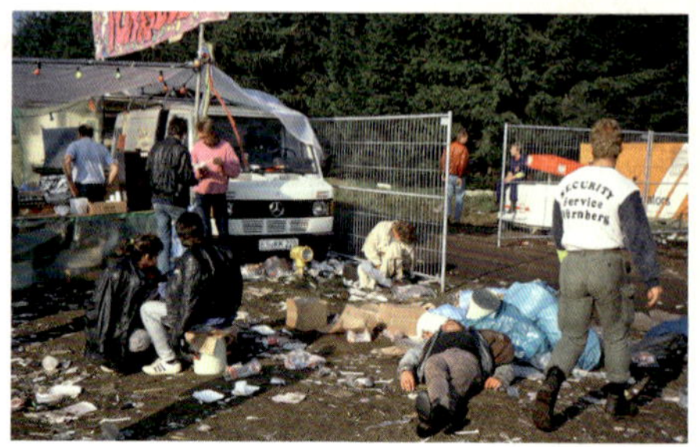

Holzspänen anreichern, das erhitzt sich auf 80 Grad, dann werden die ganzen Keime abgetötet, und das gibt wohl mit den weltbesten Humus überhaupt. Und wenn wir schon nichts am Festival gewinnen, dann wenigstens an der Scheiße.

Manche haben auch schon mal versucht, Doppelschäden anzumelden. Die Bauern sind nun mal bauernschlau und überlegen, wie sie uns noch ein bisschen melken können. Das sind echte Schlitzohren – jedenfalls der eine oder andere.

Diese lahmende Kuh, das ist eben auch so eine Geschichte. Dachte erst, da hat sich wohl einer 'n Steak aus der Kuh geschnitzt. Ne, ne, die haben die Kühe über die Weide gejagt und er weiß jetzt nicht, ob die sich einen Glassplitter eingetreten oder den Fuß verknackt hat. Auf jeden Fall lahmt die Kuh seit ein paar Tagen und es wird nicht besser. Und dadurch wird die Kuh in Zukunft weniger Milch geben und auch nicht so fett. Daher soll ein Schadensersatz von ca. 300,- bis 400,- DM gezahlt werden.

In der Nacht von Freitag auf Samstag kam die Polizei abends an, hat gesagt: „Wenn Sie bis Samstagmorgen 9 Uhr nicht weitere Camping- und Parkflächen nachweisen, dann kriegen Sie eine Ordnungsverfügung mit einer saftigen Strafe, weil Sie nicht für genug Park- und Campingplätze gesorgt haben." Und diese Verfügung hätte soweit gehen können, dass die Veranstaltung stillgesetzt wird. So 'ne Lawine hätte selbst die ganze Polizei der Bundesrepublik nicht wieder aufgehalten. Aber ich bin los mit meinem Jeep und bin bis morgens um 3 unterwegs gewesen (mit dem Jeep und mit dem Seitenschneider den einen oder anderen Weg gebahnt) mit einem Bodyguard – über Radwege etc. – in der Nacht noch 50 ha angemietet. Das war im Prinzip zu viel, hat die Polizei aber mit Wohlwollen gesehen und sie konnte den Verkehr ableiten. Dann war das nachts um 2, treffe ich den einen Sheriff aus dem Nebendorf, der fragt mich: „Conrad, was ist denn nun los, geht das weiter?" Dann kamen die Bauern alle zusammen und ich sach: „Mensch, Jungs, ich brauch' noch Land. Habt ihr noch was?" Haben wir da rumgestanden, auf 'ner Karte haben die mir die Wiesen gezeigt, sind da schnell hingefahren, haben unterwegs zwei Ordner mitgenommen, praktisch aus dem Stau raus, und ich wieder meinen Seitenschneider rausgeholt und die Wiese aufgemacht. Ruckzuck haben wir so Hartenholm leergefegt.

Da war es übrigens so, dass es nachts um 2 keinen Pott Kaffee mehr im Ort gab. Die Bauern hatten ihre ganzen privaten Vorräte durch die Kaffeemaschinen gejagt und an die Leute verhökert. Die haben alle kassiert. Zum Beispiel haben die Eierpfannkuchen ohne Ende gebacken. Die haben ihren Schnitt gemacht. Oder morgens um 4 die Bäcker angerufen, die Brötchen abgeholt und mit den Nachbarn belegte Brötchen ohne Ende fabriziert und über den Zaun verkauft. Und wir sollen jetzt den Zaun, den ihre Gäste eingedrückt haben, bezahlen. Ebenso beim „Alten Jäger". Die haben nach hintenraus Bier verkauft, aber satt. Hektoliterweise Bier.

Das mit der Kunstgewerbedame, das war schon bitter, die Sache. Die sammelt so alte Mooreichenwurzeln, so 800 – 1000 Jahre alt, die hat sie saubergemacht und zu Kunstgegenständen verarbeitet. Gesammelt, gesäubert und draußen auf Paletten zum Trocknen gelegt. Jetzt haben sie die Paletten verheizt und auch die Dinger – die sind alle ins Feuer gewandert. Da kostet eine Wurzel zwischen 200 und 400 Mark. Die waren für eine Ausstellung gedacht. Bei der auf dem Hof haben auch Leute gezeltet. Die meisten waren unheimlich toll, die waren lieb, die wollten für's Wasser bezahlen und waren hilfsbereit. Irgendwann später kam eine Gruppe von Motorradfahrern – ziemliche Haudegen – die haben das ganze Gelände terrorisiert. Die haben auf einmal Randale gemacht, dass die anderen Camper auch total Angst hatten und die fingen an, alles was draußen lag und brennbar war, zu verfeuern. Die hatte Angst, dass ihr ganzes Haus abgefackelt wird. Von da an war die Stimmung vorbei. Die haben Rennen im Kreis gefahren auf ihrem Hofplatz und das war furchtbar.

Du weißt, du kannst nichts dafür. Und trotzdem hast du manchmal das Gefühl, „hätten wir nicht diese Veranstaltung gemacht, dann wäre das auch nicht so". Und von daher fühlst du dich manchmal schon eben so ein bisschen mitschuldig. Und versuchst, die Leute zu beruhigen und musst letztendlich für jeden Schaden ein offenes Ohr haben. Und dann sind eben solche komplizierten Fälle da, wo die Leute fast heulen am Telefon – ja, was machst du da? Du kannst nur gucken, dass du das irgendwie geregelt kriegst. Aber erst einmal weißt du selbst gar nicht genau, wie. Ne, ne, da war in den letzten Tagen des öfteren schon ein regelrechter Tiefpunkt. Wenn man das im großen Rahmen sieht: Für 250.000 Leute, die hier insgesamt waren, ist es vergleichsweise wenig, was da passiert ist. Und glücklicherweise ist es alles nicht so dramatisch. Was man allerdings sagen kann, dass in Fuhlenrüe kaum noch ein Holzzaun steht. Alles, was da brennbar war, in den Vorgärten und so weiter, haben die weggeschleppt und verheizt, z. B. 150 dieser Holzpaletten wegtransportiert und verheizt.

Die Bevölkerung steht nicht mit einem Schrotgewehr vor dem Organisationsbüro, um sich zu revanchieren, sondern sie sieht, dass das alles korrekt reguliert wird. Das Gros ist absolut freundlich, die sind froh, dass wir uns nicht vom Acker gemacht haben, sondern hier sitzen und das Machbare tun, um die Wogen zu glätten.

DAS RENNEN '88

Brösel / 1988

11.9.88, 17:30 mitten inner Nacht. Eine Woche ist vergangen, die WERNER-FETE, der „Größte Knaller seit Ben Hur", is over!

Bin gerade bei Frank Hocker in Köln eingeflogen und sitz auf'm Stuhl vor seim Bett. Draußen auf'm Hof hören wir das „Tik Tik Düll Tik" von Hermann, meiner mattschwarzen Turbo-Peitsche, der muss ersma abkühlen, von wegen Flucht vor den DUMPFSCHÄDEL-FLACHSTIRN-FUSS-INDERTÜRUNDKRIEGEN-IHNNICHWIEDERRAUS-BLÖDEL-ZEITUNGSJOURNALISTEN. Die sind mir dermaßen auf'n Keks gegangen, dass ich die Strecke Kiel-Köln in 3 Std. 40 min. runtergeledert bin. Es geht nix über 'nen Saab Turbo 900 16, auf langen Strecken zu Hause.

Frank is einer meiner Lieblingsaspiranten, wir aspirieren uns des öfteren gegenseitig, genauso wie es Leipzicheinundleipzich Dieter Thomas Depp mit

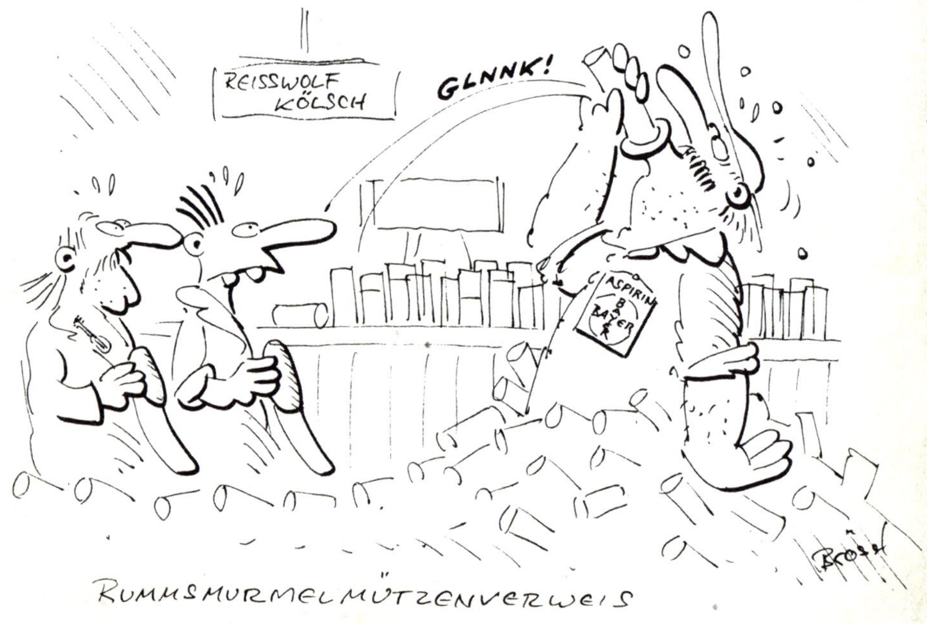

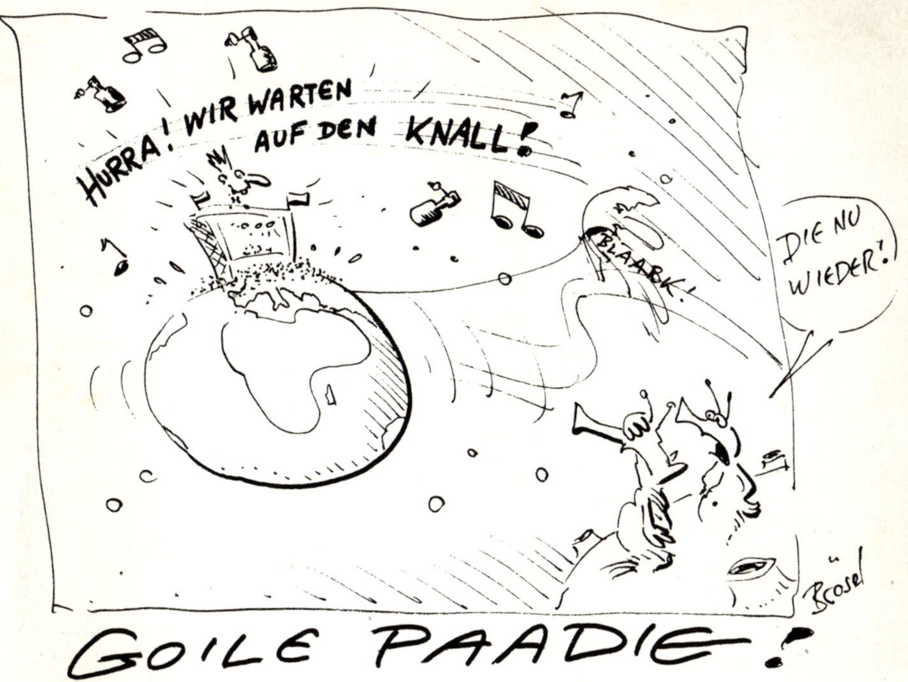

seinen sieben Zwergen in der ZDF-Flitzkacke-parade versucht.

Wenn ich nach Köln komme, liest Frank mir auf seiner Gitarre vor, und ich sing' ihm meine flächsten Witze ins Ohr. Dermaßen aspiriert lungern wir in Nippes oder aber entweder in der Südstadt am Tresen rum und löten Brennstäbe weg (Kölner Stangen 0,2).

In den Morgenstunden taucht dann meistens teilweise unser Aspirinoberpolizist (Kalau von BAP) auf und erteilt uns für 2 – 3 Std. RUMMSMURMEL-MÜTZENVERWEIS, weil wir vergessen haben, Aspirin ins Bier zu tun. Zur Strafe müssen wir dann zugucken, wie er locker aus dem Handgelenk mehrere Stangen vernichtet.

Wie gesacht, ich sitz bei Kollege Hocker auf sei'm Lieblingsstuhl und er quält sich aus seinem Bett heraus, krabbelt auf allen Vieren zum Kamin und knüllt umständlich ein paar Zeitungen zusammen. „So'n Mist", murmelt er. „Was'n jetzt los?" frage ich ihn. "Ich wollt eigentlich 'n Feuer machen, aber diese Blöd-Zeitung will nich brennen bei dem Dünnsinn, der hier drinsteht, guck dir mal die Schlachzeile an: „NACH DEM RENNEN: BRÖSEL LÄSST SICH SCHEIDEN!" So'n Kwatsch", sagt er. „Wir wollen uns doch gar nich scheiden lassen!"

„Nö", sag ich, „mach dir nix draus. Wenn ich ersma Könich bin, zünden wir den Laden an und machen diesen Schmieranten ein Feuer unter'm Arsch, dass die nie wieder 'n Griffel in die Hand nehmen, das schwör ich dir!" tröstete ich ihn. Frank is noch ein wenig geschwächt, seine Murmel is noch ein wenig weich

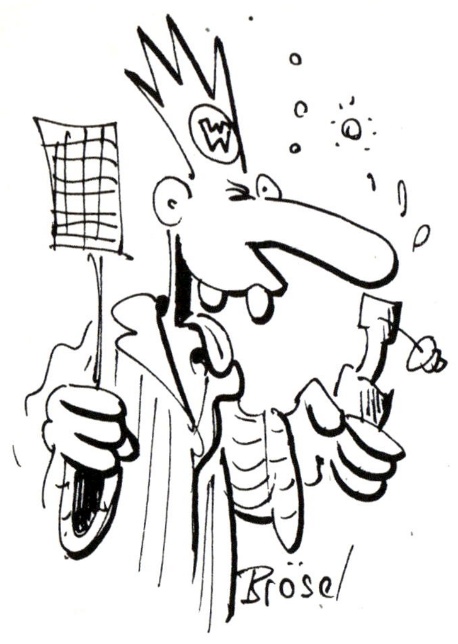

von Hartenholm. Da hat er logischerweise mit seinen Männern Schroedermäßig die Wurst in ’n Kessel geworfen. Das ging echt gut los…

„GUCK SIE DIR DOCH AN!“… Und danach ging nix mehr. Das Volk war zufrieden und es prostete seinem Könich zu „SCHREI DICH FREI“… „HURRA, WIR WARTEN AUF DEN KNALL“… Bombenstimmung, Konfetti Amerika, genau wie am Vorabend bei der FUCKIN’ KIUS BAND! DIE WUÄSS WA WAAM!!! Und so sollte das denn ja auch wohl so sein… Alles tanzte auf’m Teller. Danach versuchte Roger Chapman die ausgerasteten Fans vergeblich zu beruhigen. Doch selbst den Kölner Kollegen von BAP gelang es nich! GOILE PAADIE! Und das will ich ja hier an dieser Stelle doch noch mal hervorheben! Ihr wart alle wunderbar, super, toll dermaßen schräge abgefahren! Schon als Ihr durch ’n Elbtunnel in Werners Land eingefallen seid! Wer? Na, ihr alle! Ihr habt in aller Deutlichkeit gezeigt, dass ’ne Fete ohne Euch keine Fete is! Helmut und Bruno, meine beiden Polizisten, haben vor Spaß an der Freude vergessen, für Ordnung zu sorgen.

Alles in allem, ihr kommt das nächste Mal wieder mit!
Besser is das!
In huldvoller Zuneigung
Euer Verschalt- und 4ter-Gang-Such-Könich
WERNER I. von Flaschbier
und sein Mineralsekretär und Vorkotzer
Frank Hocker der Selbige

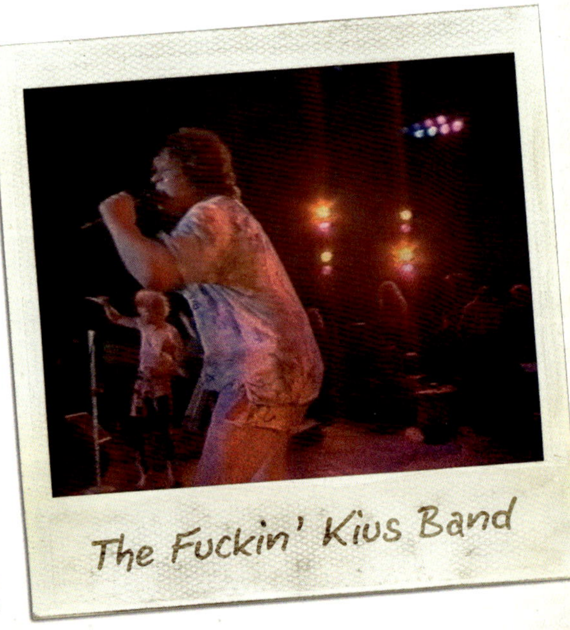
The Fuckin’ Kius Band

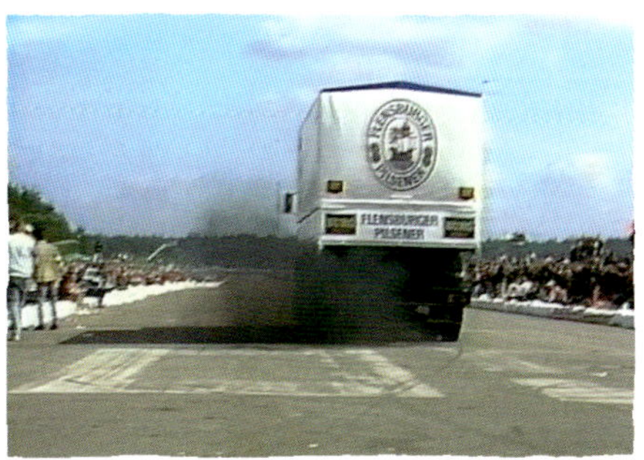

Power Start.

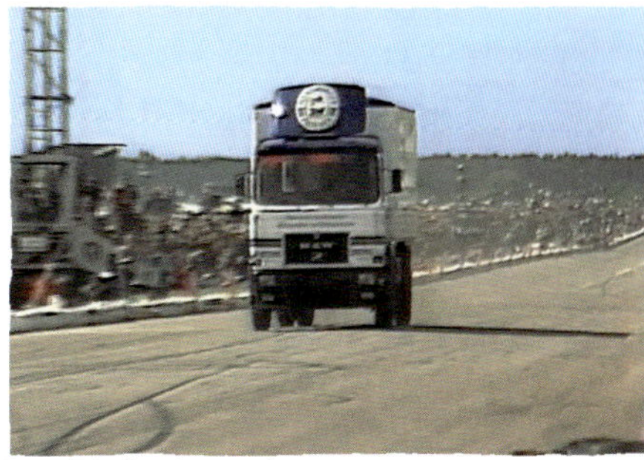

Der Turbo kreischt.

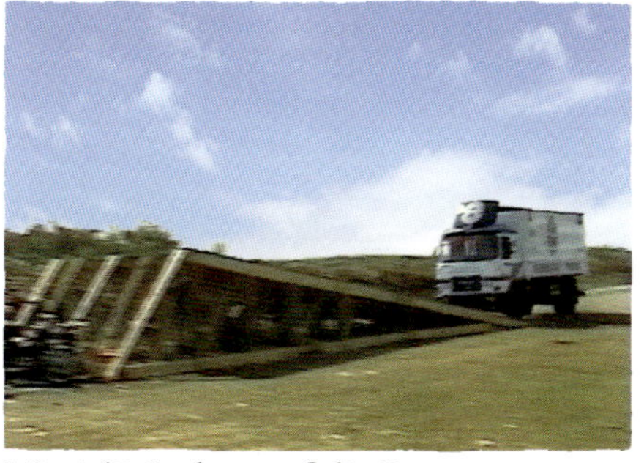

Mit 140 Sachen auf die Rampe...

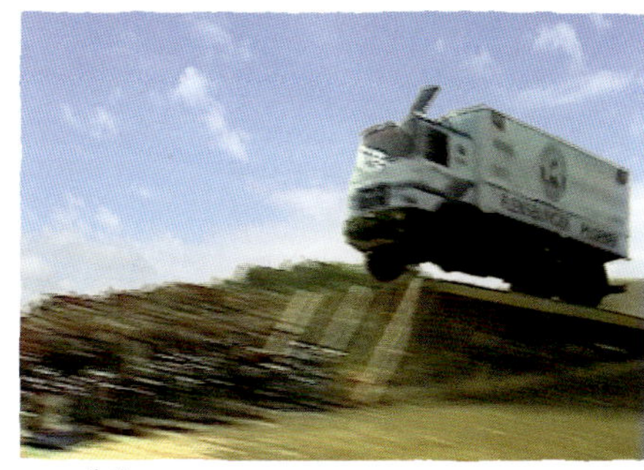

...und Sprung...

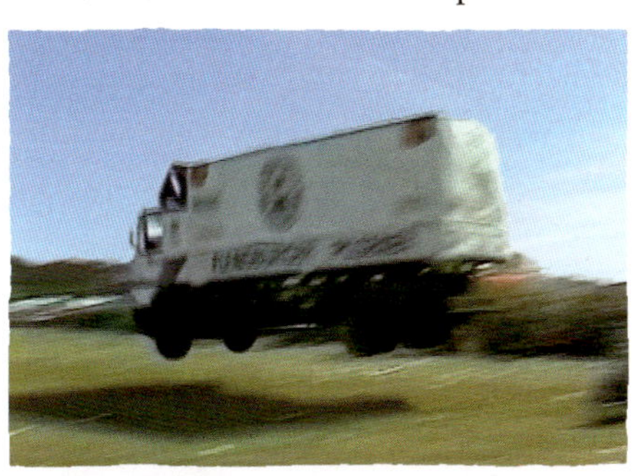

...über 27 Motorräder!

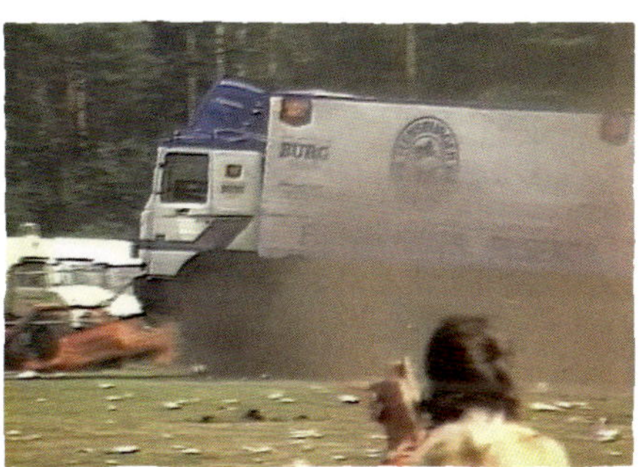

Landung!

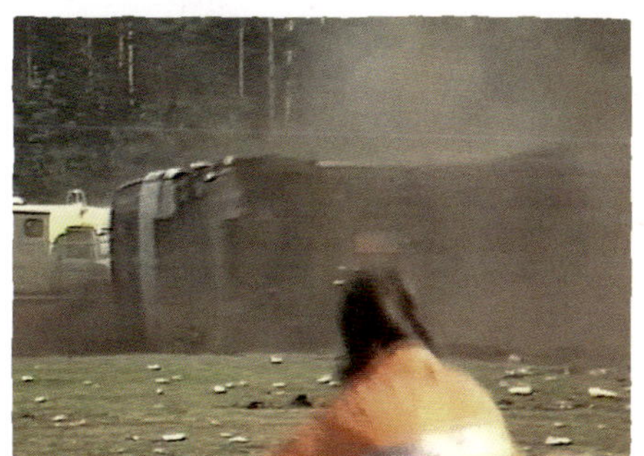

Pasch 6!

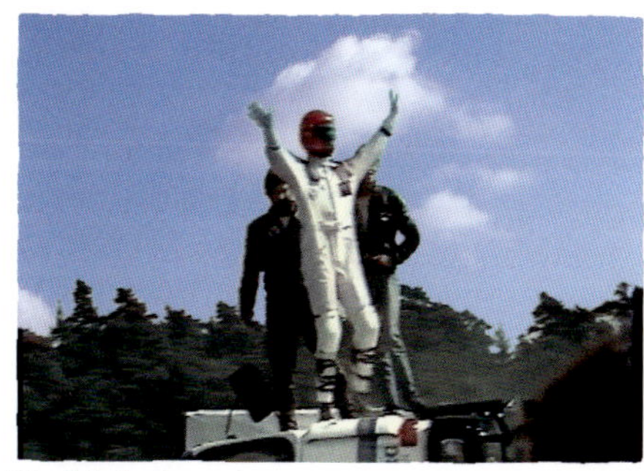

Und Jubel...

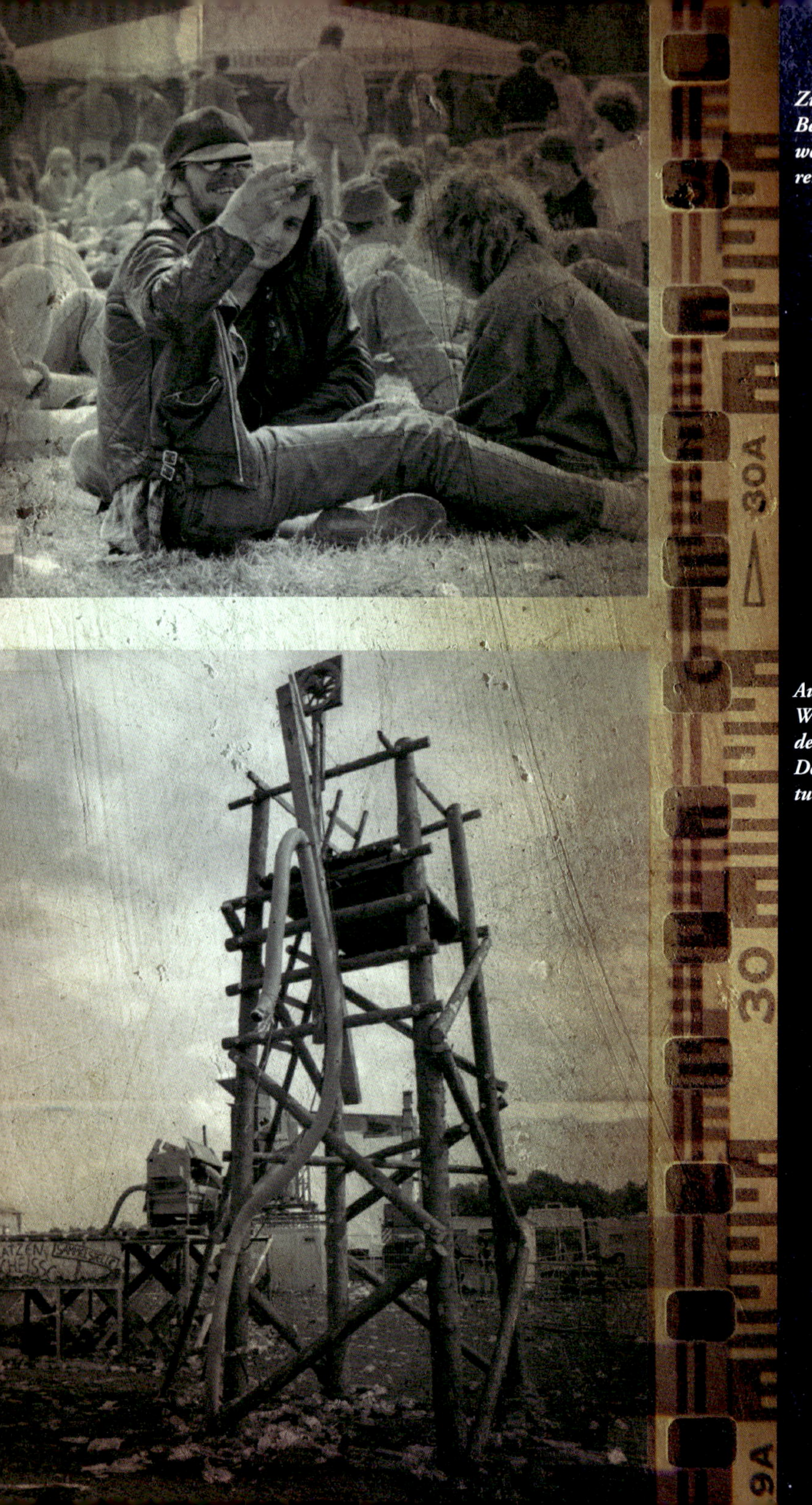

Zufriedene Besucher so weit das Auge reicht.

Aus der Reihe Wunderwerke der Technik: Der Schmähturm

Daten - Fakten - Sensationen

Das Rennen 1988

Es wurden bereitgestellt:

- 450.000 l Bier, gemischte Partie, weil die Flensburger dem Ansturm allein nicht gewachsen war
- 300.000 l Brause
- 20 t Pommes Frites
- 400.000 Bratwürste
- 600.000 Würstchen (Koch)
- 2,5 t Mayonnaise
- 5.000 Kisten Fisch jeglicher Couleurs und Ausführung
- 2 Kühlzüge á 38 t Obst
- 21 Kühlzüge mit verderblichen Lebensmitteln
- 250.000 Brötchen Tag für Tag
- 600 Klowagen, 200 davon mussten angefertigt werden, da ein NATO-Manöver nahezu jeden in Deutschland verfügbaren Klowagen okkupiert hatte. Die Klohäuschen kamen aus den Niederlanden, Dänemark und der gesamten BRD.
- auf dem Festivalgelände wurden 5 Brunnen gebohrt, um die Waschwasserversorgung zu gewährleisten
- die Gesamtfläche: Veranstaltungsgelände + Parkplätze + Campingplätze = an die 2.000.000 m^2
- Stromaggregate sorgten für die autarke Stromversorgung. Die Aggregate mussten aus der BRD und dem benachbarten Ausland zusammengezogen werden. (Der Stromverbrauch = Stromverbrauch von Neumünster mit 90.000 Einwohnern)
- 6 km Bauzaun, 2 m hoch, begrenzen das Festivalgelände
- die Bühne war 20 x 40 m groß, die PA stand auf der Bühne
- die Star-Vision-Wand, auf der online übertragen wurde, war 6 x 8 m groß und wog 42 Tonnen
- 1 fest verankerte Fußgängerbrücke mit einer Durchfahrtshöhe von 4,70 m führte über die B 206, Breite 6 m, Länge 20 m
- 8 Zirkuszelte wurden aufgebaut und boten Platz für 1.000 bis 6.000 Menschen
- 1.500 m^3 Müll
- Zahlen von der Polizei: 300 Beamte, insgesamt 46 Vorfälle: 21 Unfälle, 9 Verletzte, 16 Diebstähle
- 100 Sanitäter, 15 Ärzte, 6 Ärzte auf Motorrädern, insgesamt 1.500 – 2.000 Hilfeleistungen; 200 ambulante Behandlungen, 20 stationäre
- insgesamt sorgten 5.200 Menschen für den reibungslosen Ablauf der Veranstaltung
- Besucher: um und bei 250.000

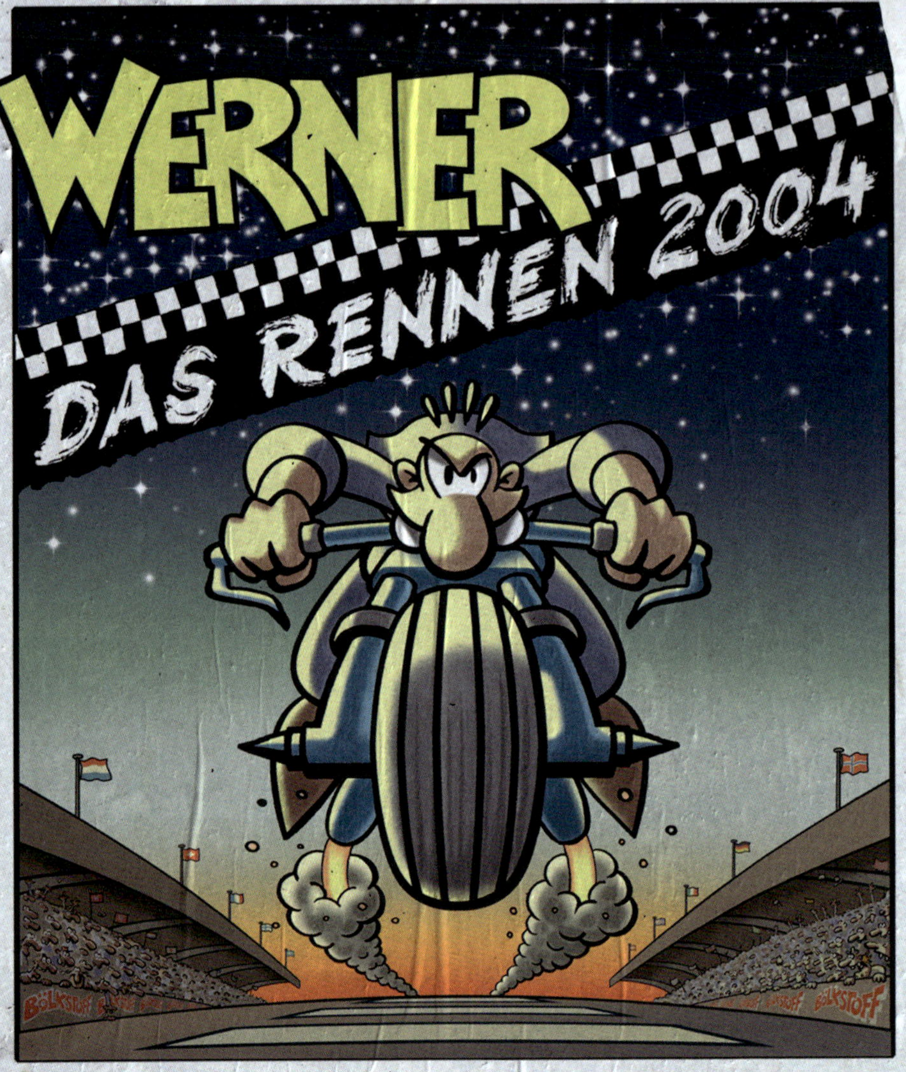

Sächsische Zeitung

CUSTOM WORLD

FIGHTERS

LAUSITZER RUNDSCHAU

03. - 05. September 2004

EUROSPEEDWAY LAUSITZ

www.werner-das-rennen.de

FKP SCORPIO

Ticket-Hotline: 040-853 88 853 o. 01805-570 000

Mo.-Fr. 10.00-18.00 Uhr

24 Std (12 Cent/min.)

eventim

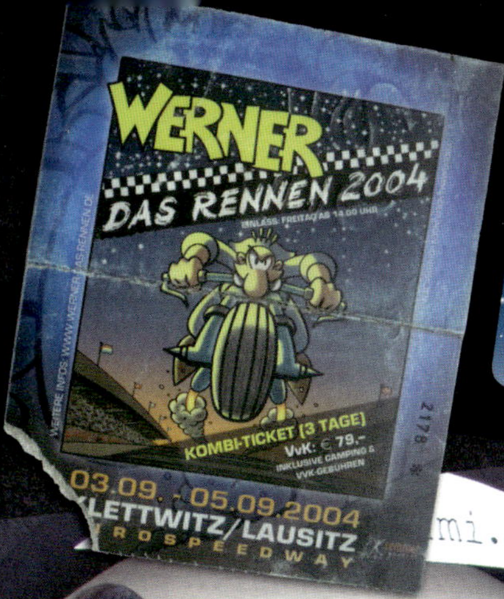

WERNER

DAS RENNEN 2004

EINLASS: FREITAG AB 14.00 UHR

KOMBI-TICKET (3 TAGE)

VvK: € 79,-

INKLUSIVE CAMPING & VVK-GEBÜHREN

03.09. - 05.09.2004

KLETTWITZ/LAUSITZ

EUROSPEEDWAY

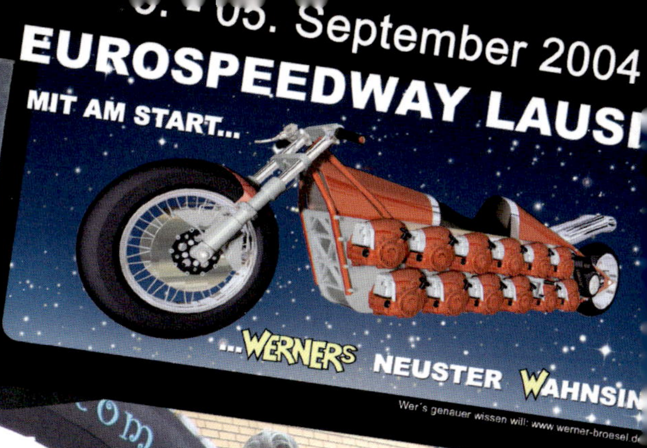

WEITERE INFOS: WWW.WERNER-DAS-RENNEN.DE

05. September 2004

EUROSPEEDWAY LAUS

MIT AM START...

...WERNERS NEUSTER WAHNSIN

Wer´s genauer wissen will: www.werner-broesel.de

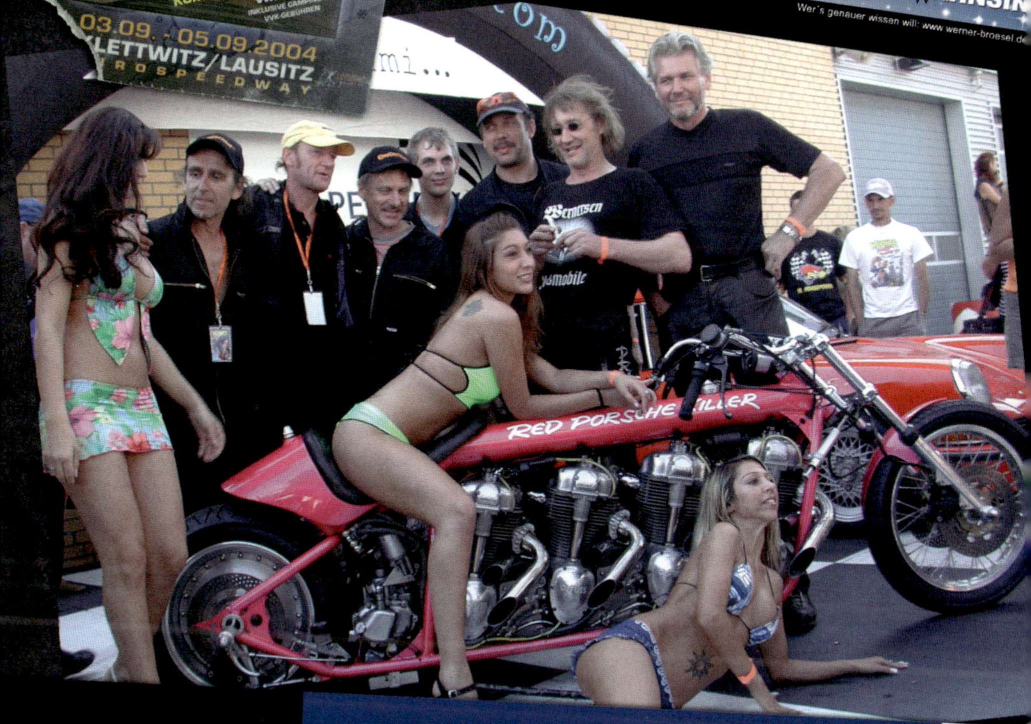

RED PORSCHE KILLER

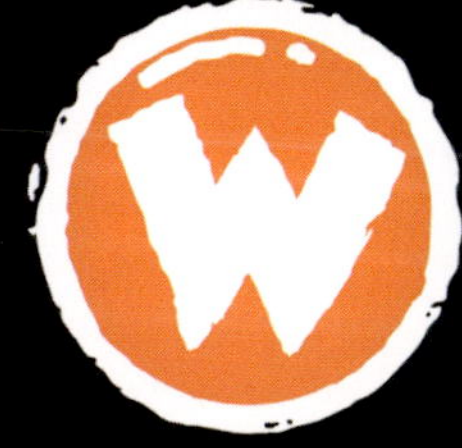

www.werner-das-rennen.de

Ticket-Hotline:

040-853 88 853 oder

018005- 570 000*

*24 Std (12 Cent/min.)

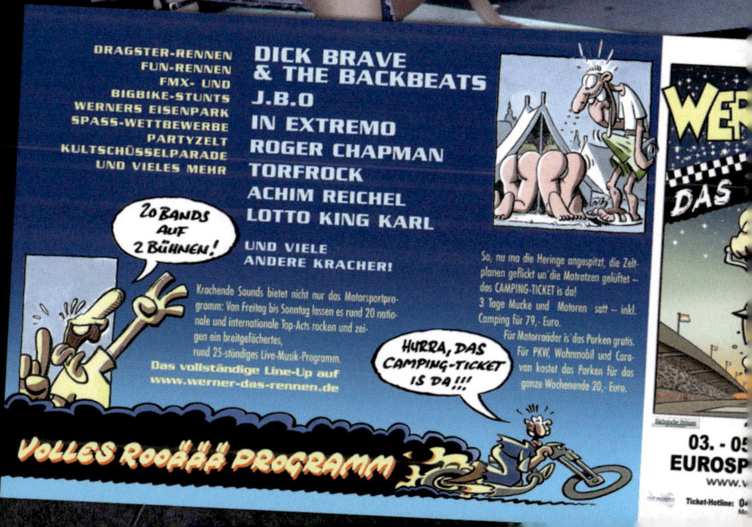

DRAGSTER-RENNEN
FUN-RENNEN
FMX- UND
BIGBIKE-STUNTS
WERNERS EISENPARK
SPASS-WETTBEWERBE
PARTYZELT
KULTSCHÜSSELPARADE
UND VIELES MEHR

DICK BRAVE & THE BACKBEATS
J.B.O
IN EXTREMO
ROGER CHAPMAN
TORFROCK
ACHIM REICHEL
LOTTO KING KARL

UND VIELE ANDERE KRACHER!

20 BANDS AUF 2 BÜHNEN!

Krachende Sounds bietet nicht nur das Motorsportprogramm: Von Freitag bis Sonntag lassen es rund 20 nationale und internationale Top-Acts rocken und zeigen ein breitgefächertes,
rund 25-stündiges Live-Musik-Programm.

Das vollständige Line-Up auf www.werner-das-rennen.de

So, nu ma die Heringe angespitzt, die Zeltplanen geflickt un´die Matratzen gelüftet – das CAMPING-TICKET is da!
3 Tage Mucke und Motoren satt – inkl. Camping für 79,- Euro.
Für Motorraäder is´das Parken gratis. Für PKW, Wohnmobil und Caravan kostet das Parken für das ganze Wochenende 20,- Euro.

HURRA, DAS CAMPING-TICKET IS DA!!!

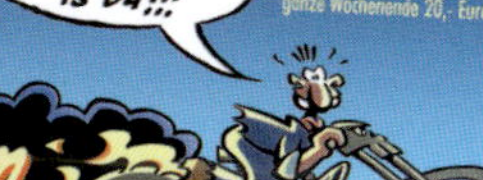

WER

DAS

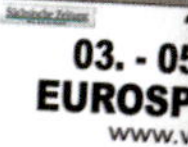

03. - 05

EUROSP

Ticket-Hotline: 04

BENZIN, BIER UND GUMMI...

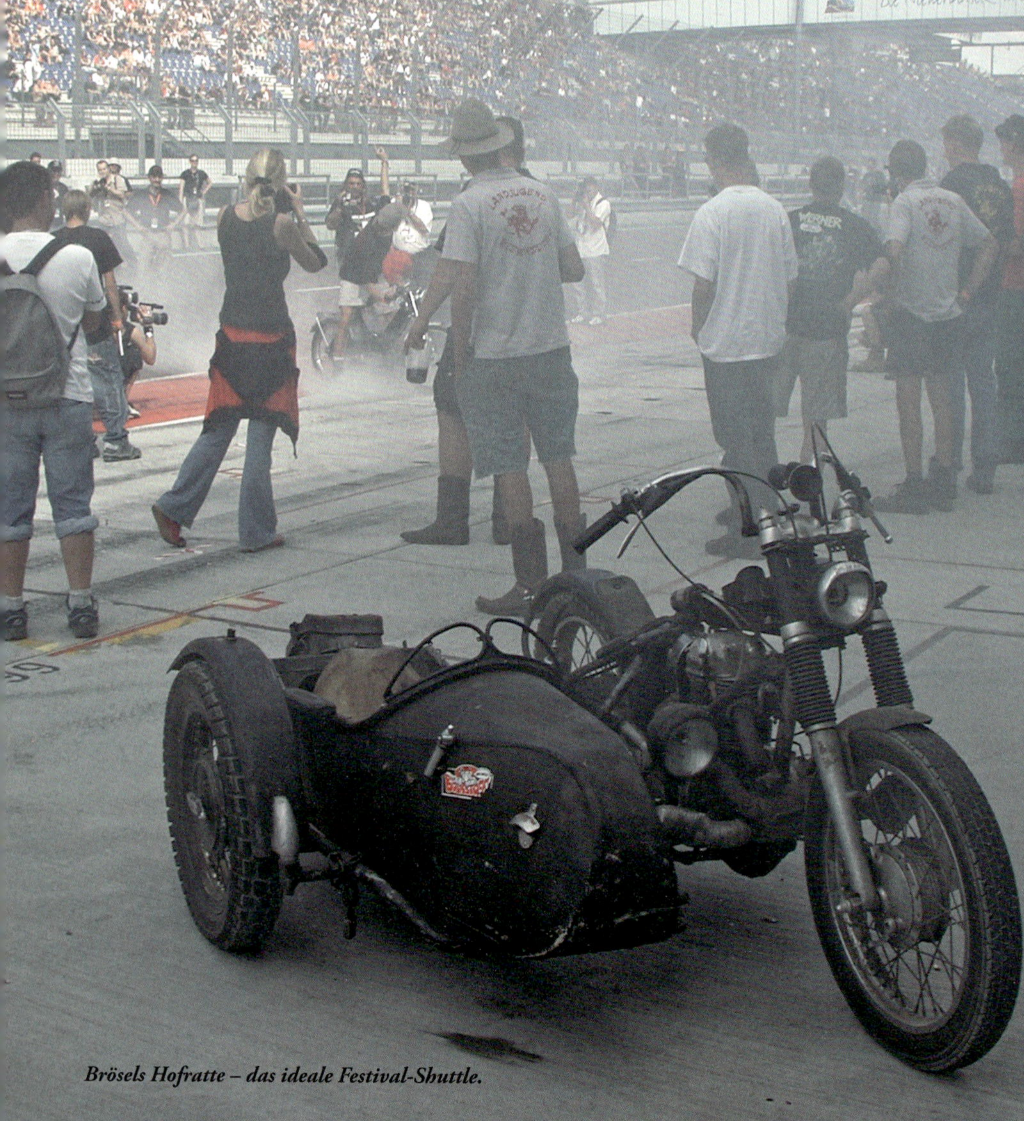

Brösels Hofratte – das ideale Festival-Shuttle.

...DAS RENNEN '04

Rötger Feldmann + Tim Eckhorst / **2020**

Schon 1988 dachte man laut darüber nach, ob man das einmalig geplante Rennen auch in der DDR stattfinden lassen sollte – wenn man die Fahrer denn reinließe. Feine Strecken gäbe es und für DDR-Bürger somit die Chance nicht nur im Herzen dabei zu sein, sondern auch noch mal live und in Faabe. Wie das Leben manchmal so spielt, kommt das Rennen 16 Jahre später tatsächlich in den Osten. Eine innerdeutsche Grenze muss man dafür zwar nicht mehr passieren, dennoch ist man gespannt, ob das norddeutsche Kulturgut im südlichen Brandenburg ankommt. Als Austragungsort hat man sich nämlich den EuroSpeedway Lausitz in Klettwitz ausgesucht. Der Veranstalter hatte sich zuvor durch Umfragen informiert, wo ein großer Haufen Werner-Fans zu finden ist. Sachsen, Sachsen-Anhalt und Brandenburg stachen dabei (natürlich neben Schleswig-Holstein) als Hot-Spots hervor. Warum also nicht?

Das Ganze findet vom 3. bis 5. September 2004 – also ganz exakt 16 Jahre nach Hartenholm – statt. Von der norddeutschen Heimat ist allerlei Geraffel zum Lausitzring zu schaffen. Unter anderem die Dolmette, der neueste Wahnsinn der Wernersens. Das Geschoss soll dort erstmals an den Start gehen und abermals werden die Grenzen zwischen Zeichnung und Realität verflüssigt. Kurz vor dem Rennen erscheint der 12. Werner Band „Freie Bahn mit Marzipan!!!". Darin lernen die Leser die Dolmette erstmals kennen und können sie dann wenige Wochen später in ihrer ganzen Pracht im Hier und Jetzt erleben. Angetrieben von 24 Kettensägenmotoren, bekommt es der Asphalt mit einer echten Höllenmaschine zu tun – und das ist wirklich nicht übertrieben. Das 24-Zylinder-2-Takt Triebwerk ist eine absolute Weltneuheit! 12 Zahnriemen übertragen die Leistung der Kettensägenmotoren auf ein Harley-Davidson-5-Gang-Getriebe. Die Dolmette verfügt über 1,9 Liter Hubraum, 170 PS und eine Drehzahl von bis zu 15.000 Umdrehungen pro Minute. Das ergibt in der Spitze eine Geräuschkulisse von über 130 Dezibel – ein „totales Inferno" (Zitat Brösel) bei dem die Bordsteine bibbern. Klar, dass man dafür erstmal einen würdigen Gegner finden muss. Zunächst denkt man an Dieter Bohlen und einen Ferrari. Daraus

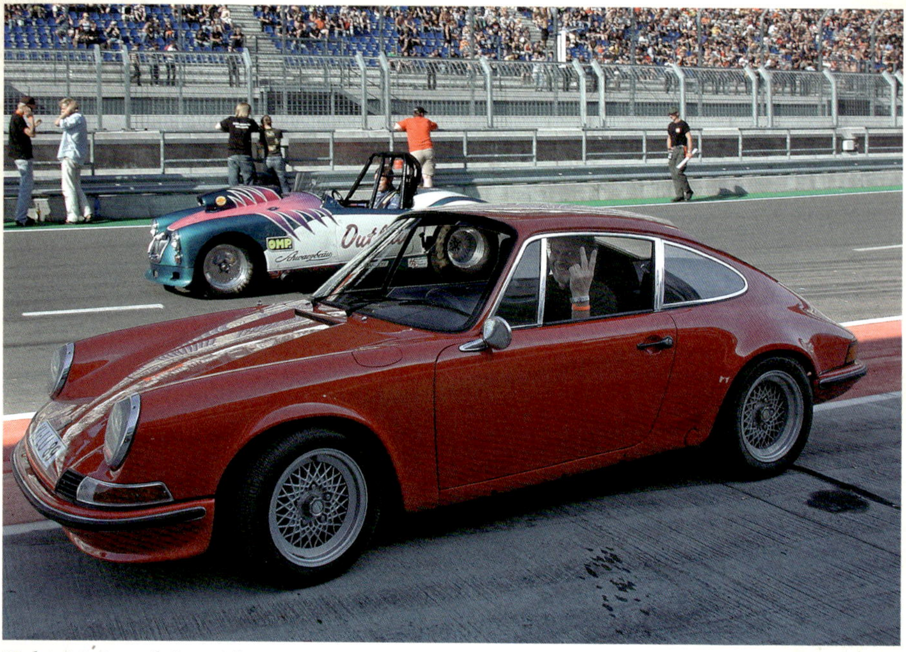

Holgi: Lässig und siegessicher wie immer.

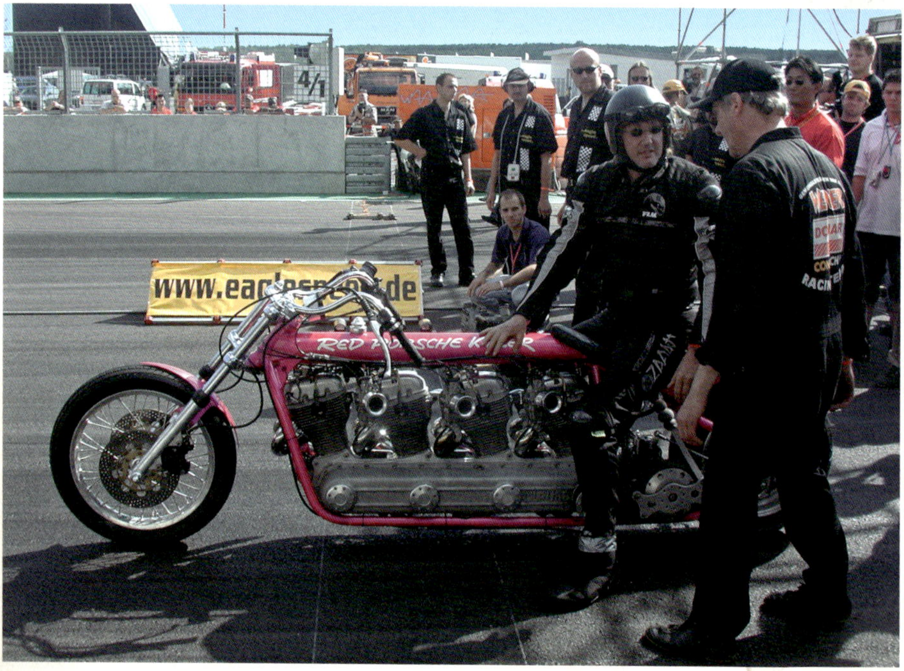

Letzte Instruktionen von Ölfuß bevor's los geht.

wird aber nix. „Der hat wohl'n bisschen Schiss." vermutet Brösel. Also fordert Brösel-Bruder und Schraubergenie Andi Feldmann die Schweizer Autorennfahrerin und Fernsehmoderatorin Christina Surer in ihrem Audi AS400 heraus. Das Straßenfahrzeug sieht nach nix aus, ist aber unglücklicherweise auf 400 PS getunt, was Andi bereits im Vorfeld schlucken lässt. Dennoch: Kneifen ist nicht und Andi und die Dolmette geben alles, können jedoch nicht mithalten und rollen deutlich nach Christina ins Ziel – ein 15-sekündiges Duell der Extraklasse. Für die Wernersens nur leider gescheitert. Na ja, Ladies first...

Das Hauptrennen wird am Sonntag zwischen Brösel und Holgi – sprich: Red Porsche Killer und Porsche – ausgetragen. Erstmals nach Hartenholm, treffen sich die Gegner zur Revanche und führen diese auf einer professionellen 250 m langen Rennstrecke durch. Beste Bedingungen für ein erneutes Kräftemessen. Geplant war das anfangs allerdings etwas anders. Per Internet-Aufruf wurden Porsche-Fahrer herausgefordert sich dem Rennen gegen den Porsche Killer zu stellen. Einzige Bedingung: Es muss ein Porsche 911 ohne Turbo und bis Baujahr 1976 sein. Der Auserwählte wäre stellvertretend für die Porsche-911-Gemeinde gegen Brösel angetreten. Wenige Wochen vor dem Rennen stellt sich jedoch heraus: Einen besseren Gegner als Holgi findet man im ganzen Land nicht.

Was '88 schief lief, ist hinreichend bekannt – vor allem Ölfuß ist darüber bestens im Bilde. Was soll also diesmal schief gehen, wenn der Erbauer noch mal nachbessert und Hand anlegt? Kann ja kaum in die Grütze gehen. Holgi ist aber – trotz kurzer Vorbereitungszeit – auch nicht zimperlich beim Herrichten des Porsches gewesen. 240 PS bringt der 2,4 l Motor an den Start. Es wird also spannend.

Der Start ist ernüchternd. Der Porsche Killer kommt nicht vom Fleck. Ölfuß tippt auf abgewürgt. Vielleicht mehr Gas? Hilft auch nicht. Holgi rauscht ein zweites Mal davon. Also Versuch Nummer drei. Die Spannung steigt ins Unermessliche und rast mit Karacho auf den Boden der Tatsachen, um dort in tausend Teile zu zerspringen. Zehn Meter mit Anschieben schafft der Red Porsche Killer. Brösel und Team sind ratlos und frustriert. Holgi hat keine Lust mehr. Wieder nix gewonnen!

Möglicherweise habe man zu wenig geübt, sagt Ölfuß später. Außerdem lasse sich das Getriebe nach wie vor schlecht schalten. Brösel sucht die Erklärung an anderer Stelle. Unter Umständen war es einfach „menschliches Versagen". Damit liegt er wahrscheinlich nicht ganz falsch, denn zu seiner Ehrenrettung versucht Ölfuß noch mal mit dem Porsche Killer über die Strecke zu ballern. Ohne Anschieben geht da aber auch nix.

Nüchtern betrachtet kann man das Hauptrennen also als großen Reinfall betrachten. Auch wenn wie immer der Spaß im Vordergrund steht, haben sich die Besucher mehr Spannung versprochen und zu einem großen Teil natürlich auf einen Sieg Brösels gehofft. Aber wat schallst moken? Kann man nix machen, es ist wie es ist und manchmal steckt man einfach nicht drin. Zum Glück gibt es aber noch ein sensationelles Rahmenprogramm, das u. a. aus Dragster-Rennen, Fun-Rennen, FMX- und Bigbike-Stunts, Spaß-Wettbewerbe, Steilwand-Shows, Bungee-Jumping, abgefahrenen Fahrzeugen an jeder Ecke und Vielem mehr besteht. Top-Fahrer wie Peter Schöfer (Drag - Racing Europameister 2002), Gerd Habermann (zigfacher deutscher Meister und Europameister im DragRacing), Egon Müller (Speedway- und Langbahn-Dauerweltmeister) und Falte im Bölkstoff-Gespann sind am Start. Bei Amateur-Rennen können ausgewählte Teilnehmer zeigen, was in ihren Gefährten steckt und der Burn-Out-Weltrekordversuch gelingt dank 108 Motorrädern. Das gibt einen Eintrag ins Guiness Buch. Zu dem bunten Programm gesellt sich eine Motorshow mit Low Ridern, Custom und Muscle Cars, sowie „Werners Eisenpark", eine Art „Werner-Dorf" mit den Werken aus der Kulteisenschmiede der Wernersens. Eben diese Fahrzeuge – u. a. der Notkessel, das Horex Flacheisen, die Hofratte, die Satte Literschüssel und das Oldsmobile, präsentieren sich auch fahrend bei der „Kultschüsselparade". Das hat man so noch nicht gesehen und wird man vielleicht auch nie wieder sehen.

Hartenholm 1988 ist auch 2004 noch immer das wohl außergewöhnlichste Open Air der deutschen Geschichte (mit einer Besucherzahl die jegliche Vorstellungen gesprengt hat). Zum Lausitzring reisen ca. 30.000 Besucher an. Das klingt im Vergleich zu 1988 erstmal nicht so viel, aber man muss auch bedenken, dass die auch alle ihre Sachen packen mussten, Schuhe zubinden, hinfahren usw. Das ist dann doch 'ne ganz schöne Menschenbewegung. Zeiten ändern sich und das Open-Air-Angebot ist groß. Da muss Mann / Frau sich entscheiden, wofür man seine Kohle ausgibt. Insofern ist 1988 nie der Maßstab gewesen, da diese Besucherzahl von keinem Festival erreicht wird, das einigermaßen feste Zäune aufstellt. Somit also: Eine feine und natürlich wilde Paady ganz im Zeichen von Werner. Die Kombination von professionellem Motorsport und hochkarätiger Musik kommt an.

Wie immer wird bei einer Großveranstaltung Vieles richtig und Vieles falsch gemacht. Falsch ist es zum Beispiel einen Werner-Walking-Act einzusetzen – also einen Typen, der sich in einem Werner-Kostüm totschwitzt und wie blöde über den Platz läuft. Das sieht einfach scheiße aus. Gut ist es dagegen einen Batzen vernünftige Bands zu buchen. Das Rennen 2004 präsentiert 20 Bands auf zwei Bühnen. Das ergibt rund 25 Stunden Live-Musik. Die ist breitgefächert und das Line-up beinhaltet u. a. The Darkness, die 2004 gerade völlig durch die Decke gehen. Die unverwüstlichen Motörhead sind dabei, Dick Brave and the Backbeats, In Extremo, Apocalyptica mit einem Metallica-Set, Lotto King Karl, Achim Reichel, Torfrock, Roger Chapman, Die Schröders, Puhdys, Peace Brothers, Bon Scott, Die Toten Ärzte, Rohling Schdons und viele mehr. Hin-

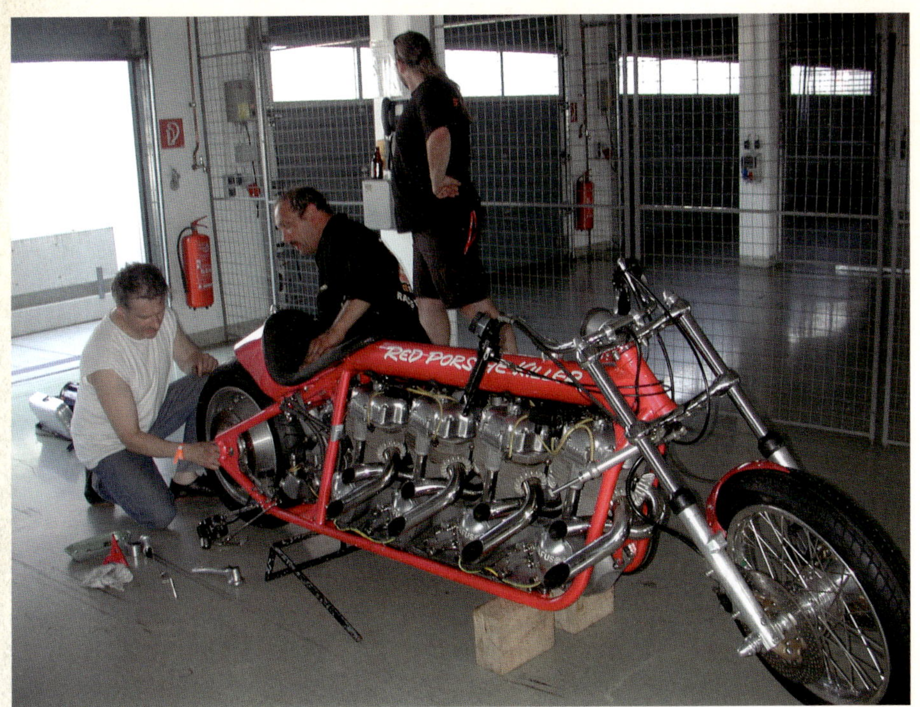

Die Kette is' schlaff, die Spannung steigt.

ter den Rohling Schdons steckt übrigens niemand anderes als Hannes Wendt von der legendären Fuckin' Kius Band.

Es scheint übrigens Gesetz zu sein, dass das Werner Rennen mit bestem Wetter aufwartet (auch wenn's anfangs vielleicht mal ein bisschen tröpfelt). So auch 2004 – wohligwarme Sonnenstrahlen geben Energie für lange Nächte. Auf dem Zeltplatz wird bis zum Morgengrauen gefeiert. Strategisch klug, ist dort das Titty-Twister-Zelt platziert, das mit Gogo Girls und reichlich Getränken die Besucher hellwach hält. Viel Schlaf finden die meisten Besucher nicht und so sind am Ende des Events etwa 150.000 Liter Bölkstoff verzehrt. Pflichtbewusst findet sich dennoch der größte Teil der Anwesenden zu Beginn des Musik- und Motorsportprogramms wieder im Eventbereich ein. So soll das!

Die Bilanz der Fahrer fällt äußerst positiv aus: Erstklassige Organisation, gut gefüllte Tribünen bei den Showläufen, lockere Atmosphäre im Fahrerlager und das ganze Wochenende hervorragender Grip. Auch die Polizei hat nix zu meckern. Keine Probleme, kein Alkohol am Steuer, keine Keilereien. Für den Rettungsdienst des DRK ist es ebenfalls ein ruhiges Wochenende. Es müssen lediglich leichte Verletzungen behandelt werden. Diese reichen vom Sonnenstich bis zum Knochenbruch.

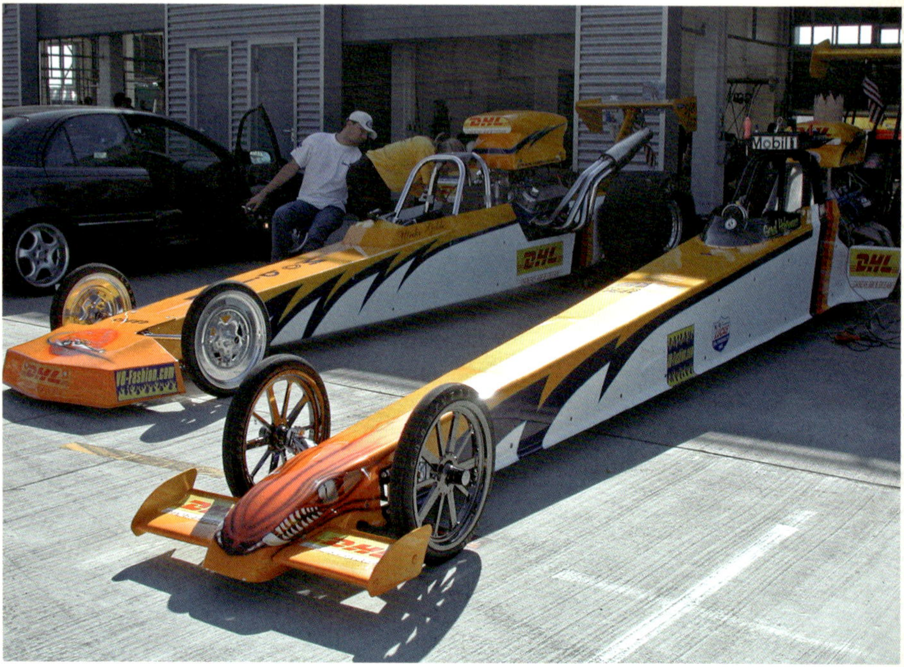

Dragster in allen Formen und Farben.

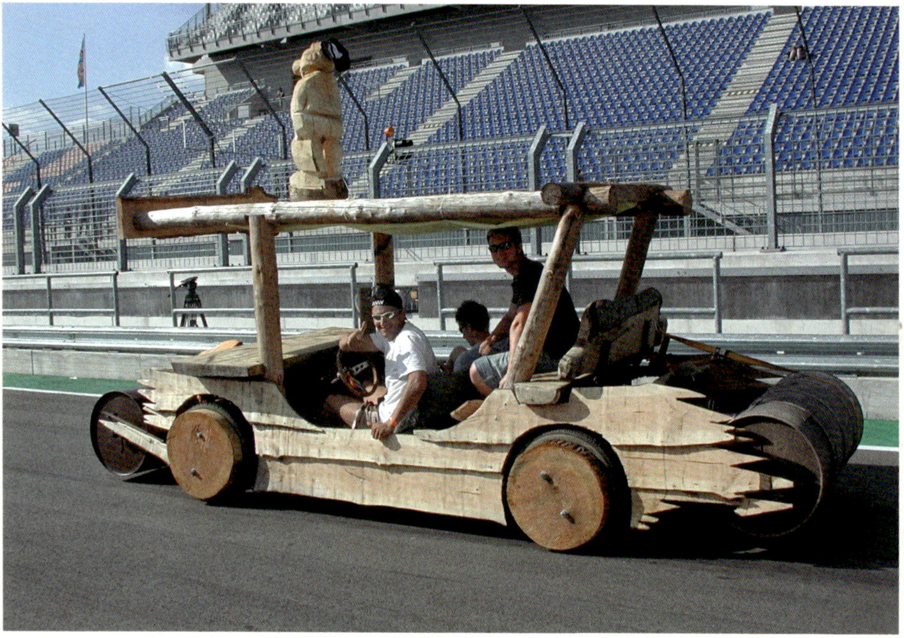

Familie Feuerstein war auch da.

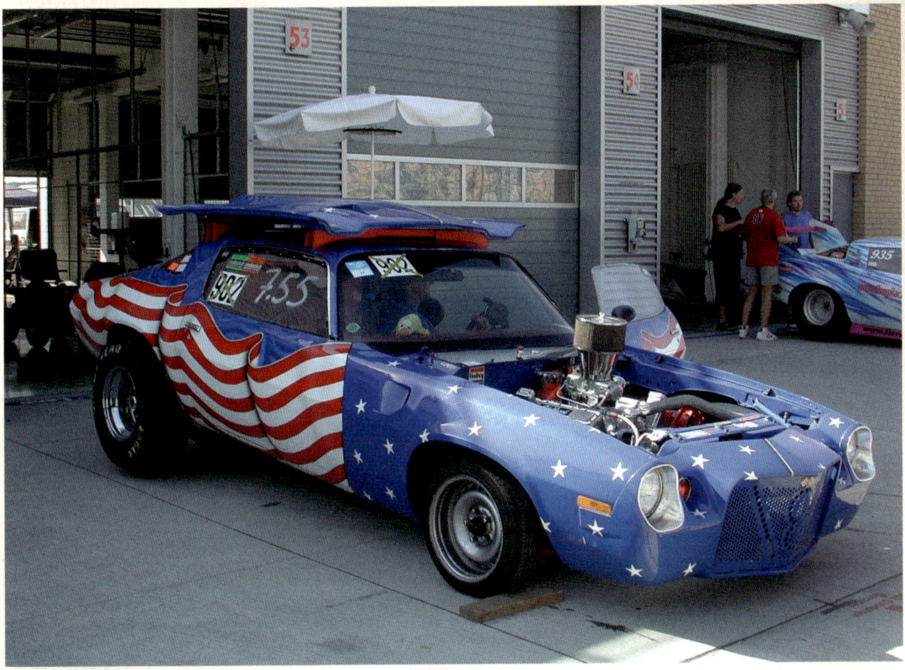

Hauptsache laut. Und schnell.

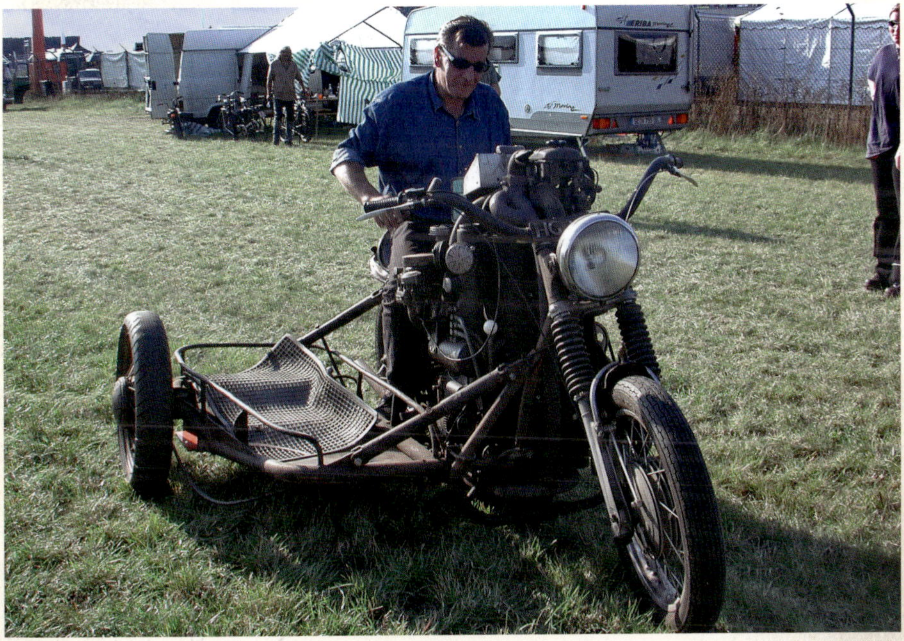

Isentohoopballerer Manner mit Hannibal Gewaltig.

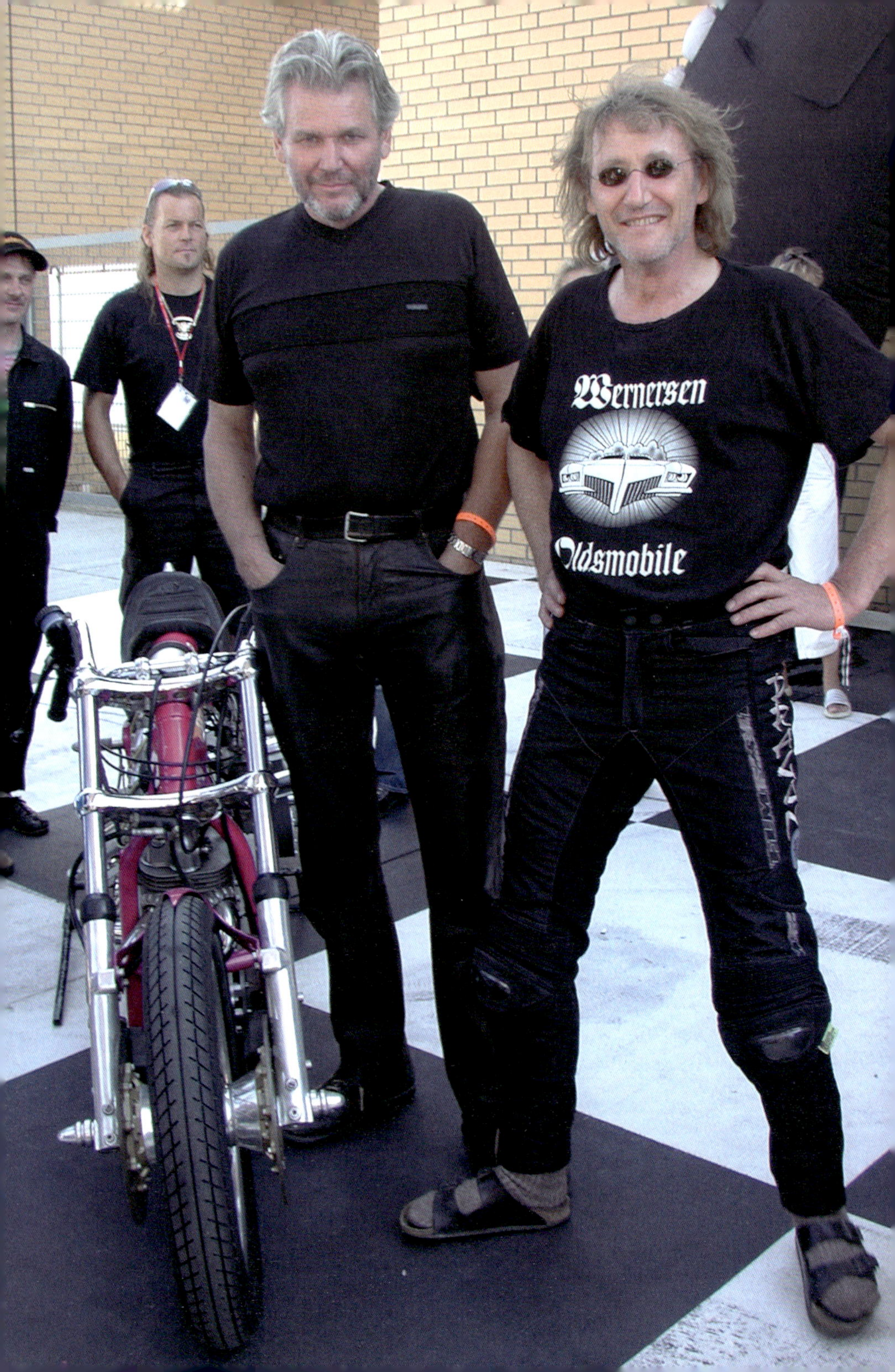
Wernersen
Oldsmobile

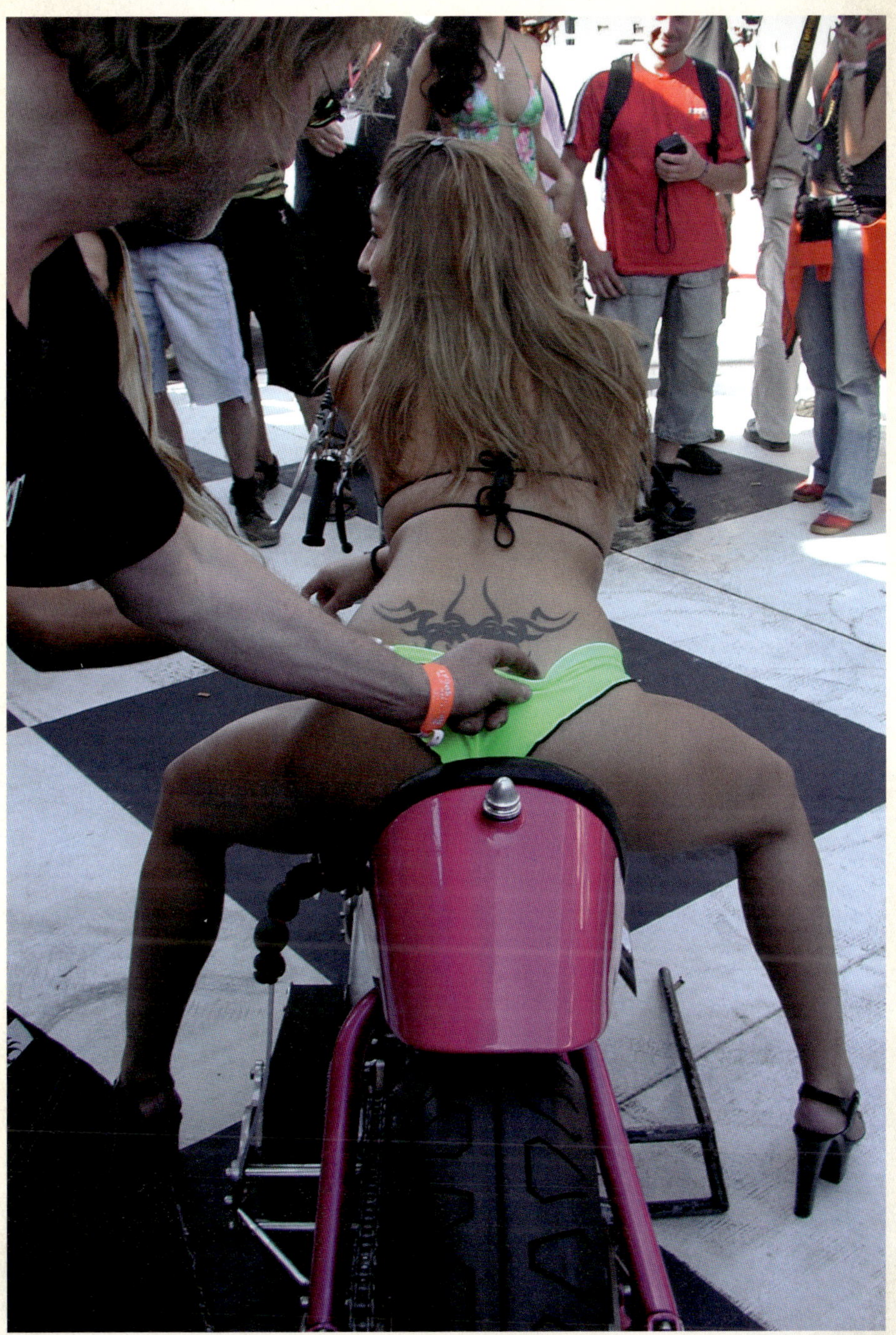

Welcher Arsch ist schöner? a.) Brösel b.) Der des Red Porsche Killers oder c.) Der des Mädels auf dem Porsche Killer?

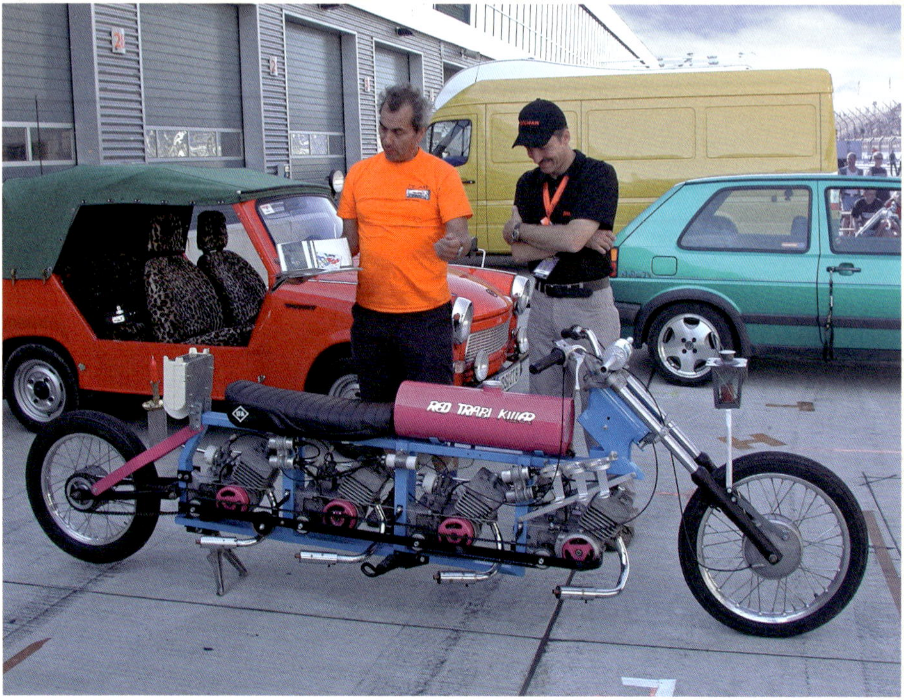

Geniestreich aus dem Osten: Der Red Trabi Killer.

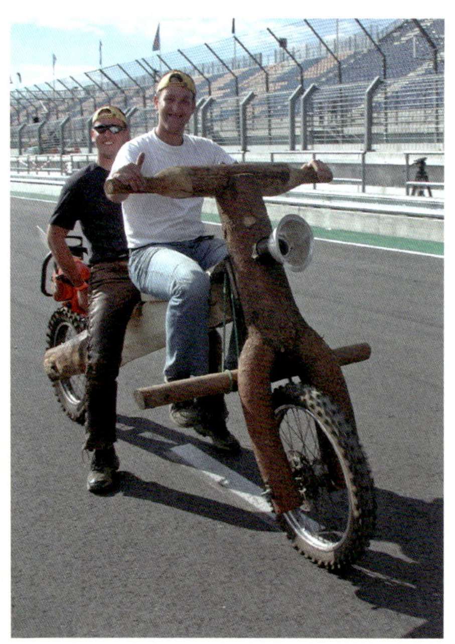

Holz, typischer Werkstoff für Motorräder.

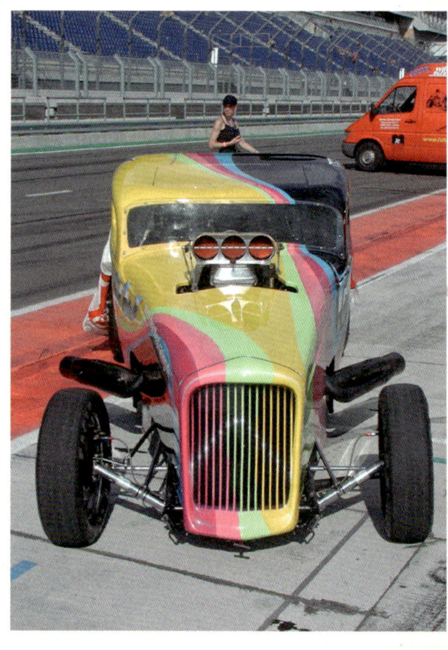

Gefährlich schneller Hot Rod.

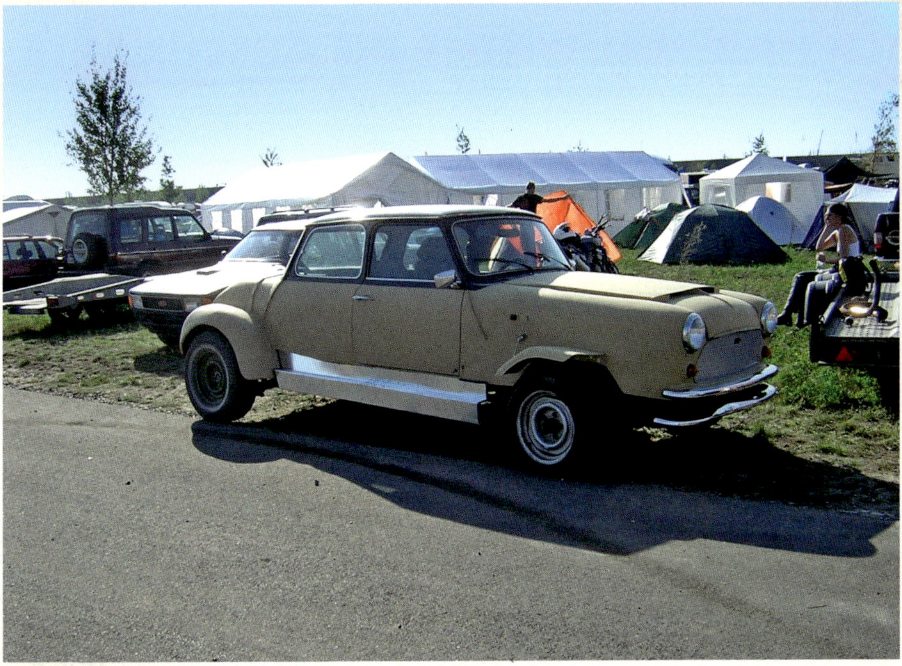

Eigenbauten so weit das Auge reicht. Ein Paradies für Benzinmenschen.

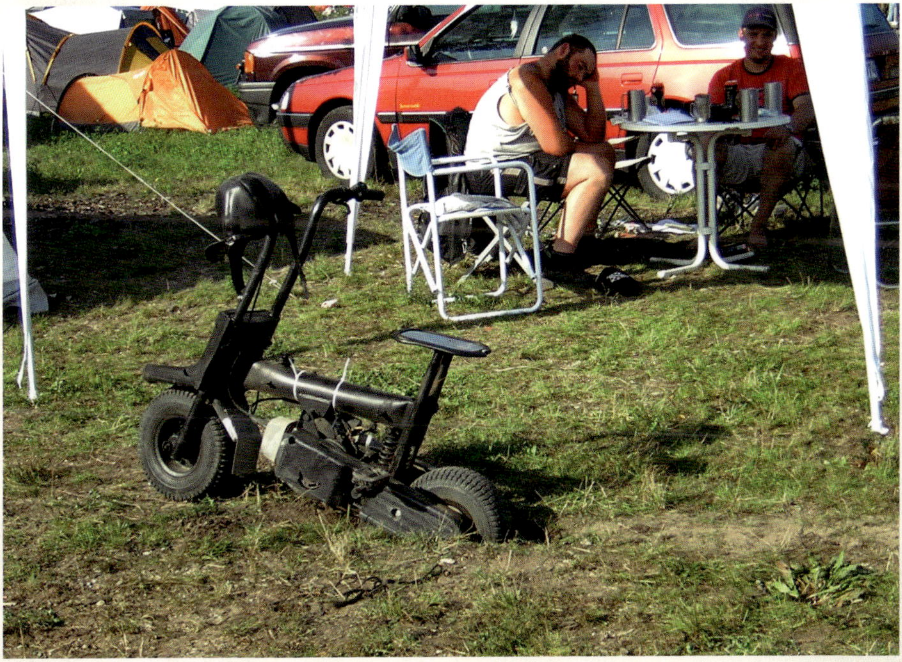

Ständer brauch nich.

Ich hab' mal wieder die Arschkarte

Petra Feldmann / 2020

Es ist keineswegs einfach Männer in die richtige Bahn zu lenken, wenn deren inneres Kind erwacht ist. Mein Mann schon gar nicht, da er sowieso das Privileg hat immer und ewig Kind sein zu dürfen. Dabei würde ich mich selbst auch gerne mal wieder gehen lassen, um meine künstlerische Freiheit rauszulassen und mich auszuleben! Er hatte mir hoch und heilig versprochen – mehrfach, immer wieder – dass er sich dieses Mal, bei der für ihn so wichtigen Revanche, um Holgi endlich mal zu zeigen wo die Wuäst wächst, zusammen reißt und nicht mit den Fans vor dem Rennen feiert und trinkt. Wie ein richtiger Rennfahrer fit und ausgeruht das Rennen zu starten! Aber nein – was ging ab? – am Abend vor dem Rennen rief mich die Rennleitung an, dass ich doch bitte meinen wild gewordenen und mit seinen Fans losziehenden, saufenden Mann wieder einfangen und zur Vernunft bringen solle, weil er morgen das Rennen fahren muss! Dabei haben wir das mehrfach mit dem Veranstalter durchgekaut und ihm eingebläut – auch weil es Voraussetzung für die Versicherung war – dass er stocknüchtern zu starten habe. Ich war schon ziemlich genervt, weil ich mich den Tag vorher als Einzige gekümmert und im Krankenhaus verbracht habe, da sich einer aus unserer Crew das Bein verletzt hatte. Und dann kam auch noch die sogenannte und hier auch sehr treffende Arschkarte: Ich sollte den euphorierten und von freudigen Fans umgebenen Brösel aus der Horde zurückpfeifen nachdem die dafür zuständigen Leute erfolglos aufgegeben hatten. Der gnädige Herr wollte aber partout nicht, er lasse sich seinen Spaß von niemandem verderben und wolle weiter feiern! Sie waren mit einem aus einem VW Golf vorne und Jetta hinten (zwei Motoren) zusammen gebauten und um eine 7–10 m Verlängerung erweiterten Karosse unterwegs, voller ausgelassener, feiernder und johlender Fans. Er wurde natürlich verteidigt und daraufhin bin ich vor Wut ausgerastet und habe ihn laut angeschrien, richtig doll gebölkt und geschimpft wie ein Rohrspatz! Was blieb mir anderes übrig!? Letzendlich hat er dann doch aufgegeben und ist mit mir ins Hotel gefahren, wo wir dann auch noch unseren Spaß hatten in diesem schönen Anwesen, auch wenn ich von Rötger sehr enttäuscht war. Ich

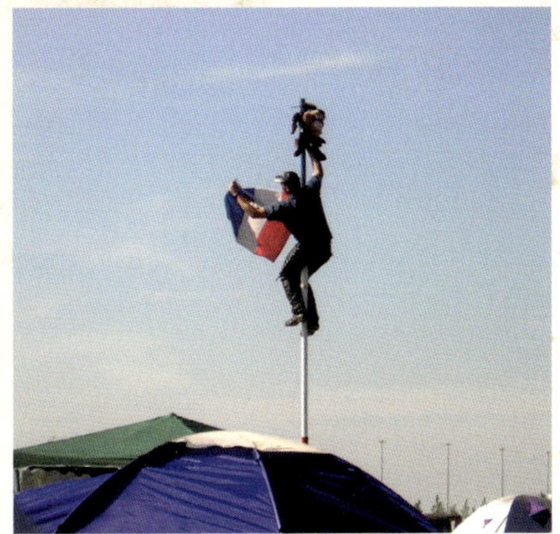

Ersma die Schleswich-Holstein-Flagge hissen.

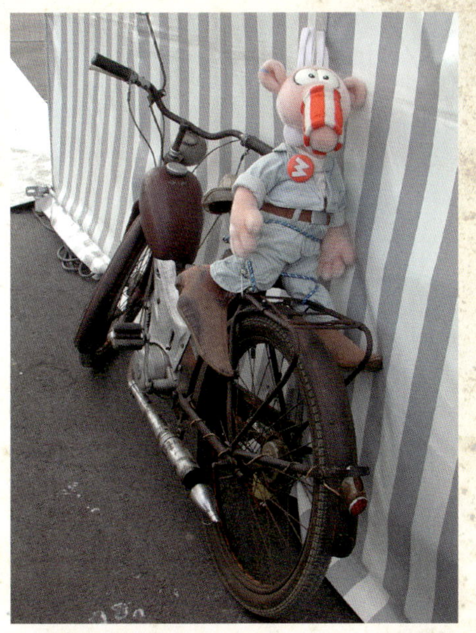

glaube am nächsten Tag hatte selbst die Crew einen dicken Kopf und es ist meiner Ansicht nach kein Wunder, dass aus diesem Rennen nichts geworden und der Red Porsche Killer nicht vom Start weggekommen ist.

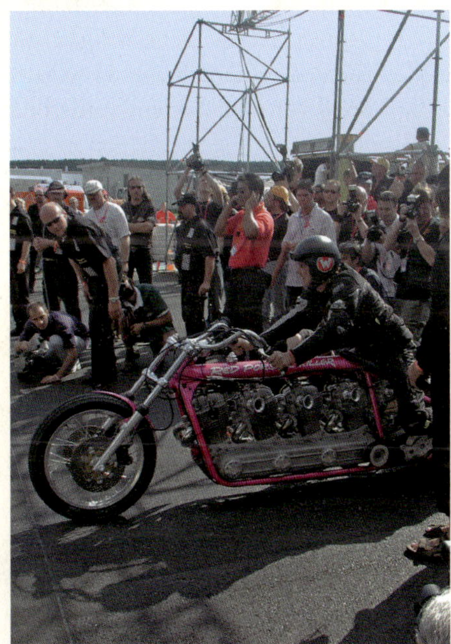

Vollgas? Neee, ja, neee oder doch?

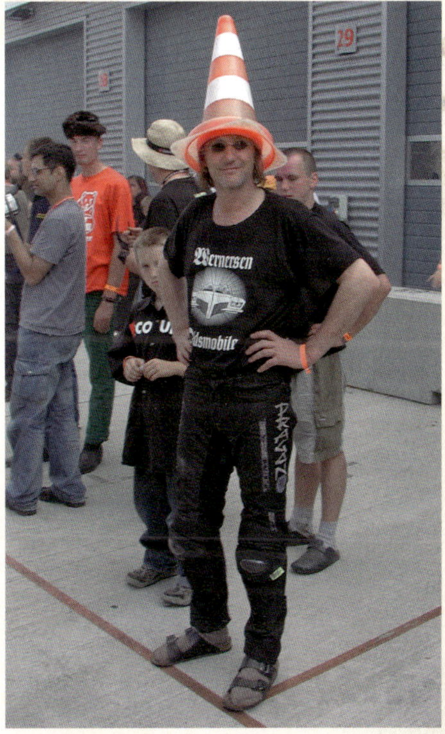

Es ist nicht immer leicht mit ihm.

Die Dolmette

Technische Daten 2004

Arbeitsverfahren	2-Takt Otto
Kühlung	Luft über Gebläse
Zylinder	24
Bohrung	52,0 mm
Hub	37,0 mm
Zylinderhubvolumen	78,6 ccm
Gesamthubvolumen	1886,4 ccm
Verdichtung	10,3 : 1
Steuerzeiten	78,6 ccm
Einlass öffnet	77 °KW v. OT
Auslass öffnet	75 °KW v. UT
Überströmer öffnet	48 °KW v. UT
maximale Drehzahl	15.000 min-1
Einkuppeldrehzahl	4.000 min-1
Leistung	ca. 130,0 Nm
alle Motoren	bei 10.000 min-1
	bzw. 2.900 min-1
	am Eingang Getriebe
Drehmoment	ca. 130,0 Nm
alle Motoren	bei 7.750 min-1
Drehmoment	ca. 400,0 Nm
Eingang Getriebe	bei 2.250 min-1
Anzahl Gänge	5
Übersetzungen Riementrieb	3,45 : 1
1. Gang	3,25 : 1
2. Gang	2,21 : 1
3. Gang	1,60 : 1
4. Gang	1,23 : 1
5. Gang	1,00 : 1
Kettentrieb	1,96 : 1
oder wahlweise	1,30 : 1
Höchstgeschwindigkeit	ca. 260 km/h
Beschleunigung	sehr beschleunigend
Länge	3870 mm
Breite	590 mm
Gewicht	ca. 300 kg

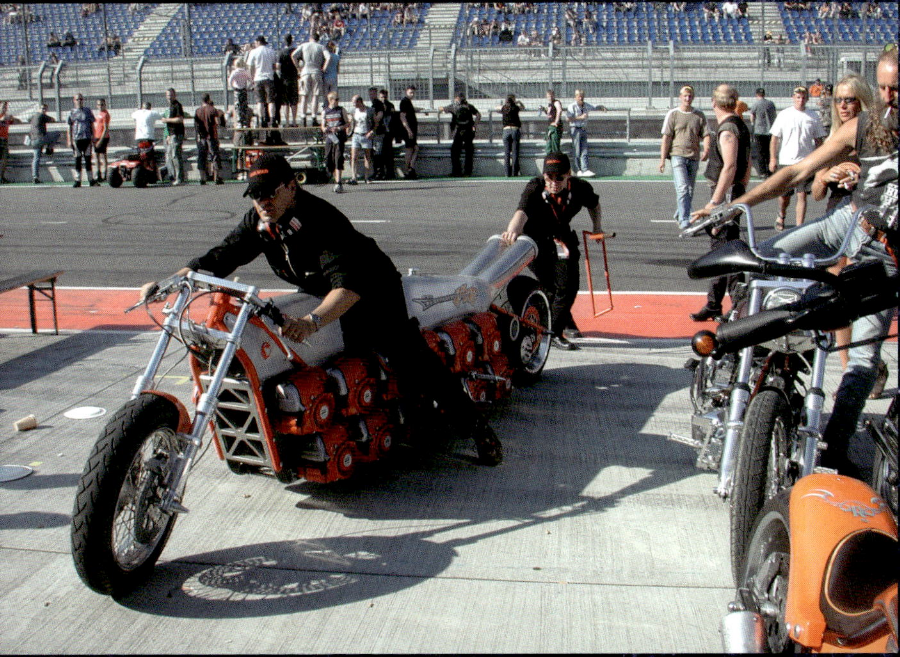

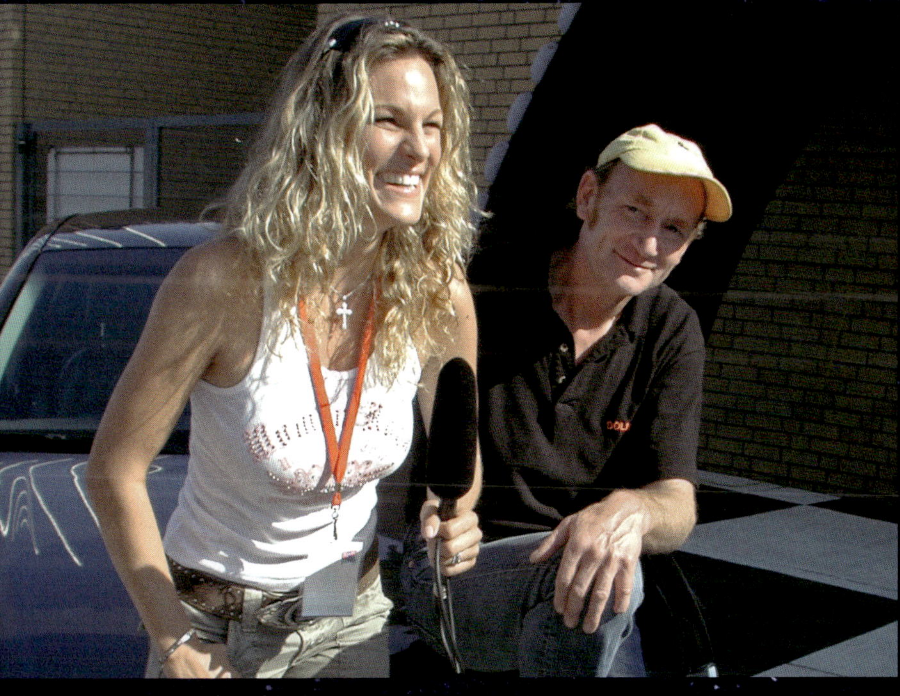

Christina Surer mit Audi und Andi.

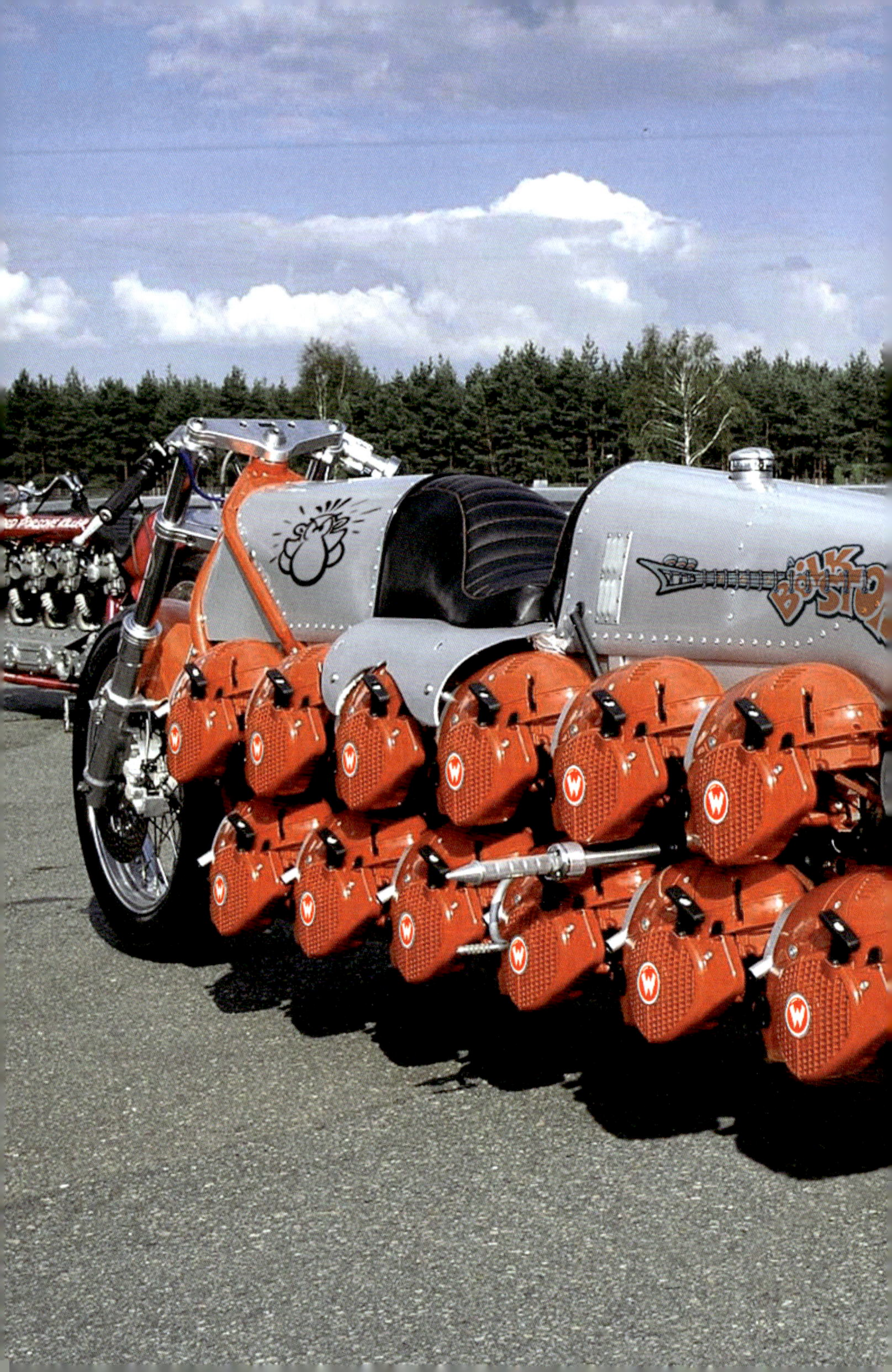

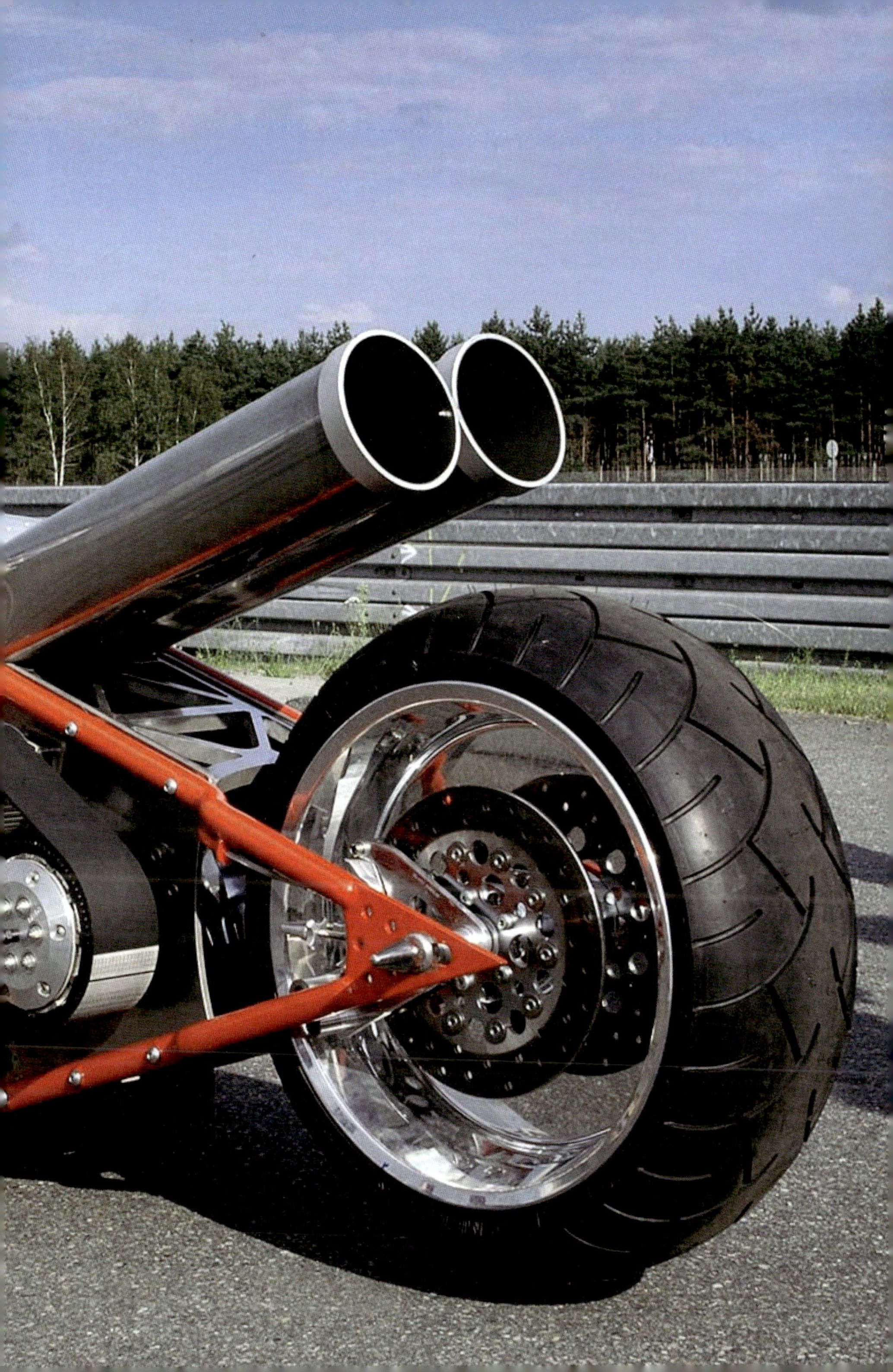

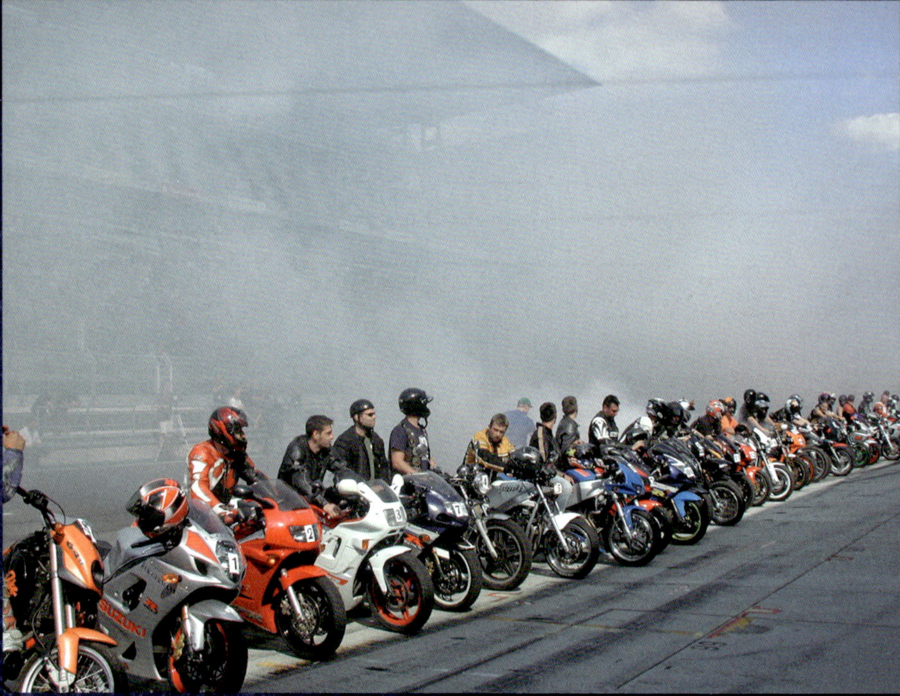

Der Burn-Out-Weltrekord is' geschafft!

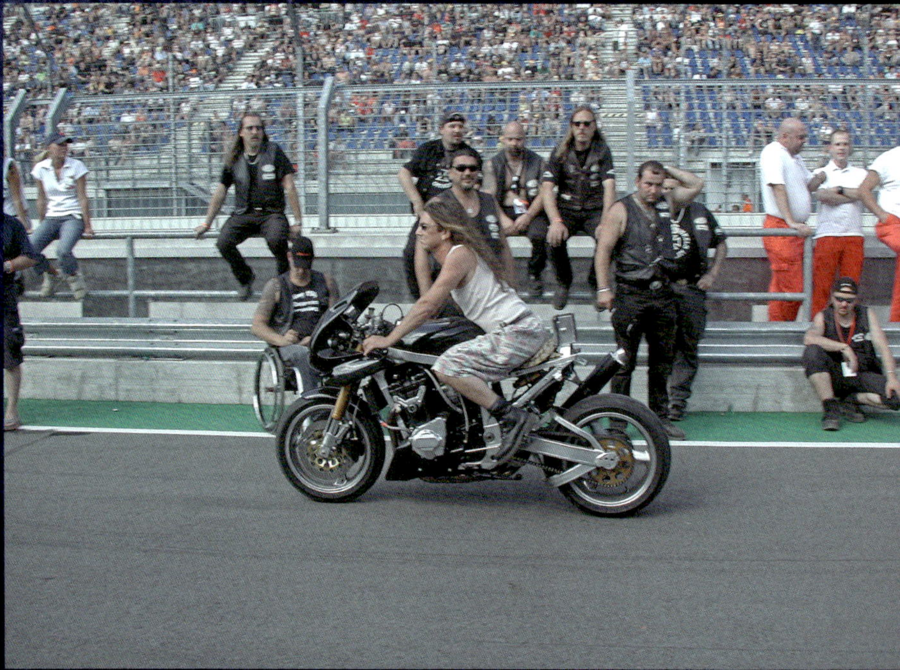

Daten - Fakten - Zahlengeschwurbel

Das Rennen 2004

Bölkstoffverbrauch	ca. 150.000 l
Fahrzeuge (Showläufe und Rennen)	80
Eingesetzte Helfer	ca. 120
Eingesetzte Polizisten	240
Zusätzlich verbauter Zaun	4,6 km
Motorräder beim Burn-Out Weltrekord	108
Stromaggregate	15
Mobile Unfallhilfsstellen	4
Medical Center	1
Einsätze Rettungsdienst	263
Bands	20
Bühnen	2
Live-Musik	ca. 25 Stunden
Länge Rennstrecke	250 m
Besucher	ca. 30.000

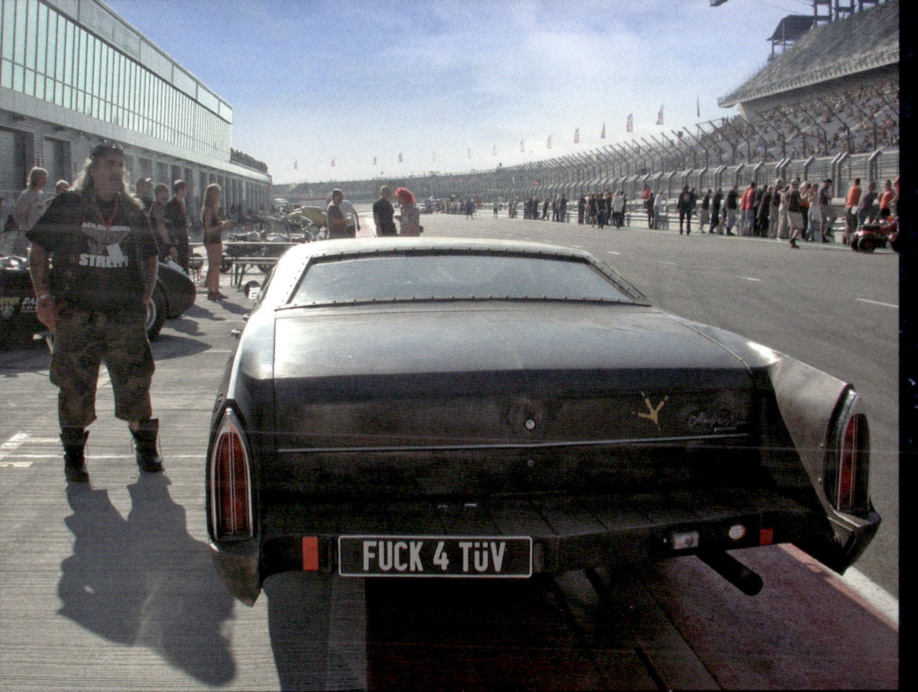

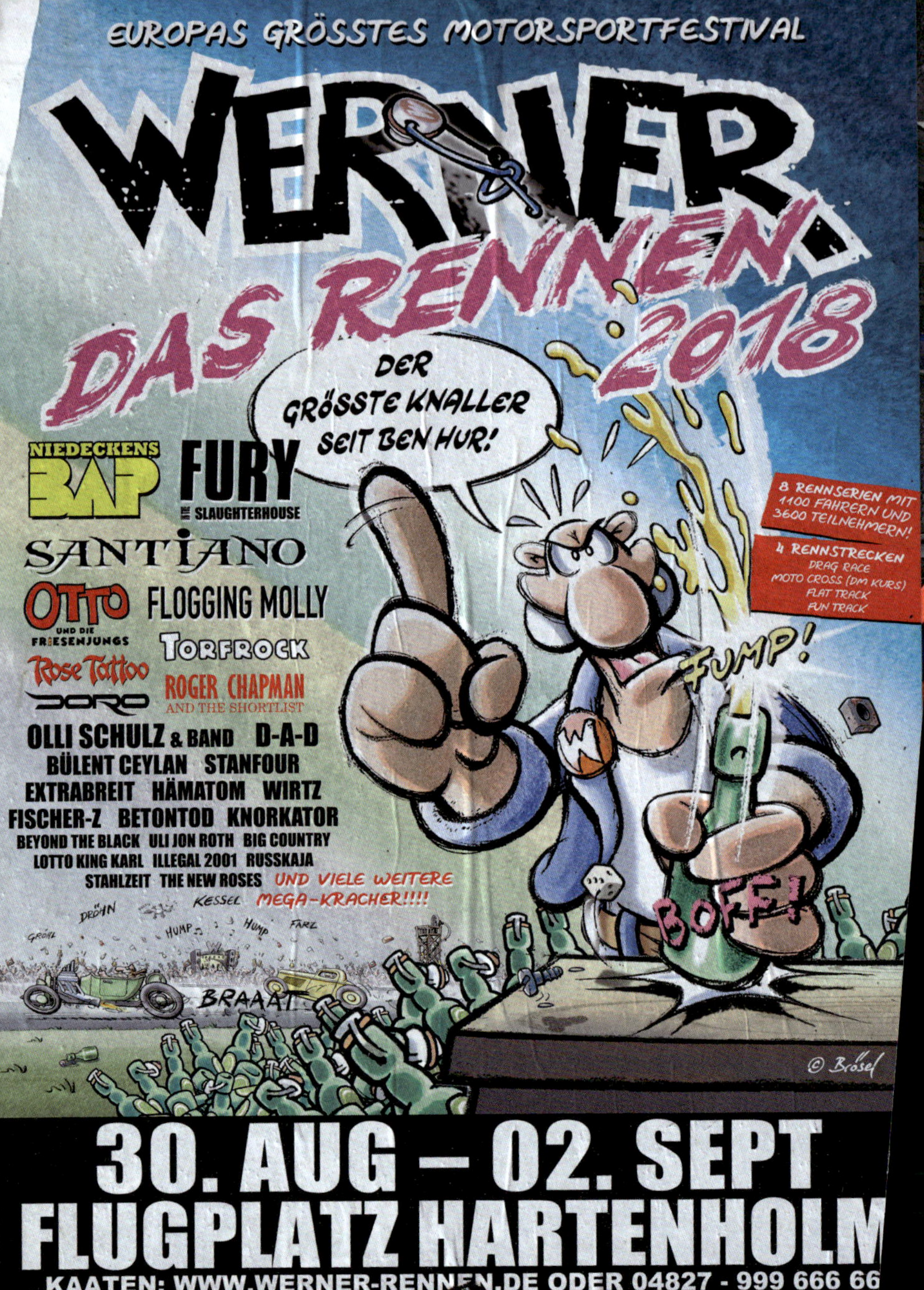

EUROPAS GRÖSSTES MOTORSPORTFESTIVAL
WERNER
DAS RENNEN 2018
DER GRÖSSTE KNALLER SEIT BEN HUR!
NIEDECKENS BAP
FURY IN THE SLAUGHTERHOUSE
SANTIANO
OTTO UND DIE FRIESENJUNGS
FLOGGING MOLLY
TORFROCK
Rose Tattoo
ROGER CHAPMAN AND THE SHORTLIST
DORO
OLLI SCHULZ & BAND
D-A-D
BÜLENT CEYLAN
STANFOUR
EXTRABREIT
HÄMATOM
WIRTZ
FISCHER-Z
BETONTOD
KNORKATOR
BEYOND THE BLACK
ULI JON ROTH
BIG COUNTRY
LOTTO KING KARL
ILLEGAL 2001
RUSSKAJA
STAHLZEIT
THE NEW ROSES
UND VIELE WEITERE MEGA-KRACHER!!!!
8 RENNSERIEN MIT 1100 FAHRERN UND 3600 TEILNEHMERN!
4 RENNSTRECKEN
DRAG RACE
MOTO CROSS (DM KURS)
FLAT TRACK
FUN TRACK
FUMP!
BOFF!
KESSEL
DRÖHN
HUMP
FARZ
BRAAAT
© Brösel
30. AUG – 02. SEPT
FLUGPLATZ HARTENHOLM
KAATEN: WWW.WERNER-RENNEN.DE ODER 04827 - 999 666 66

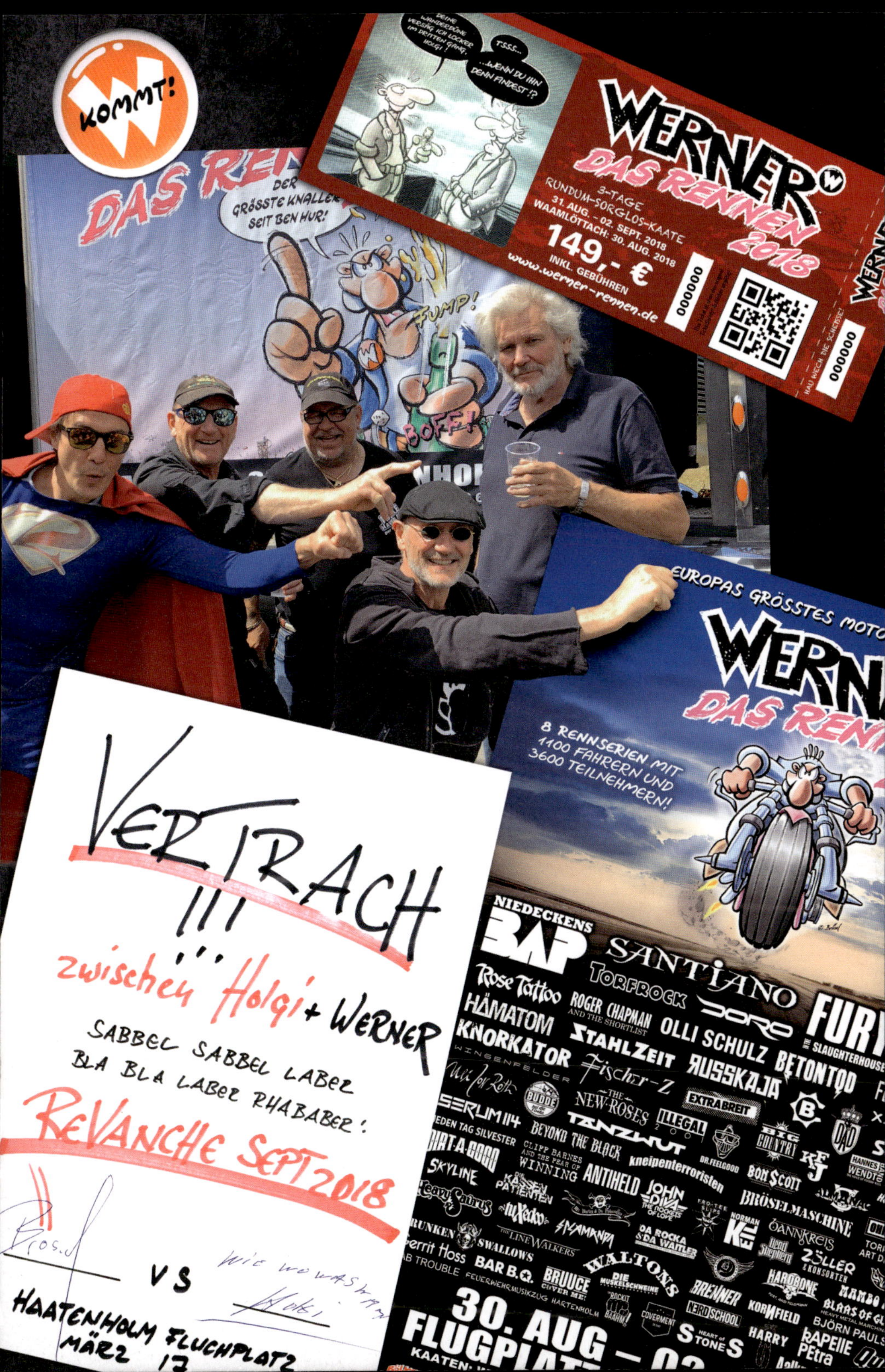

KOMMT!
DAS RENNEN
DER GRÖSSTE KNALLER SEIT BEN HUR!
FUMP!
BOFF!
TSSS...
...WENN DU IHN DENN FINDEST!?
WERNER
DAS RENNEN 2018
3-TAGE RUNDUM-SORGLOS-KAATE
31. AUG. - 02. SEPT. 2018
WAAMLÖTTACH: 30. AUG. 2018
149,- €
INKL. GEBÜHREN
www.werner-rennen.de
000000
EUROPAS GRÖSSTES MOTO
WERN
DAS REN
8 RENNSERIEN MIT 1100 FAHRERN UND 3600 TEILNEHMERN!
NIEDECKENS BAP
SANTIANO
TORFROCK
DORO
FURY
ROSE TATTOO
ROGER CHAPMAN AND THE SHORTLIST
HÄMATOM
OLLI SCHULZ
KNORKATOR
STAHLZEIT
RUSSKAJA
BETONTOD
FISCHER-Z
THE NEW ROSES
EXTRABREIT
SERUM 114
TANZWUT
ILLEGAL 2001
BEYOND THE BLACK
JEDEN TAG SILVESTER
DIRT-A-GOGO
BIG COUNTRY
D-A-D
SKYLINE
CLIPP BARNES AND THE FEAR OF WINNING
ANTIHELD
kneipenterroristen
DR. FEELGOOD
BON SCOTT
KASSENPATIENTEN
JOHN DIVA AND THE ROCKETS OF LOVE
BRÖSELMASCHINE
SWALLOWS
THE LINE WALKERS
DA ROCKA & DA WAITLER
ÄNNKREIS
ZÖLLER
TERRIT HOSS
BAR B.Q.
WALTONS
BRUUCE
DIE MUSKELSCHWEINE
BRENNER
HARDBONE
FEUERWEHRMUSIKZUG HARTENHOLM
NERDSCHOOL
KORNFIELD
STONES
HARRY
RAPELLE
BJÖRN PAULS
30. AUG - 02
FLUGPLATZ
VERTRACH!!!
zwischen Holgi + WERNER
SABBEL SABBEL LABER
BLA BLA LABER RHABABER!
REVANCHE SEPT 2018
VS
HAATENHOLM FLUCHPLATZ
MÄRZ 17

Der lange, lange Weg zur Achtelmeile

Tim Eckhorst / 2017 / 2020

In der Dorfchronik von Hasenmoor (der Nachbarort von Hartenholm), steht geschrieben: „Nie wieder ein Werner-Rennen oder Ähnliches in unserer Gegend." (*Quelle: „Hasenmoor – Unser Dorf"*) Deutliche Worte.

Ich hatte die Aufgabe, das Privileg und manchmal auch den nervenaufreibenden Job die Verursacher dieses Eintrages zu begleiten, zu koordinieren und sie in ihrer Arbeit zu unterstützen, damit wir das Event „Werner – Das Rennen 2018" exakt 30 Jahre später an genau dem Ort nochmal feiern können, wo unter anderem diese Herren viel verbrannte Erde hinterlassen haben. Na ja, wie schwer kann's schon werden? Nun ja...

Die ganze Aktion beginnt als ich mich mit Holger Hübner – Veranstalter des Wacken Open Airs – Ende 2015 oder Anfang 2016 darüber unterhalte, ob eine Zusammenarbeit mit Brösel an der einen oder anderen Stelle nicht vielleicht spannend wäre. Für das Wacken Open Air arbeite ich als freiberuflicher Grafiker und Zeichner und Rötger habe ich kurz vorher mehr oder weniger zufällig kennengelernt. Holger also irgendwann hin zu Rötger und direkt danach klingelt mein Telefon. Holger: „So, wie machen wir das jetzt mit Rennen?" „Rennen wie? Rennen was?" denke ich und sage nur „Ja, äh, gute Idee, gerne, bestimmt haben alle Lust." Und sie haben Lust. Ehe wir uns versehen, stecken viele Leute knietief im Rennen-Thema. Bekommt man den Flugplatz? Macht die Gemeinde mit? Was sagt das Ordnungsamt? Geben die Landwirte ihre Flächen zum Campen frei? Wo soll die Crew nächtigen? Was soll noch passieren auf dem Event? Welche Bands können spielen? Bekommt man den Red Porsche Killer wieder hin? Hat Holgi seinen Porsche noch?

All diese Fragen schlussendlich unter einen Hut zu bekommen und am Wunschtermin das Ganze mit den gewünschten Personen durchführen zu können, gleicht einem Wunder.

Alle sind mit viel Herzblut dabei. Für Holger Hübner ist es ein ganz besonderes Event, denn das Rennen '88 hat dazu geführt, dass er mit seinem Partner Thomas Jensen 1990 das erste Wacken Open Air auf die Beine gestellt hat. Was daraus geworden ist, weiß sicherlich jeder. In den nächsten Monaten spricht Holger immer wieder von den drei großen Ws: Woodstock, Werner, Wacken. Da kann man nicht widersprechen.

Mit Engelszungen ist es Holger gelungen, die eingangs zitierte Aussage in der Dorfchronik ein wenig zu relativieren. Mehrere Bürgerversammlungen werden in Hasenmoor und Hartenholm abgehalten. Anfangs ist zu merken, dass einige Anwohner am liebsten Mistforken mitgebracht hätten, um jegliche Gedanken an ein neues Rennen aus dem Kopf der Veranstalter zu vertreiben. Aber nach und nach wird Vertrauen geschaffen (und es gibt jedes Mal Wurst und Bölkstoff – vielleicht besteht ein Zusammenhang). Zu denen, die überzeugt werden müssen zählen nicht nur der damalige Bürgermeister der Gemeinde Hasenmoor Klaus-Wilhelm Schümann, die Amtsverwaltung, das Ordnungsamt, die Anwohner, der Flugplatzpächter usw., sondern auch Brösel und Holgi. „Ein neues Rennen? Wieso denn eigentlich? Ach? Das ist 2018 schon 30 Jahre her? Na ja, wir werden nicht jünger..." und in Brösel schlummert und nagt diese ungeklärte Sache sowieso. Der stets über jeden Zweifel erhabene Holgi lässt sich aber erstmal offiziell herausfordern. Und wenn man das macht, sollte man einen Plan in der Hinterhand haben, denn noch mal verlieren ist keine Option. Also erstmal den Red Porsche Killer entmottet und ein bisschen mit Bruder Andi sinniert. Was ist zu tun und geht das, was man tun müsste auch in der Realität oder nur in der Theorie? Andi sagt: „Das geht!" Das Unterfangen nimmt also Fahrt auf. Andi übernimmt die Leitung bei der Überarbeitung des Porsche Killers, steht undermüdlich Tag und Nacht in der Werkstatt, nimmt alles auseinander und leuchtet in jeden Winkel. Ölfuß steht ihm mit Rat und Tat zur Seite. Nach und nach gesellt sich eine illustre Schar an Benzinmenschen zum Team hinzu. Einige von ihnen sind bereits in den 80er Jahren hie und da am Bau beteiligt gewesen. Kenny behält für die Wernersens u. a. das kritische Verhältnis von verbleibender Zeit und fahrtüchtigem Motorrad im Auge. Bis zur letzten Minute wird trotzdem geschraubt. Vier Tage vor dem Rennen gelangen die Schrauber zur Erkenntnis, dass die Zahnriemen der Beschleunigung nicht gewachsen sind. Sie reißen immer. Darum müssen kurzfristig Kevlar-Riemen her, die deutlich besser halten. Einfach kann ja jeder.

Aber zurück zum Anfang der Sause.

Die Strecke Kiel – Blumenthal fahre ich immer wenn ich auf dem Weg nach Hause bin (zumindest wenn ich aus Richtung Kiel komme – klaro). Manchmal denkt man schon, was denn wohl gewesen wäre, wenn das damals tatsächlich die Strecke für das historische Rennen geworden wäre. So schwelgt man auf dieser schönen Straße also in Gedanken und weiß: „Wenn ich einfach nur ein kleines Stück weiter geradeaus fahre, bin ich schon am Flugplatz Hartenholm." Diesem legendären Ort, der nach dem 4. September 1988 wohl ein für allemal bekannter für ein absurdes Rennen als jegliche fliegerische Aktivitäten ist. „Hartenholm", ein Name wie ein mächtiger Hammerschlag, ein Urknall, der größte Knaller seit Ben Hur eben. Fairerweise

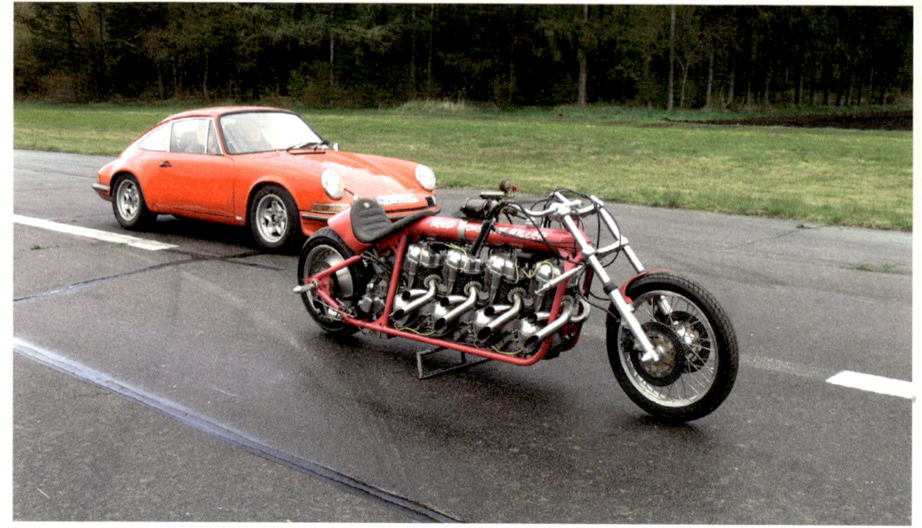

Das sieht schon mal gut aus: Beim Trailer-Dreh auf dem Fluchplatz Haatenholm, April 2017.

muss man aber sagen, dass der Flugplatz Hartenholm gar nicht in Hartenholm liegt, sondern in der Nachbargemeinde Hasenmoor. Das klingt nicht ganz so mächtig.

Dankenswerterweise bin ich der erste, der nach fast 30 Jahren wieder mit Rötger und seiner Frau und Managerin Petra nach Hartenholm gefahren ist. Petra hat 1988 auf dem Rennen am Getränkestand gearbeitet und kennt Rötger zu dem Zeitpunkt nur vom Sehen. Wir sind da. Bei Ankunft und beim Inspizieren des Platzes liegt etwas Magisches in der Luft. Wir müssen uns allerdings immer ruhig und unauffällig verhalten. Unser ganzes Unterfangen in den ersten Monaten geheim zu halten ist gar nicht so einfach. Man muss sich auf jeden verlassen, dem man vom Rennen erzählt. Keiner darf was weiter erzählen. Dazu kommt der eigene Drang die Freude über das Geschehen teilen zu wollen. Rund ein Jahr ist aber Klappe halten angesagt. Klingt erstmal gar nicht sooooo schwierig, aber die Info, dass es ein neues Rennen gibt verteilt sich quasi ganz automatisch. Mitte April '17 sind wir im Studio von Radio Schleswig-Holstein (R.SH), um mit Rötger, Holgi und Werner-Stimme und Torfrock-Sänger Klaus Büchner diverse Texte für Radiospots und Trailer aufzunehmen (Andi ist leider im Urlaub und kann nicht mitmachen). Das Rundfunkgebäude ist ganz entzückt über den Besuch, darf jedoch nur leise jubeln. Beim Dreh des Rennen-Werbetrailers eine Woche später wird es dann langsam richtig heikel. Auf der Landebahn des Flugplatzes haben wir Porsche und Red Porsche Killer platziert. Wer über gute Augen und etwas Sachverstand verfügt, kann das von der parallel verlaufenden Bundesstraße 206 aus sehen. Somit dauert es also nicht allzu lange bis wir einen Zaungast haben, der auch schon sein Telefon im Anschlach hat und versucht aus der Ferne seine Entdeckung fest zu halten. Bestimmt aber freundlich versichern wir ihm, dass hier nichts stattfindet, was für die Öffentlichkeit oder überhaupt irgendwen von Interesse ist und sorgen dafür, dass er verschwindet (und bestenfalls alles, was er gesehen hat für eine Fata Morgana hält). Je länger wir am Projekt arbeiten, desto mehr Risse bekommt der Geheimhaltungsplan allerdings. Daran sind wir selbst nicht unschuldig, denn der erste Video-Teaser wie Rötger den Red Porsche Killer aus dem Tiefschlaf erweckt, wird an seinem Geburtstag am 17. März auf der Werner-Facebook-Seite gepostet. Die Gerüchteküche beginnt zu brodeln und wir haben unser Ziel erreicht. Zeitgleich startet eine Kampagne. Auf Buttons, Plakaten und großen Bannern in ganz Norddeutschland steht groß „Werner kommt!" Aber keiner weiß wohin und was passiert, wenn er da ist. Holgi wird etwa sechs Wochen vor offizieller Bekanntgabe des Rennens von den Kieler Nachrichten ausgequetscht, die irgendwas von wegen Rennen gehört haben wollen. Er hält sich zwar sehr bedeckt, kann aber erste Presseberichte nicht verhindern. Wo genau etwas durchsickert, kann man rückblickend kaum genau sagen, immerhin wissen mittlerweile ziemlich viele Leute, woran gearbeitet wird. Mit viel Liebe zum Detail wird alles vorbereitet. Für das Ticket lassen wir einen Hologramm-Sticker mit Werner und Holgi herstellen. Einen ähnlichen Sticker hat es auch 1988 auf dem Ticket gegeben – damals eine echte Sensation. Auch T-Shirts und andere Merchandising-Produkte befinden sich in Vorbereitung. An Schlaf ist in der Zeit kaum zu denken. Die Zeit drängt.

Bei aller Arbeit kommt aber auch das Vergnügen nicht zu kurz. Anfang Mai begleite ich Rötger und Petra zum Udo Lindenberg-Konzert in Kiel. Backstage treffen wir Gunter Gabriel (Gott habe ihn selig), der den Namen Brösel nicht so richtig einordnen kann, dann aber doch noch ins Gespräch kommt. Man versteht sich wohl gut. Nach Eierlikör mit Udo erzählt Rötger mir auf der Rückahrt, dass Gunter sagt er solle „ihn mal auf seinem Schlauchboot in Hamburg" besuchen.

Am 12. Mai 2017 ist es schließlich soweit: Alle Rädchen unseres Konstruktes müssen ineinandergreifen. Um etwa 7:00 Uhr morgens lassen Rötger und Holgi in der R.SH Morning Show die Bombe platzen: Jawoll, es gibt ein neues Rennen – und zwar in Hartenholm!!! Mittags startet beim Sender draußen auf einem Show-Truck die Pressekonferenz, die Website werner-rennen.de geht online, werner-tv.de wird scharf geschaltet, die Pressekonferenz wird live gestreamt, die Rennen-Social-Media-Seiten beginnen mit den ersten Postings, im Radio laufen Spots, ein Merchandising-Shop geht online, erste Anzeigen werden gedruckt und Plakate gehängt. Am Nachmittag gibt's eine zweite Pressekonferenz im Club 68 und der Vorverkauf startet. BAM!!! Das Kind ist zur Welt gekommen! Was für ein Tag!

Wer denkt, dass damit schon viel geschafft ist, irrt. An dieser Stelle beginnt die Arbeit erst.

Rötger, Holgi, Andi und Ölfuß haben allerlei Promo-Aufritte vor sich. Auch auf dem Wacken Open Air 2017 wird Halt gemacht. Nach einer Pressekonferenz gibt's eine schier unendliche Autogrammstunde mit einer Schlange quer über's Gelände. Über Stunden stehen sich die Leute im knietiefen Matsch die Füße platt, um ein Autogramm von den Wernersens nebst Holgi zu bekommen. Die Schlange ist sogar so beeindruckend, dass sich eine Australierin anstellt, die keine Ahnung hat, worum es geht, auf Grund des unübersehbaren Besucherinteresses aber Spektakuläres vermutet und sich einreiht. Wer die Herren, die sie am Anfang der Schlange erwarten sind, weiß sie nicht. Im Laufe des Abends zerfasert sich unsere „Reisegruppe Rennen" irgendwie. Es ist nicht ganz einfach den Überblick zu behalten, wer wann wo ist, ob jeder weiß, wie er nach Hause kommt und wer er/sie ist. Tief in der Nacht werde ich etwas nervös, als Andis Freundin einfach nicht mehr auffindbar ist und Andi notgedrungen 24 Stunden feiern muss, bis sie wieder da ist – irgendwie muss man sich ja beschäftigen. Bereits am nächsten Nachmittag sind aber alle wieder vollzählig zu Hause gelandet. Wie man feiert haben die Damen und Herren auch nach all den Jahren nicht verlernt.

Am 09. September 2017 macht „Reisegruppe Rennen" den nächsten Ausfluch. Und zwar nach Hamburg zu den Rolling Stones. Mick Jagger und Kollegen machen einen vernünftig unvernünftigen Eindruck und zerledern den Stadtpark. Eine gute Auszeit von der ganzen Arbeit. Auf dem Rückweg kommen wir

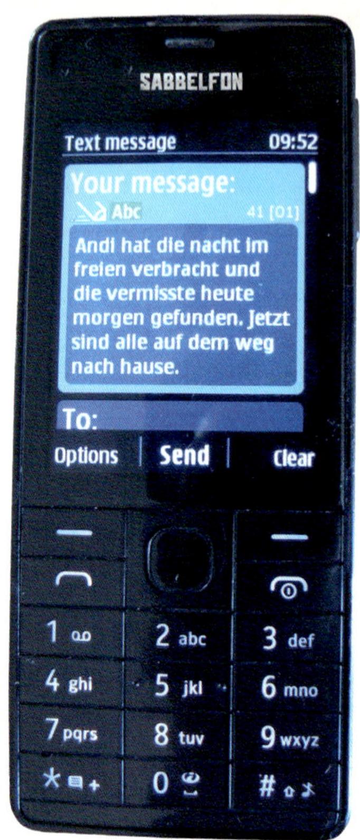

Original-SMS des Reisegruppenleiters an den Wacken-Veranstalter.

an einer öddeligen Goldwing vorbei und Andi fragt den Fahrer der Maschine: „Was das denn für'n Flipperautomat?!" Bevor der Besitzer was sagen kann, sitzt Andi schon halb im Taxi und erläutert der interessierten Fahrerin die morgen zu erwartenden Presseberichte. Die Stones seien wieder mal mäßig gewesen sage die Presse ja immer. Aber das sei natürlich Unfug, weil jeder Mensch mal einen guten und mal einen schlechten Tach habe. Bei Musikern sei das wie bei Maurern erläutert Andi. Einer ist vielleicht nicht so gut drauf wie sonst und dann sollen alle nur mäßig gewesen sein. Ein

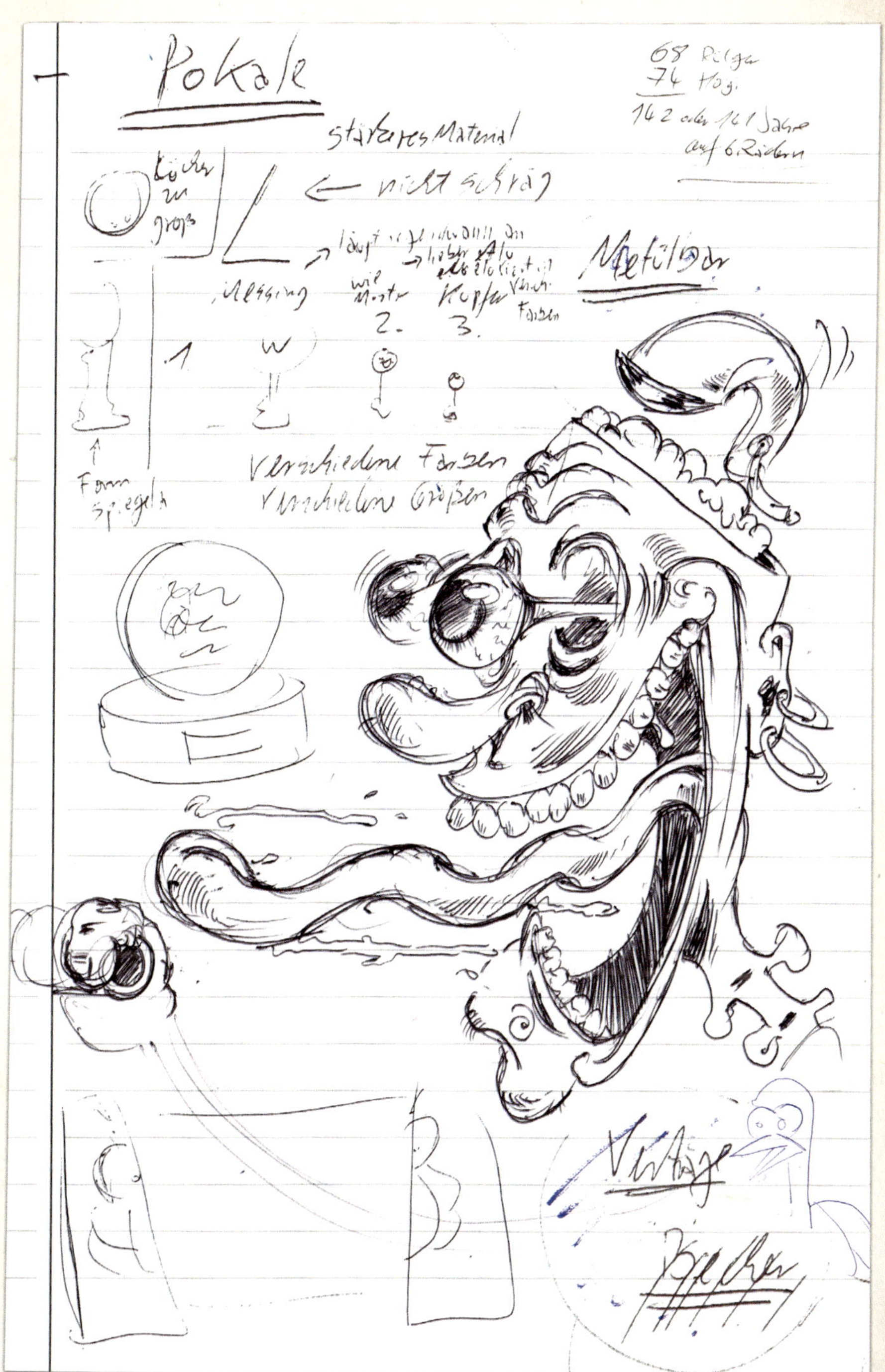

Zwischen Pokalen und tausend Gedanken: Im Notizbuch von Grafiker Tim ist die Hölle los.

Maurer mauert manchmal gerade und manchmal nicht. Darum ist aber nicht das ganze Haus am Ende schief, sondern nur ein Teil davon. Recht hat der Mann. Die Stones haben mal wieder amtlich abgeliefert! Findet die Taxifahrerin auch und muss dann aber weiter.

2018 hält für das gesamte Rennen-Team dann ein Potpourri aus wirklich allem, was man sich vorstellen kann bereit. Heimwerkerking Fynn Kliemann kann für den Bau des Schmähturms verpflichtet werden, am Porsche Killer wird ohne Ende geschraubt, am Porsche wird gebastelt, das Programm wird konkretisiert, die Planungen und baulichen Arbeiten vor Ort vorangetrieben und Rötger tingelt mit seinem neuen Buch „WERNER – Wat nu!?" (übrigens das erste Werner-Buch seit 14 Jahren) von Termin zu Termin. Lanz, Frühstücksfernsehen, 24h-Rennen mit Detlef Steves, Comic Salon Erlangen, Gratis Comic Tag, Radio-Sender, Zeitungsinterviews, Doku-Dreh und und und. All diese Dinge (und noch viele, viele mehr) müssen koordiniert werden. An jeder Ecke lauert Arbeit. Sei es eine Waamlöt Rallye, ein Waamlöt Törn oder im Vorjahr der Rennen-Pop-Up-Store in Kiel. Das Interesse ist groß, aber wir spüren auch die Skepsis vieler Menschen, die 1988 dabei gewesen sind und dem Braten (noch) nicht so recht trauen. Wir kommen kaum hinterher, die ganzen Veranstaltungspunkte zu kommunizieren und den Menschen ein klares Bild von der Veranstaltung zu präsentieren. Acht Rennserien mit 1.100 Fahrerinnen und Fahrern und 3.600 Teilnehmerinnen und Teilnehmern auf vier Rennstrecken und viele Einzelhighlights bilden das Rennsportprogramm. Dazu kommen eine große Motorshow, Comic-Battles, Late Night Shows, Lesungen, der Rabauken-Hort, Autogrammstunden und Vieles mehr. Das musikalische Line-up hält schließlich für jeden etwas bereit. Unter den über 80 Bands, die auf vier Bühnen spielen werden, befinden sich Niedeckens BAP, Santiano, Fury In The Slaughterhouse, Roger Chapman and the Shortlist, Hannes Wendt Band – The Voice of Fuckin' Kius, Doro, Otto und die Friesenjungs, Torfrock, Rose Tatoo Stanfour, und Olli Schulz. Letzteren haben wir einige Monate zuvor bei seinem Konzert in der Hamburger Laeiszhalle besucht. Bei der Gelegenheit konnten Olli Schulz und der per Videotelefonie zugeschaltete Jan Böhmermann vor dem Auftritt ein für allemal klären, ob man Rötgers Wohnzimmer nun fluten und zum Pool umfunktionieren kann oder nicht. Das hatten sich die beiden schon mehrmals in ihrem Podcast gefragt. Man kann. Die Katze ist aus dem Sack.

Andi und sein Team geben alles, um den Porsche Killer für den Fahrer so gut wie möglich vorzubereiten. Die Sitzposition wird geändert, ein anderer Lenker angebaut und – ganz wichtig! – eine elektronische Schaltung hinzugefügt. Man muss also nur noch am Lenker auf'n Knopf drücken und schon ist der Gang drin. Genau das Richtige für den „Verschaltkönich von Haatenholm". Ein neues Getriebe mit fünf Gängen, das einen gaaaanz kurzen ersten Gang hat gibt's noch

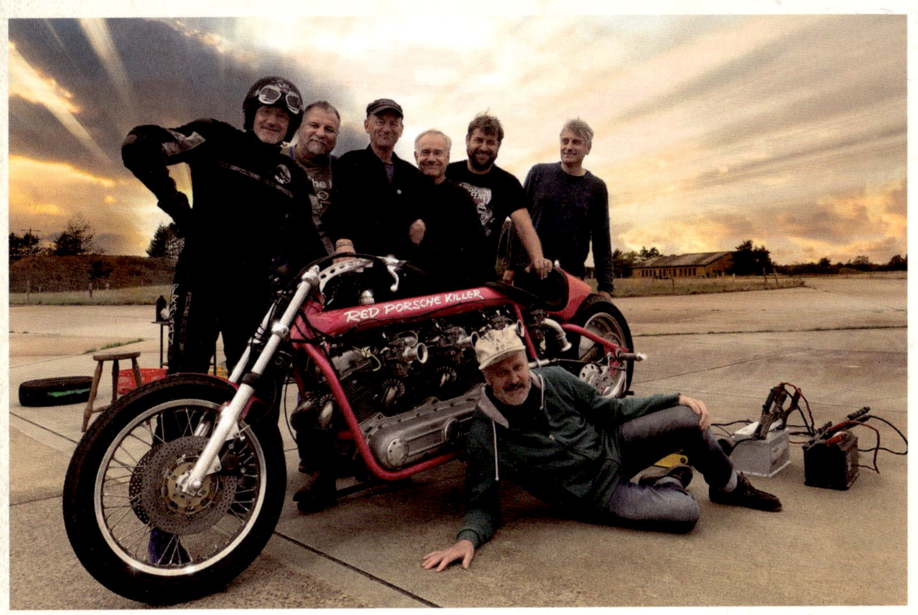

Team Red Porsche Killer nach der letzten Testfahrt.

dazu. Auf der Agenda stehen zudem der Antrieb, Antriebsriemen und eine digitale Zündung. Somit gewinnen Technik und Optik gleichermaßen dazu und mit jeder Schraube steigt die Spannung.

Erst etwa 14 Tage vor dem Event macht Rötger die ersten Testfahrten. Beim Anblick dieser Fahrten, macht er der Welt nicht gerade viel Hoffnung, dass das mit dem Sieg was wird. Videos von den Fahrten werden im Internet mit Sätzen wie „Wenn man beim Porsche den Motor rausnimmt, könnte es klappen." und „Jede Vespa greift härter in den Asphalt." kommentiert. Und jetzt kann man's ja sagen: Im Rennen-Orga-Team glaubt auch keiner so recht, dass Holgi geschlagen werden kann. Es ist ja auch nicht so, dass niemand im Team Holgi den Sieg gönnen würde – ganz im Gegenteil, dem Mann fliegen die Sympathien einfach zu und man arbeitet sehr gerne mit ihm zusammen – aber nach 1988 hofft man natürlich auf eine kleine Sensation. Und eine solche Sensation wäre eben der Sieg des Porsche Killers. Hoffnung keimt erst wieder vor Ort zu Beginn des Events auf. Rötger verfolgt eine eiserne Taktik, er richtet seine ganze Konzentration auf das Rennen, trinkt keinen Schluck Alkohol, ist an den Vortagen rechtzeitig im heimischen Bett und bemüht sich Holgi, der vor Ort in Hartenholm nächtigt, mürbe zu machen. An den Tagen vor dem Rennen werden Rötger und Holgi von der Presse belagert und sogar Ministerpräsident Daniel Günther schaut vorbei. Auf dem Acker tobt das Leben und so langsam begreift man's selbst auch: Wir machen ein Werner Rennen!

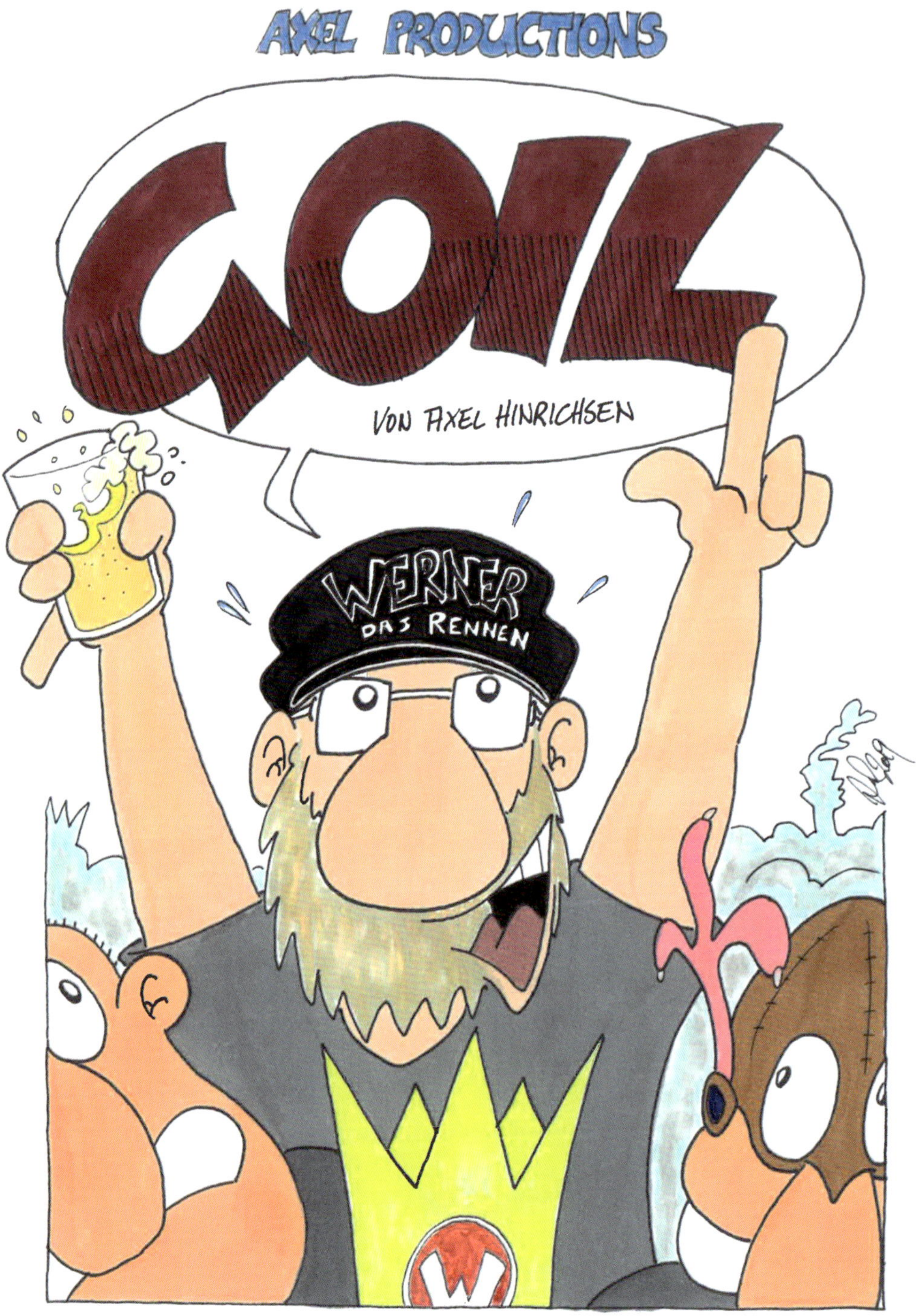

AXEL PRODUCTIONS

GOIL

VON AXEL HINRICHSEN

WERNER
DAS RENNEN

PROLOG

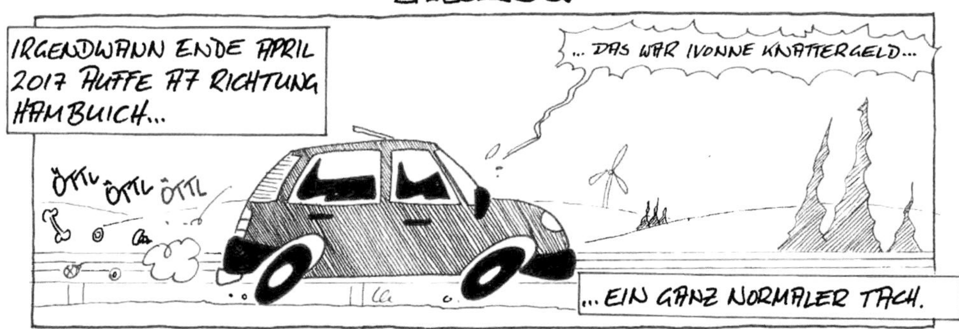

... UND JETZT BEI UNS IM STUDIO: KULT COMICZEICHNER BRÖSEL...

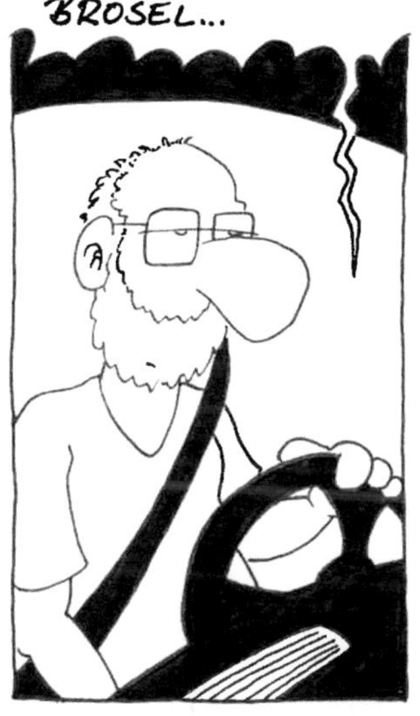

... BRÖSEL, DU BIST AUS EINEM BESTIMMTEN GRUND HIER!? - JA, GENAU!

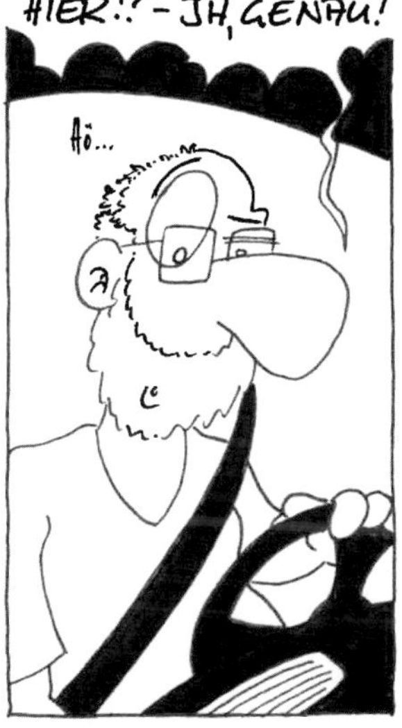

... 2018 GIBT'S DIE REVANCHE DES RENNENS VON '88 IN HAATENHOLM...

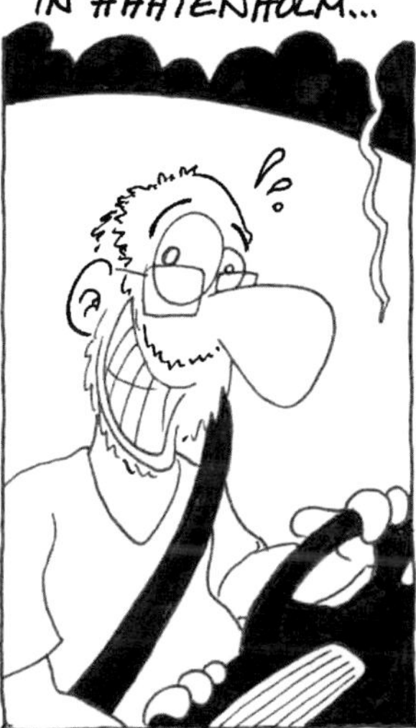

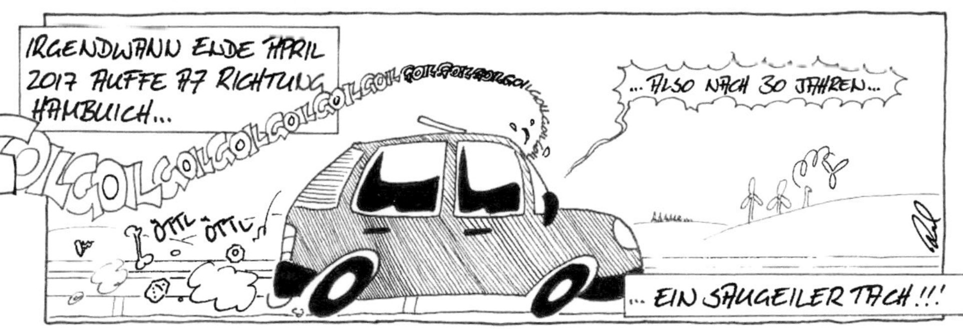

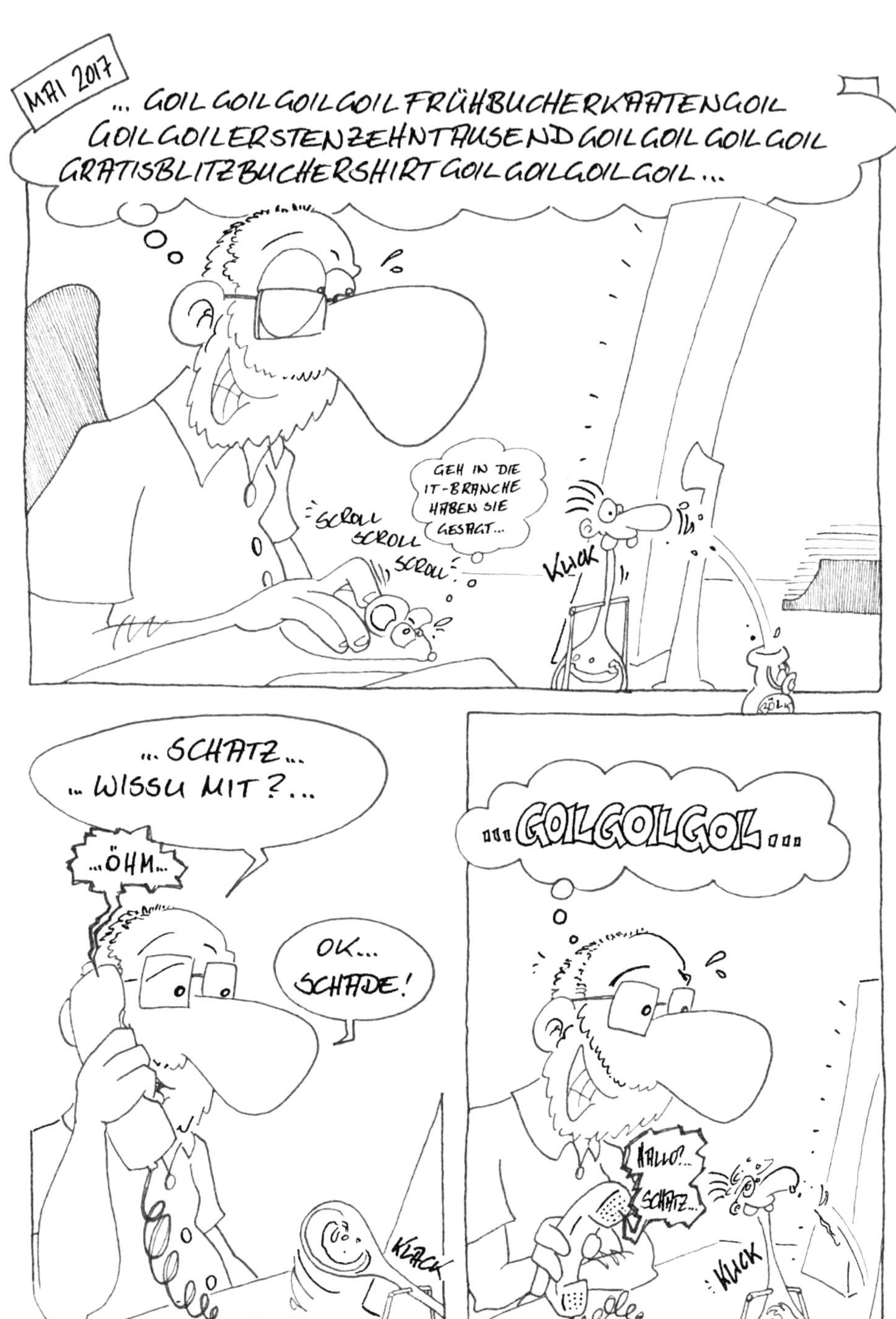
MAI 2017
... GOILGOILGOILGOILFRÜHBUCHERKARTENGOIL GOILGOILERSTENZEHNTAUSENDGOILGOILGOILGOIL GRATISBLITZBUCHERSHIRTGOILGOILGOILGOIL...
SCROLL SCROLL SCROLL
GEH IN DIE IT-BRANCHE HABEN SIE GESAGT...
KLICK
... SCHATZ...
... WISSU MIT?...
...ÖHM...
OK... SCHADE!
KLACK
...GOILGOILGOIL...
HALLO?...
SCHATZ...
KLICK

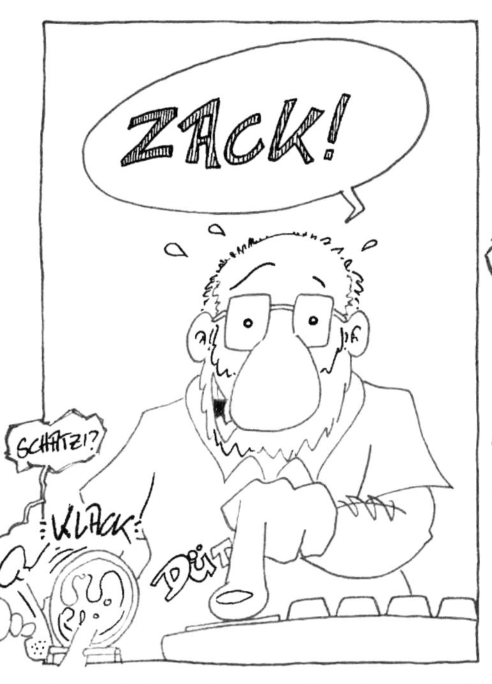
ZACK!
SCHATZI?
KLACK!
DÜT

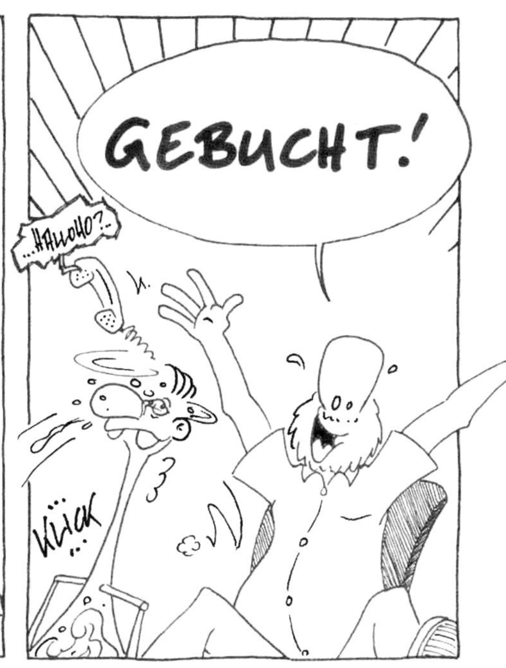
GEBUCHT!
...HALLOHO?...
KLICK

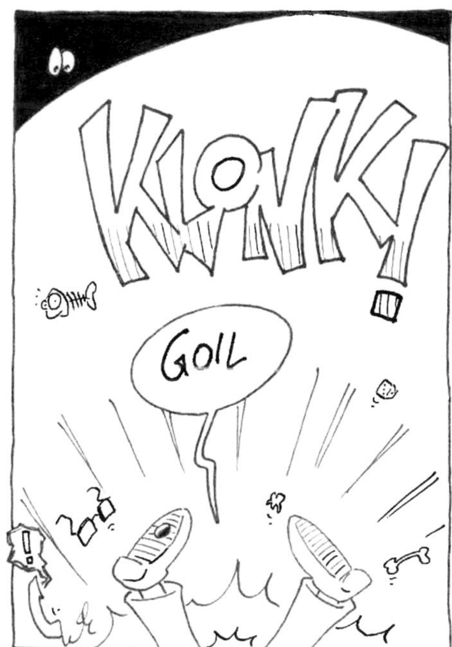
KLONK!
GOIL

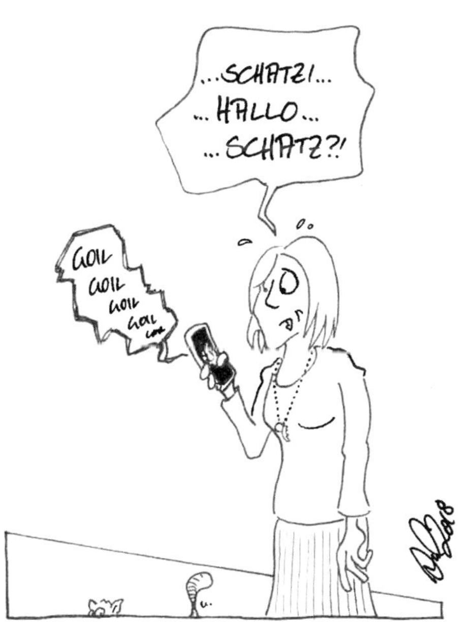
...SCHATZI...
...HALLO...
...SCHATZ?!
GOIL
GOIL
GOIL
GOIL

KARTEN GEBUCHT, MÖRTSCH BESTELLT, OBWOHL DIE VORFREUDE AUF DEN GRÖSSTEN KNALLER SEIT BEN HUR VON MONAT ZU MONAT ANWUCHS, WURDE DER NORMALE TAGESABLAUF HIERVON IN KEINSTER WEISE BEEINFLUSST...

GOIL GOIL GOIL GOIL GOIL GOIL GOIL GOIL GOIL

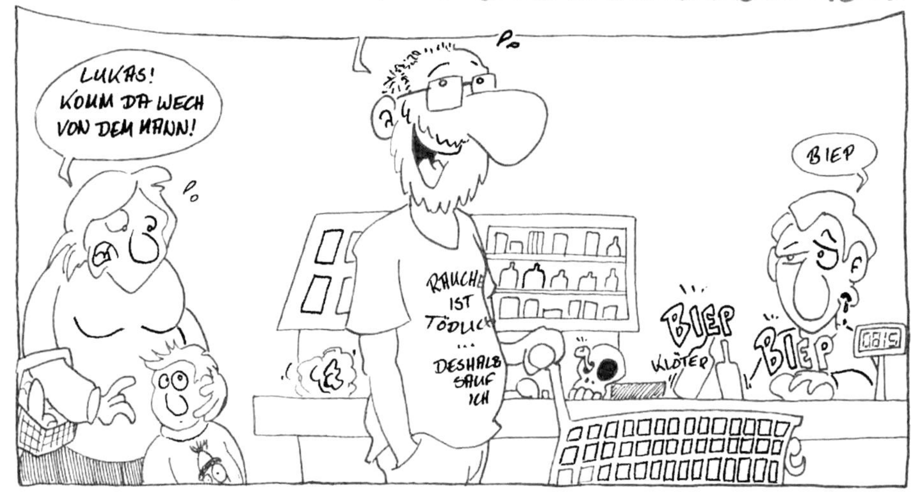

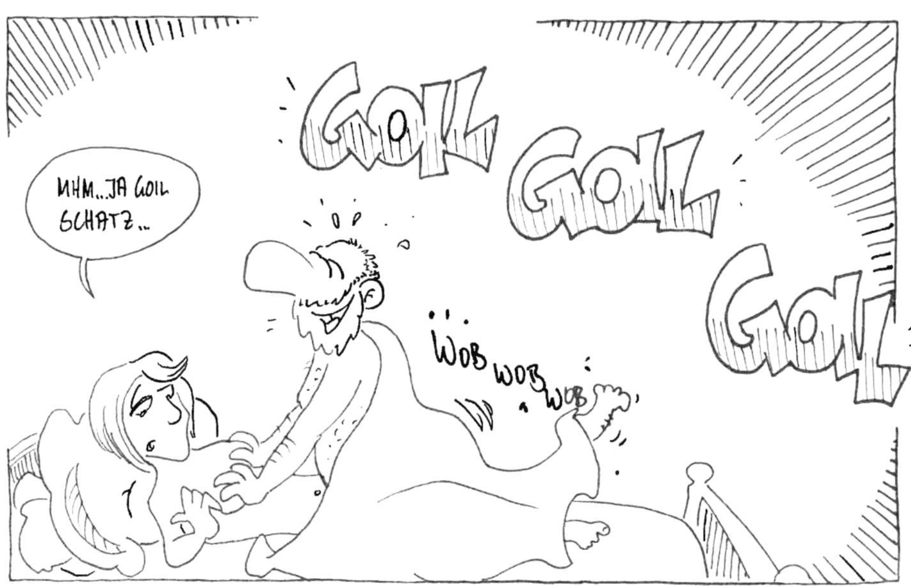

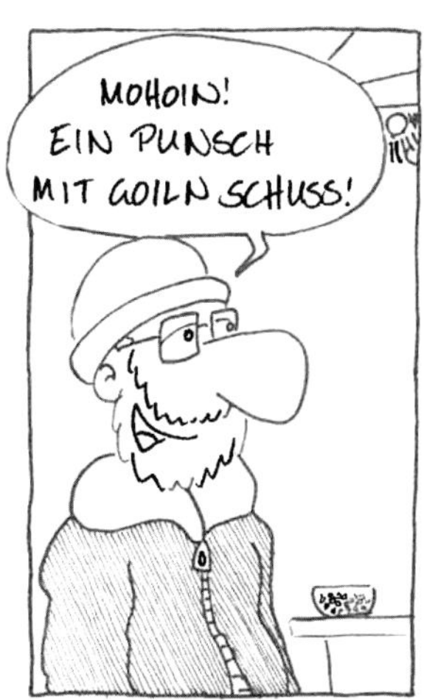

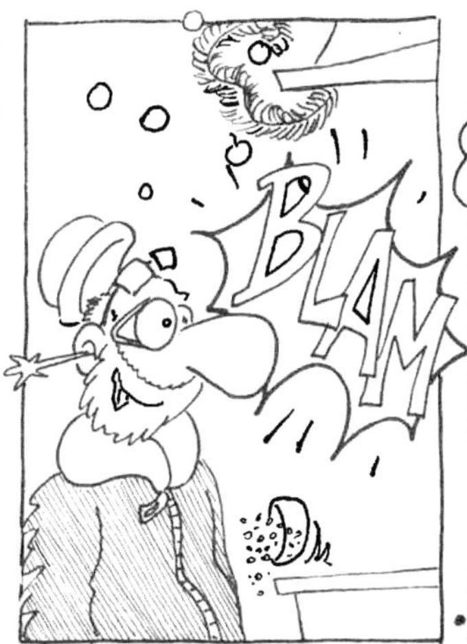

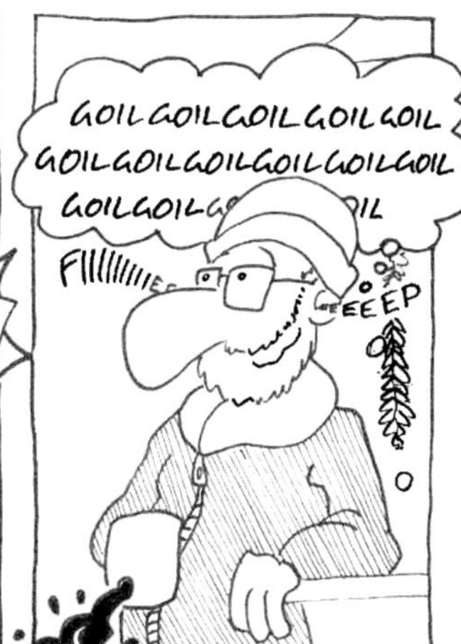

...UND DAS WAR'S!!! DEUTSCHLAND FLIEGT IN DER VORRUNDE DIESER WM RAUS...

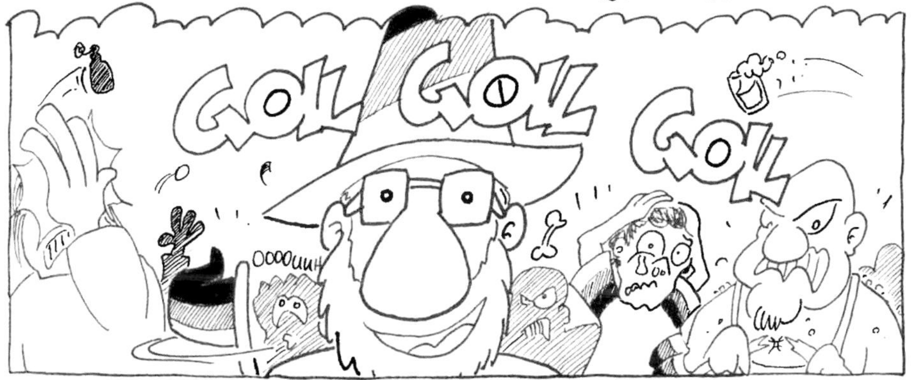

...LEDIGLICH DER EIGENE KÖRPER FING AN EINE METAMORPHOSE* ZU DURCHLAUFEN, JE NÄHER DAS RENNEN KAM...

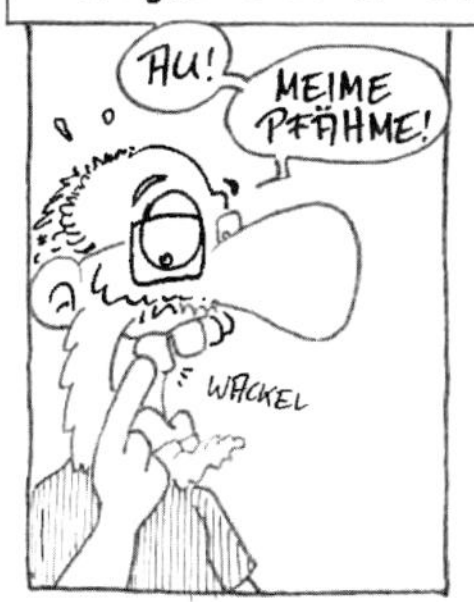

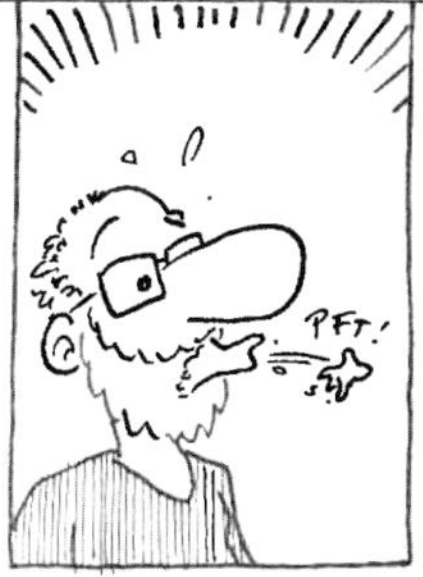

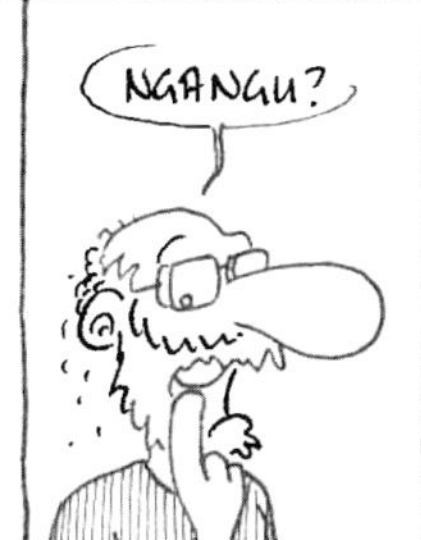

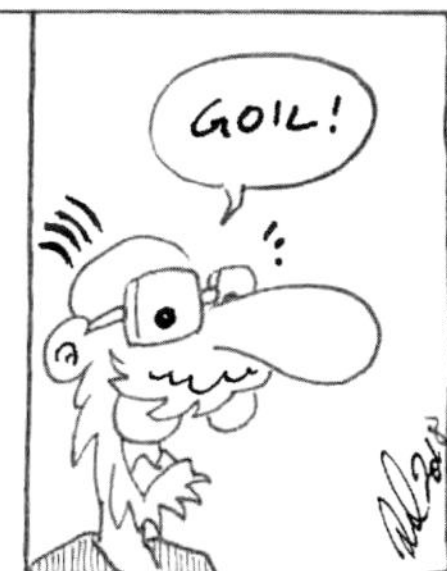

*DIE SOGENANNTE EWERNERLUTION!

Auferstehung einer Legende. Andis Team schraubt bis der Aaz kommt!

Brösel / 2020

Holgis Porsche mit prähistorischen Horex-Motoren abzuledern, habe ich mir selbst eingebrockt. Manchmal nimmt man den Mund zu voll. Holgi ist in der Sache immer im Vorteil. Wie bekommen wir die vier Motoren des Red Porsche Killers gebändigt? Eine Frage, die uns von Anfang an schlaflose Nächte bereitet und schon beim Rennen 1988 massive Probleme bereitet. Ölfuß sagt, dass die Schüssel nur für Vollgas gebaut ist. Wenn man langsam rumeiert, sind sich die Ketten durch den Lastwechsel nicht einig (siehe „*Ölfuß Frust*“, S. 60. Für das Rennen am Lausitzring 2004 hat Ölfuß die klöterigen Ketten rausgeschmissen und auf Zahnriemen umgebaut. Nun sollte es funktionieren. Am Tag des Rennens, die Massen sitzen erwartungsvoll auf den Tribünen: Ich ziehe die Kupplung, der Motor stirbt ab und die Maschine fährt nicht los. Wir versuchen es noch mal. Zweiter Startversuch. Wieder nichts. Nach dem dritten Startversuch ist der Apparat so heiß, dass die Kupplung nicht mehr trennt und das Vorderrad rollt über die Lichtschranke. Nichts geht mehr. Aus! Vorbei! Was ist da los? Wir wissen es nicht! Peinlich, peinlich! Ein paar Tage vorher bei einem Fernsehauftritt in Köln lief der Apparat noch wunderbar. Warum's auf dem Rennen nicht funktioniert hat, ist mir zu dem Zeitpunkt ein Brezel.

14 Jahre später erwecken wir den Porsche Killer aus dem Dornröschenschlaf. Und Andi stellt fest: Das Getriebe taucht überhaupt nichts! Es bewegt sich nicht und die Wellen sind blau angelaufen. Erster Fehler gefunden! Das Team macht sich an die Arbeit und krempelt den Porsche Killer einmal um, um jedes Problem zu orten. Einmal auseinander und wieder zusammen. Tausende von Teilchen werden fein säuberlich in Andis Werkstatt geprüft, zum Teil erneuert und wieder zusammen gefügt. Was schlecht is, kommt wech, was neu muss, muss neu – die Devise des Meisters, da beisst die Maus keinen Faden ab.

Andi hat ein Team zusammengestellt, das sämtliche technische Bereiche abdeckt. Unter Leitung von Andi bekommen sie viele Probleme sehr schnell in den Griff. Alles läuft prima. Karl kümmert sich um die Mechanik, Kenny ist der Mann für die Bremsen, Heini der Fachmann für die digitale Zündung,

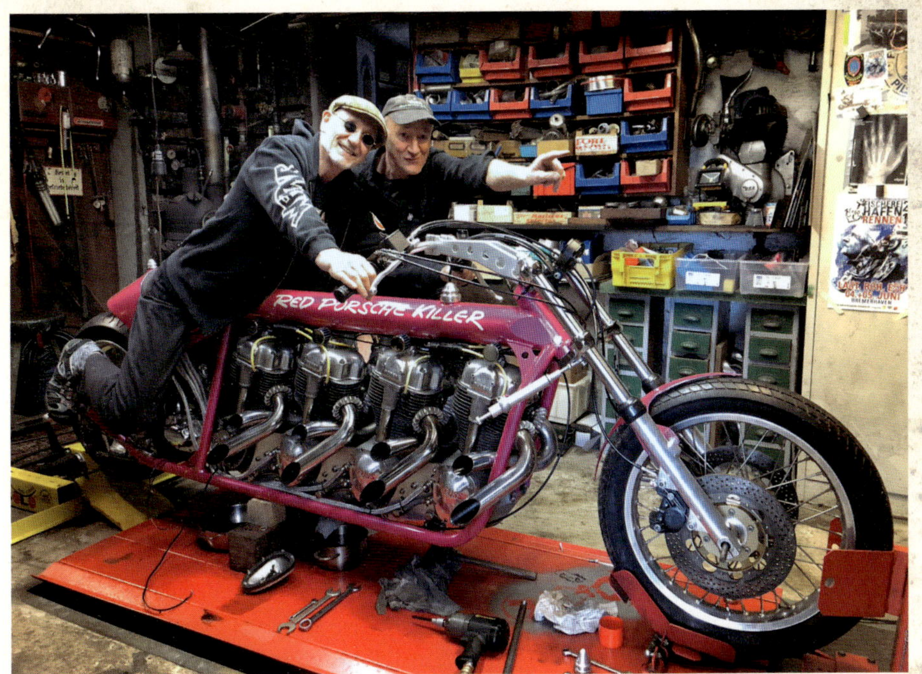

Zwei Brüder unter sich: Brösel (sitzend) testet die neue Sitzposition. Andi zeigt ihm, wo's lang geht.

Jürgen Jägervolk verkabelt alles, was nicht bei drei auf den Bäumen ist, Anni, Meisterin des Leders, zaubert eine wunderschöne Sitzbank, Ingmar und Pierre sind verantwortungsvolle Bier- und Transportlogistiker und Ölfuß als Vater des Babys bringt sein umfassendes Wissen ein.

Der Tag X rückt näher. Am Ende ist nur noch Zeit für vier bis fünf Testfahrten. Immer und immer wieder geben die Scheißzahnriemen die Löffel ab. Sie zerfasern buchstäblich. Wenn das Team den Gehäusedeckel abnimmt, finden sie einen Haufen Gummigefransel vor. Das bedeutet: Kupplung ab, Gehäusedeckel ab, alle Kerzen entfernen und die Zündung neu einstellen. Dabei geht für die Mechaniker ein ganzes Wochenende ohne Biertrinken drauf. Für alle sehr frustrierend! Eine Woche vor dem Rennen gelingt es Andi brauchbare Riemen speziell für den Dragstersport aufzutreiben. Nun hält alles und die Riemen überstehen auch die letzten Testfahrten. Was das Team über meine Fahrkünste denkt, möchte ich gar nicht wissen. Aber Andi gelingt es immer mir gute Tipps zu geben, motivierend auf mich einzuwirken und mich nicht spüren zu lassen, dass es hinter den Kulissen nur noch Zweifel am Fahrer, aber nicht an der Maschine gibt.

Die letzte Testfahrt ist besonders entscheidend. Ich gewinne gegen Heinis 400-PS-Golf, der sogar Holgis Porsche versägen würde. Von der neu gebauten Winkelstütze gelingt mir ein guter Start und die Hoffnung, dass Holgi doch noch zu schlagen ist, keimt wieder auf. Zumindest ein kleines bisschen.

Ein Tag zum Vergessen

Brösel / 2020

Die Tatsache, dass ich mich als alter Knacker noch mal auf den Hobel setzte, zieht allerlei nach sich. Man braucht Klamotten, Fahrgefühl und vor allem muss der Porsche Killer laufen. Ich kann mich noch an einen Tag erinnern an dem wir in Hamburg in einem Industriegebiet in einem Laden, den wir nur Dank meines Alligators gefunden haben, Klamotten testen wollen. Ich bin ja kein Freund von dieser ganzen Funktionswäsche, die einem sonst wie viel Sicherheit geben soll. Protektoren und der ganze Firlefanz machen's ziemlich steif. Man steht in Kackstellung und kann sich nicht richtig lang machen. Für den Porsche Killer völlig ungeeignet, weil man ja mehr drauf liegt. Allein die Stiefel! Was für Klumpen! Die sind völlig unbeweglich und so fett, dass sie kaum zwischen Fußraste und Schalthebel passen. Steif! So richtig eingesteift. Man kommt sich vor als wäre man 130, wenn man das trägt. Finsterstes Mittelalter, da sind Ritterrüstungen beweglicher. Und die liegen wie ein Käfer auf dem Rücken, wenn sie vom Pferd fallen und bekommen mit einem Morgenstern eins übergebraten. Wenn man dann noch ein Aquarium auf dem Kopf hat, sieht man nach dem ersten Atemzug nix mehr. Wie soll man da ein Rennen gewinnen?! Den ganzen Plunder haben wir nach der ersten Testfahrt zurückgegeben. In einer Filiale in Kiel haben wir uns für eine abgespeckte Version entschieden und einen Jet-Helm gefunden, der nicht aussieht wie ein Teekessel und freie Atmung ermöglicht. In der Jacke sind die Protektoren schon drin und meine alte Hose von 2004 tut's auch noch. An den Füßen müssen Cart-Schuhe herhalten. Dadrin hat man zumindest ein Gefühl für den Schalthebel. Schließlich fahre ich nur ein paar Meter geradeaus.

Ziel: Ein geheimer Ort, in der Walachei von Schleswig-Holstein, weit draußen, Ende August 2018. Die Klamotten in den Van geschmissen, kurzer Check, is' alles da? – gute Laune, Essen, Bölkstoff – und Abfahrt! Bloß diesmal nicht zu spät kommen, sonst meckert Andi! Das Team ist schon auf dem Platz und trifft die nötigen Vorbereitungen. Maschine abladen, Startmaschine vorbereiten, Batterien checken, Werkzeug, Schrauben, machen, tun. Mehr Arbeit als man denkt. Andi meldet: Neue Riemen sind drauf! Die sind bei den vorherigen Testfahrten immer zerfleddert. Wenn die beim Lastwechsel überspringen, stimmt die ganze Zündungsmimik nicht mehr. Nach wenigen Sekunden Testfahrt, kann man dann also alles wieder zusammenpacken, nach Hause fahren und drei Tage basteln, um das wieder hinzubekommen. Ein gewaltiges Handicap. Das hat Holgi nicht.

Auf dem Weg zur Teststrecke – wir liegen gut in der Zeit, die Sonne scheint, es ist eine Bullenhitze – fahren wir mit auffe Fenster. Plötzlich ist unsere Freude dahin! Stau! Scheiße! Wieso ausgerechnet jetzt?! Um diese Zeit ist das im Norden völlig ungewöhnlich. Da hat doch irgendein Töffel wieder Mist gebaut! Nix geht mehr. Rettungsgasse bilden und warten. Eine Stunde, zwei Stunden. Schleppend kommt wieder Bewegung in die Sache und wir schöpfen neue Hoffnung. Ein Jeep mit Campingaufsatz liegt vollbepackt auf der Seite. Das ganze Equipment liegt auf dem Asphalt verteilt. Warum campt dieser Fachmann mitten auf der Bahn?! Leute gibt's...

Wir haben wieder freie Fahrt! Volles Rohr weiter, der V8 schnurrt wie am Schnürchen. Es ist die reinste Freude. Wir können wieder atmen, weil frische Luft durch's Fahrzeug zieht. Aber auf einmal knackt's, das Lenkrad geht schwer, die rote Lampe leuchtet... „Scheiße, Keilriemenriss erster Kajüte" denke ich. Alle Aggregate sind außer Kraft gesetzt. Weiterfahrt unmöglich. Wir stehen an der Abfahrt Schleswig auf'm grünen Dreieck in einer Affenhitze. Warum ausgerechnet heute?! Nach zwei Stunden kommt der gelbe Engel angeflogen. Zum Glück hat Stratege Feldmann immer einen Riemen an Bord. Es ist kurz vor sechs, die Werkstätten drohen zu schließen. Der Abschlepper hat noch einen Geheimtipp bei Schleswig an der 76 parat. Da ist eine Reifenwerkstatt. Wir treffen ein und die Werkstatt will gerade schließen. Dank etwas Mitgefühl helfen uns die Reifenmenschen. Nach allerlei Schwierigkeiten haben sie den Riemen wieder drauf gefädelt. Das ist bei dem Eimer nicht ganz einfach. Vielen Dank noch mal, Leute! Es gibt noch ein paar Autogramme und ein Werner-Buch.

Weiter geht's! Team angerufen, „seid ihr noch da? Wir hatten eine Panne, der Geist hat den Riemen verlassen! Tut mir leid, ich komme so schnell als möglich! Geht's noch?" „Ja, wir stehen uns die Beine in den Bauch und sind schon einen halben Meter kürzer." lautet die schroffe Antwort von Andi. „Ich hab' hier schon ein paar Läufe mit dem Porsche Killer absolviert, aber du Spacken sollst üben, was is' los mit dir?!" motzt es aus dem Sabbelknochen. 20 Minuten später sind wir endlich da. Kurz vor halb sieben rollen wir auf dem Testgelände ein. Es ist immer noch irre heiß. Rein in die Klamotten, rauf auf die Schüssel. Die Laune ist bei allen im Keller. Nach der zweiten Testfahrt rappeln die Riemen über, die Zündung ist durcheinander, die Kiste sprottelt und knallt – das war's! Ein Tag, den man gerne vergessen würde! Aber das ist nicht so einfach, dennoch ist er so bedeutend, dass er nu hier steht. Nur noch wenige Tage bis zum Rennen. Das Team kann wieder drei Tage in der Werkstatt verbringen.

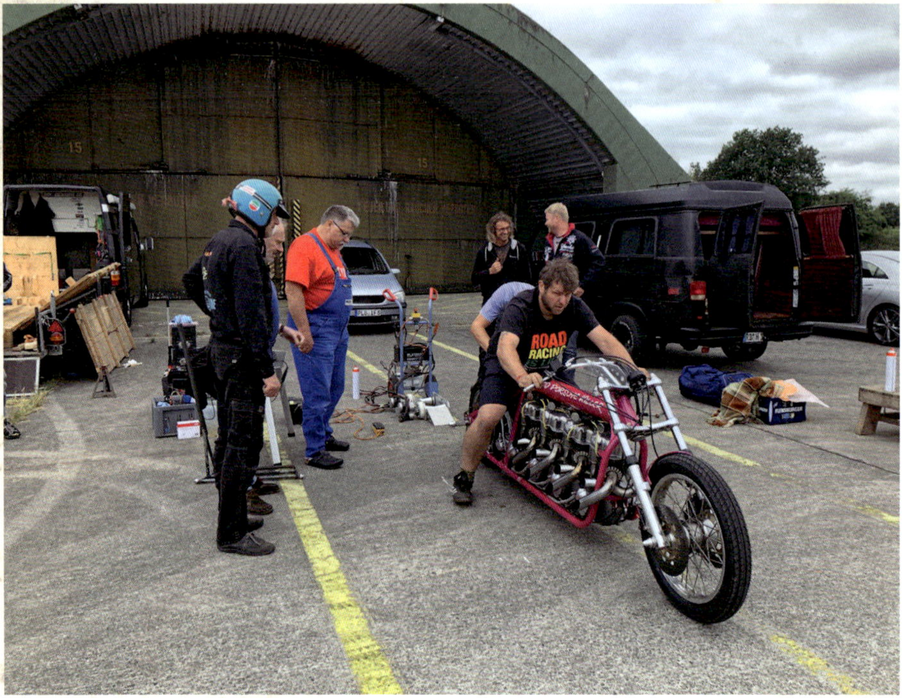

Links: *Andi, Ölfuß, Jürgen Jägervolk. Mitte: Kenny auf dem Porsche Killer, Heini versteckt sich. Hinten: Pierre und Ingmar.*

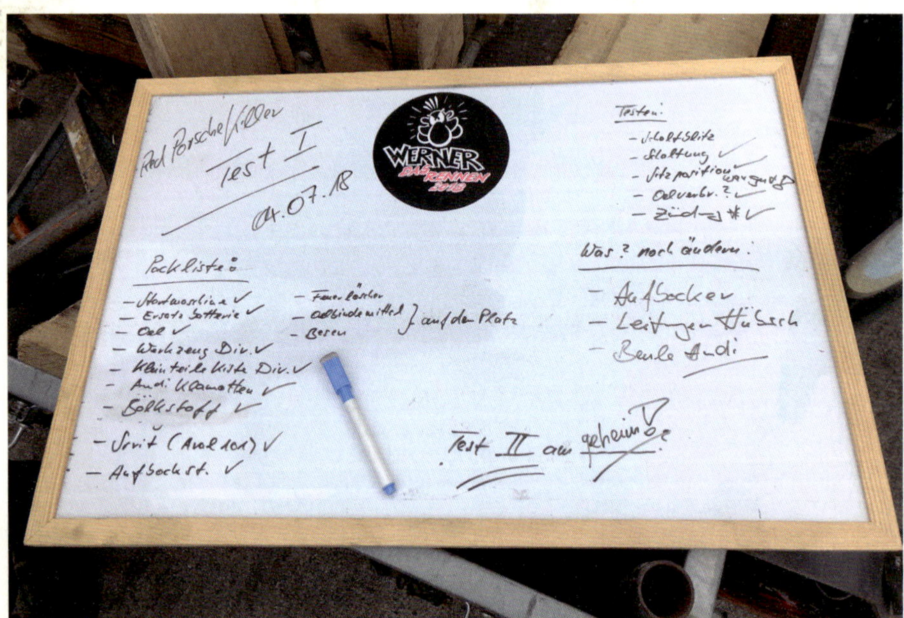

Kennys To-Do-Liste: Was is fertig, was muss noch?

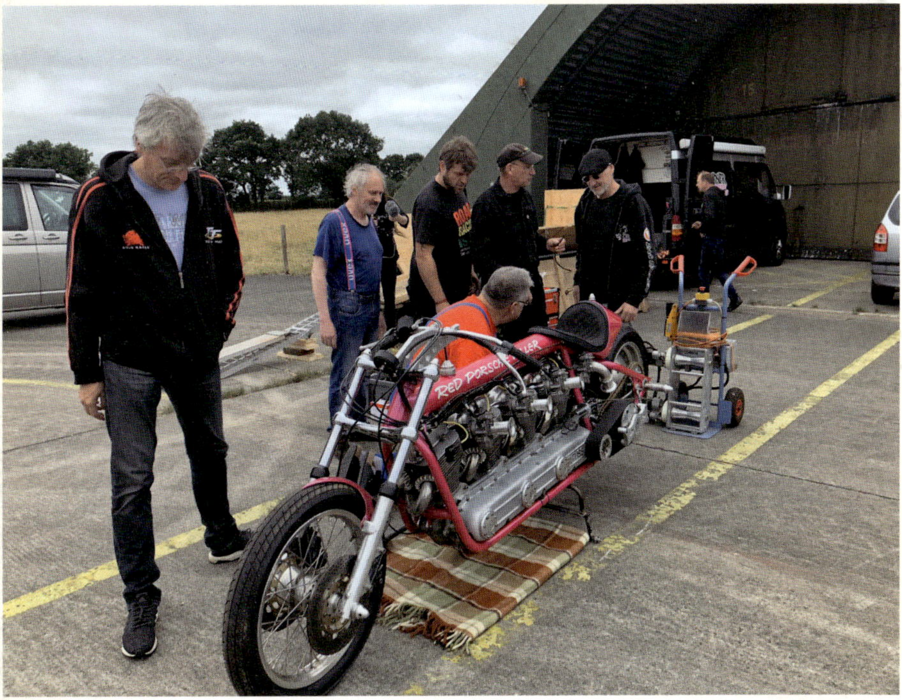

Von links nach rechts: Heini, Ölfuß, nicht sichtbar der Drohnen-Baron Kai, Kenny, Jürgen Jägervolk (knieend), Andi, Rötger, dritter Feldmann Bruder Jochen.

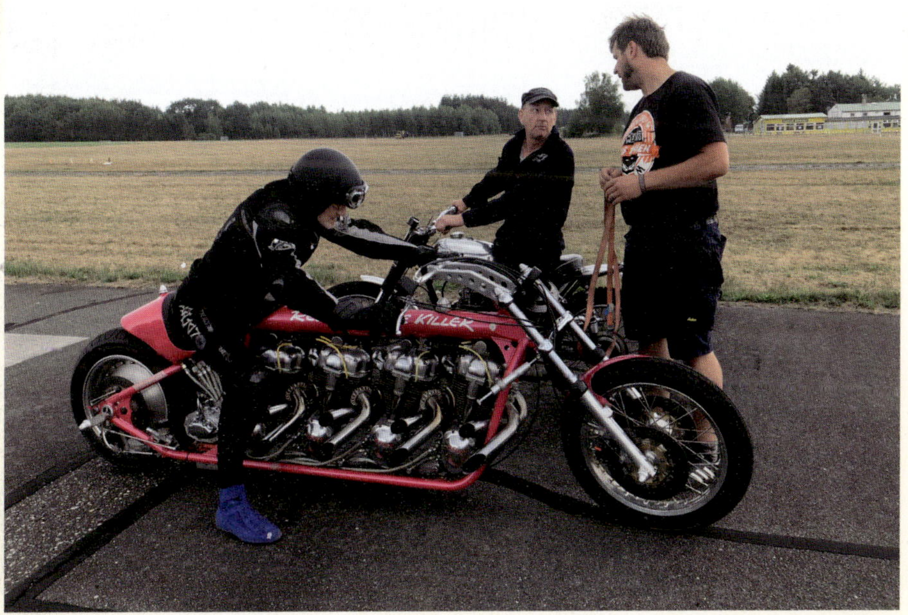

Letzte Testfahrten in Hartenholm.

TECHNISCHE NEUERUNGEN

am RED PORSCHE KILLER / 2018

1. Lenker und Lenkerhöller
2. Äußerer Lagerdeckel und Kupplung
3. Optimierte Ansaugtrichter
4. Viertes Ansaugrohr umgelenkt als Abstandshalter zur Kupplung und zur Erleichterung der Sitzposition

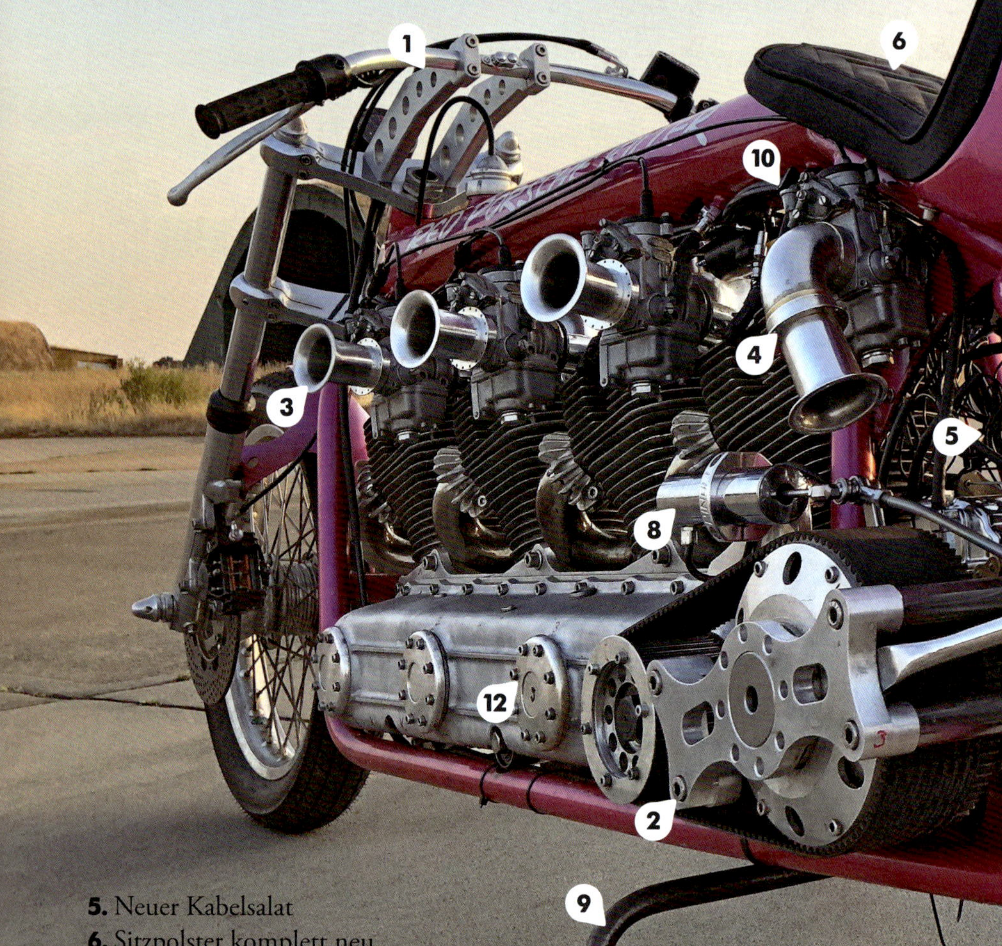

5. Neuer Kabelsalat
6. Sitzpolster komplett neu
7. Neue Kette und Ritzel, Übersetzung optimiert
8. Schaltoptimierung
9. Ständer für die Startmaschine erhöht

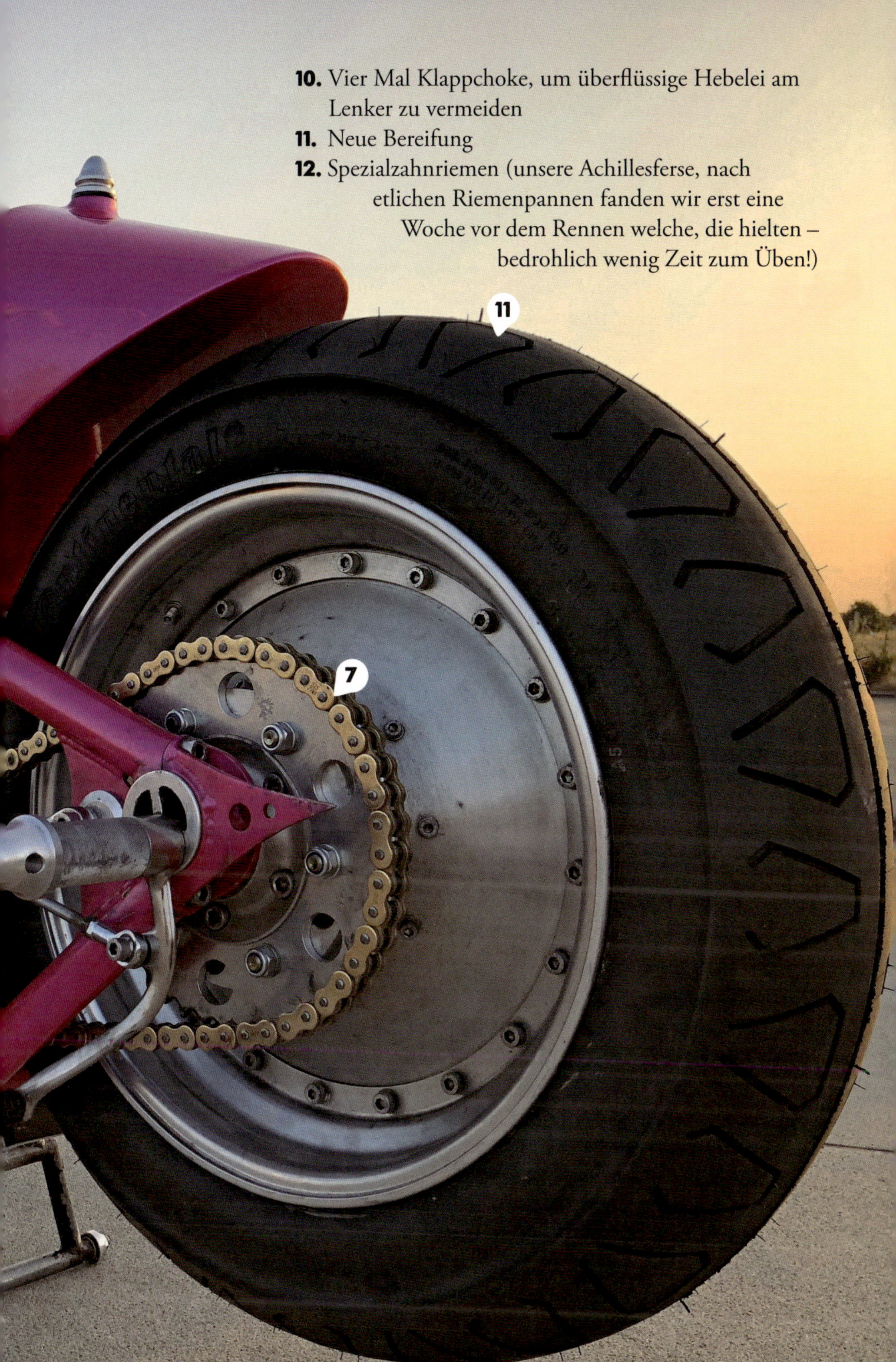

10. Vier Mal Klappchoke, um überflüssige Hebelei am Lenker zu vermeiden
11. Neue Bereifung
12. Spezialzahnriemen (unsere Achillesferse, nach etlichen Riemenpannen fanden wir erst eine Woche vor dem Rennen welche, die hielten – bedrohlich wenig Zeit zum Üben!)

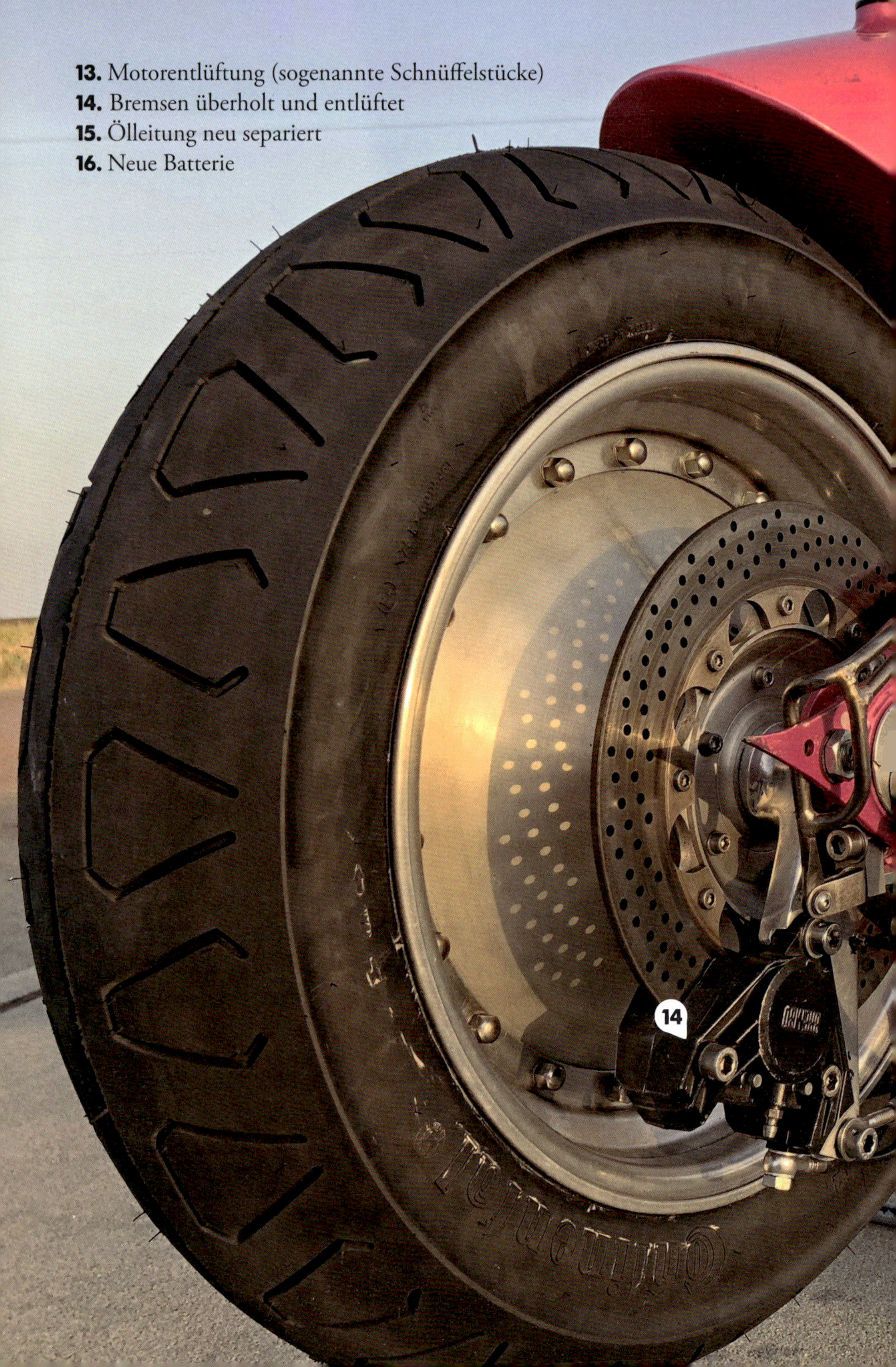

13. Motorentlüftung (sogenannte Schnüffelstücke)
14. Bremsen überholt und entlüftet
15. Ölleitung neu separiert
16. Neue Batterie

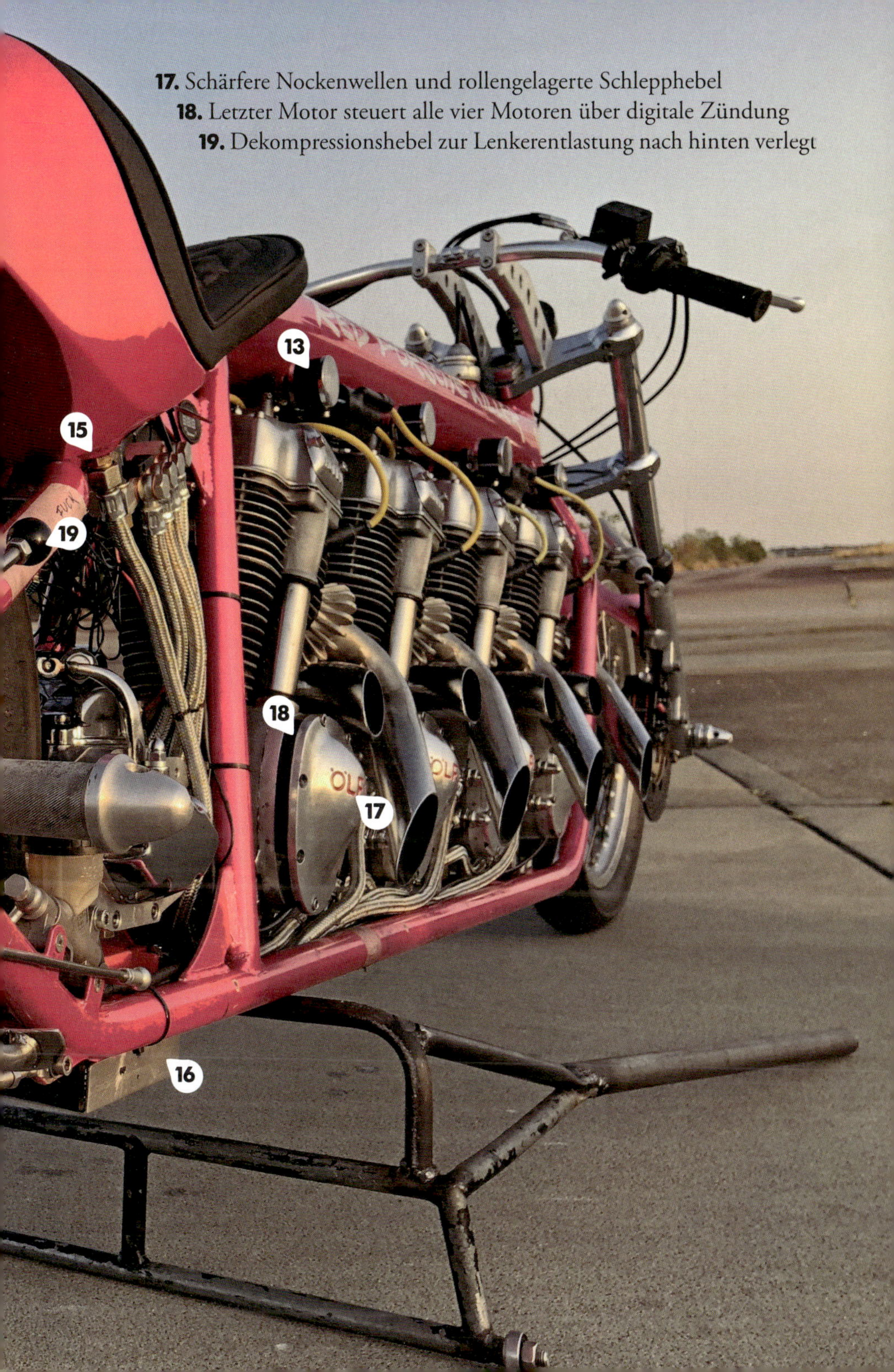

17. Schärfere Nockenwellen und rollengelagerte Schlepphebel

18. Letzter Motor steuert alle vier Motoren über digitale Zündung

19. Dekompressionshebel zur Lenkerentlastung nach hinten verlegt

WON'T FORGET THESE DAYS...

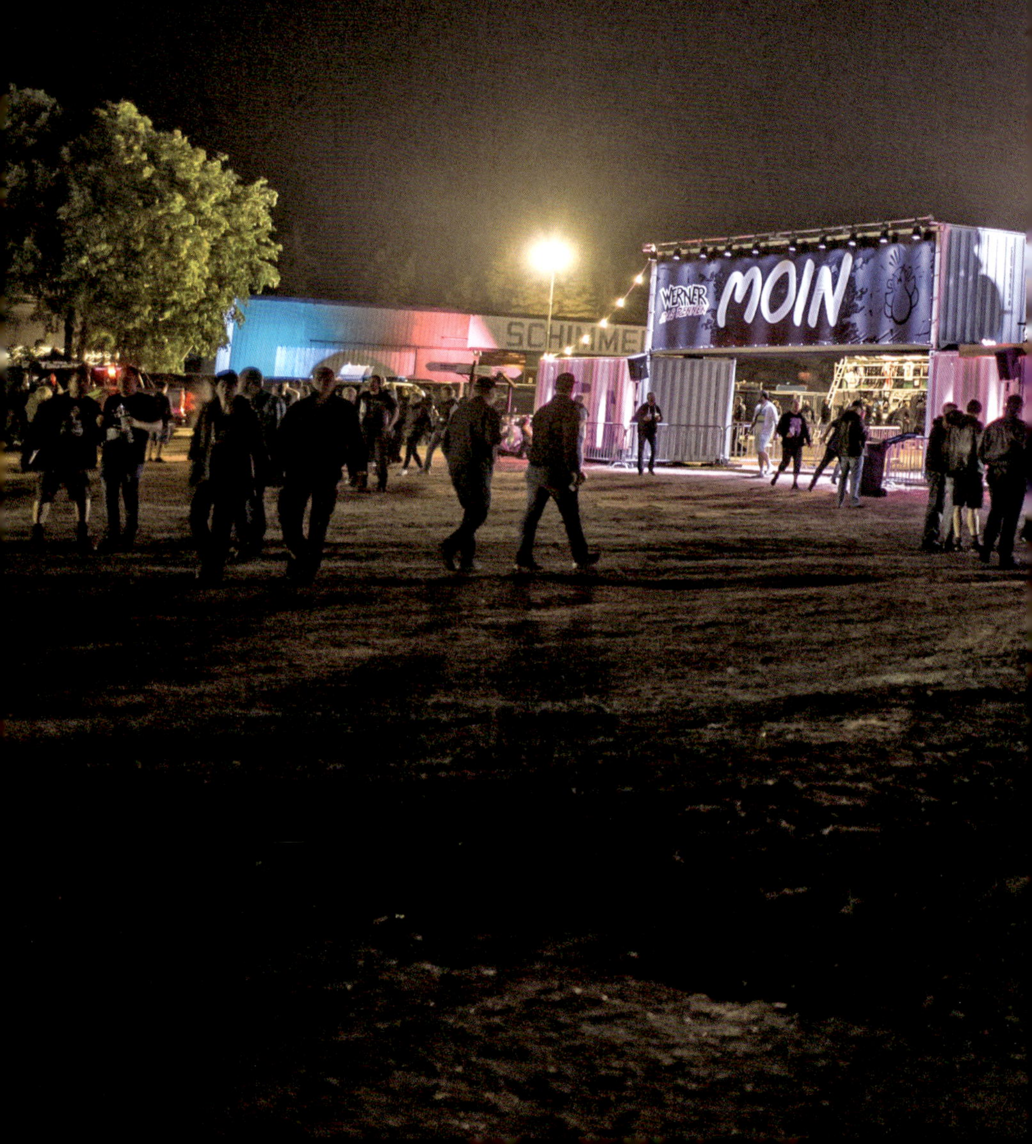

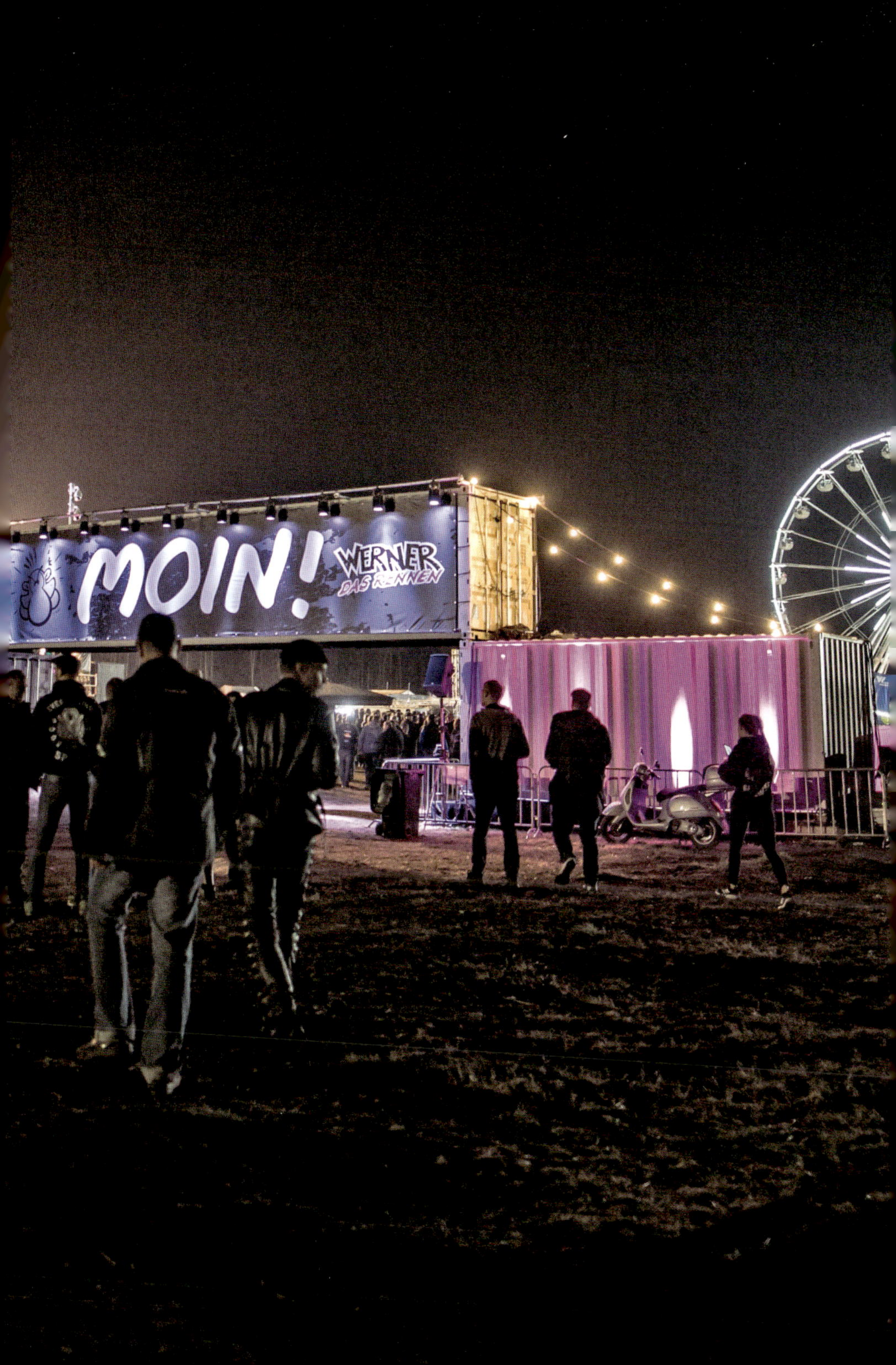
MOIN!
WERNER
DAS RENNEN

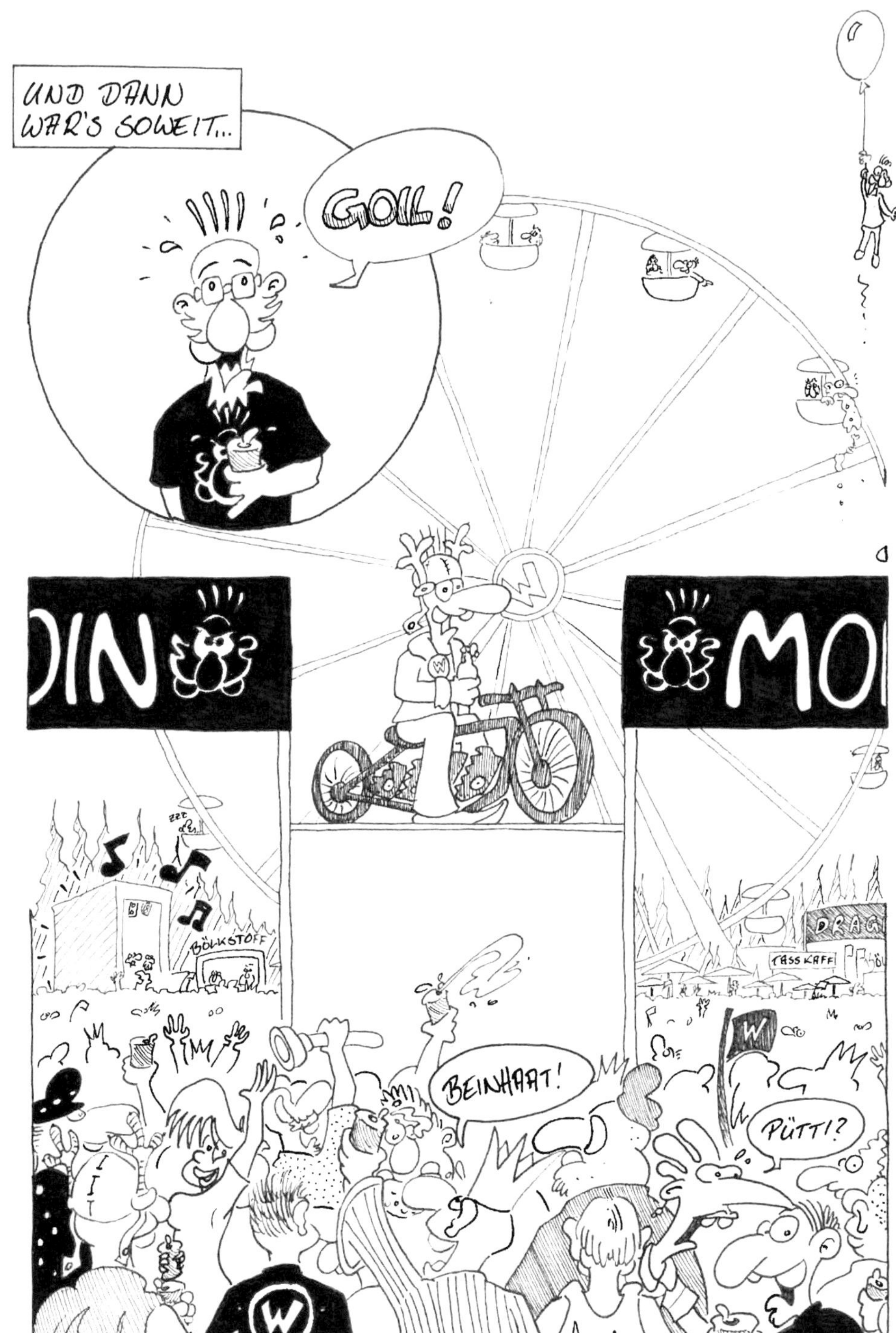
UND DANN
WAR'S SOWEIT...
GOIL!
DIN
MO
BÖLKSTOFF
TASS KAFF
BEINHART!
PÜTTI?

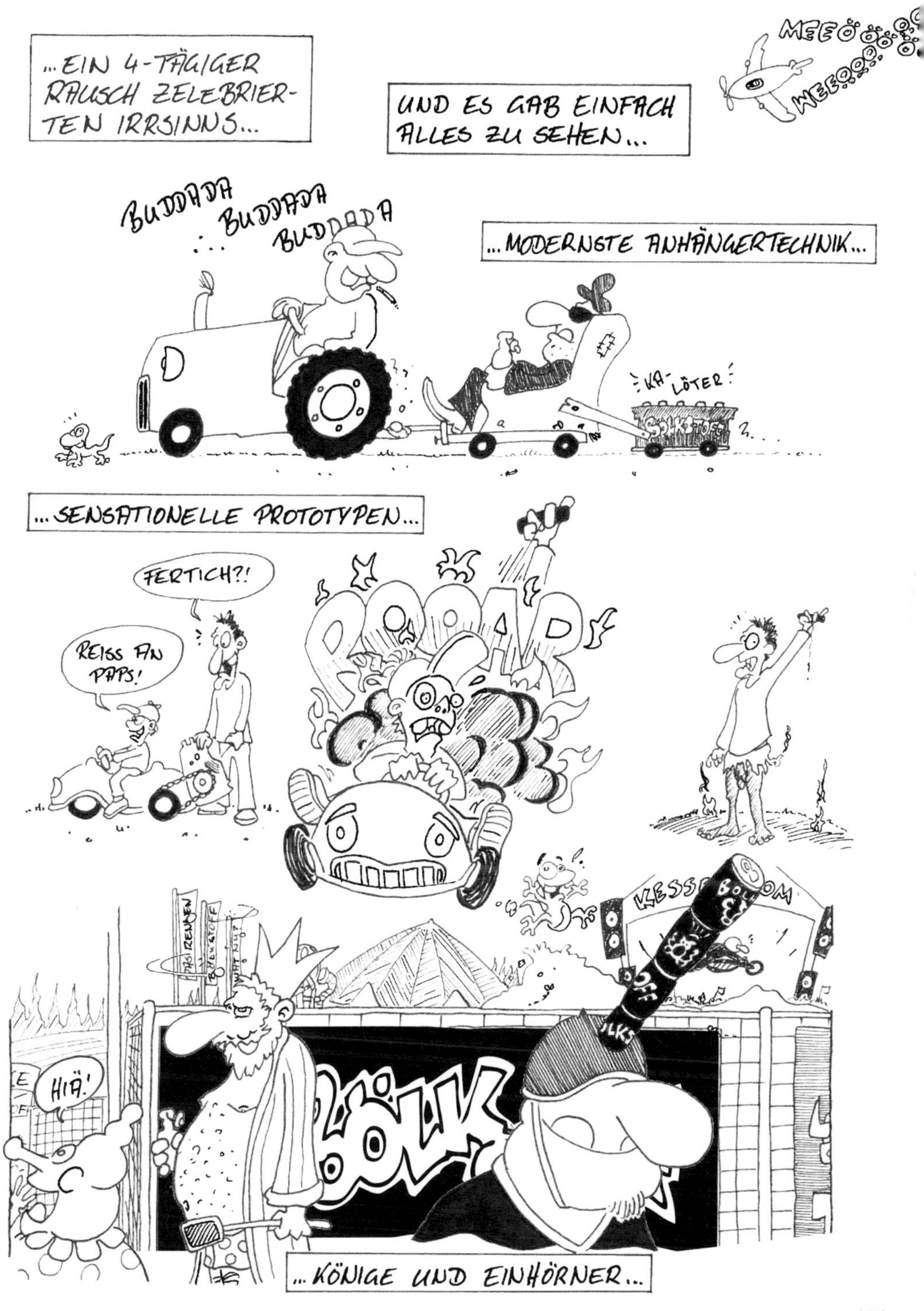

...EIN 4-TÄGIGER RAUSCH ZELEBRIERTEN IRRSINNS...

UND ES GAB EINFACH ALLES ZU SEHEN...

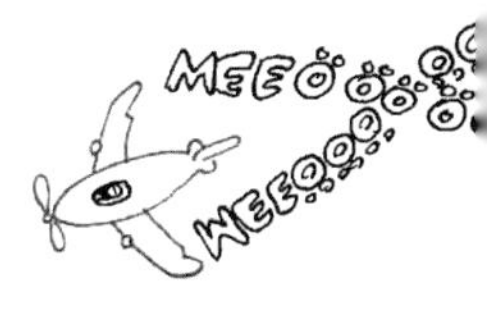

BUDDADA ... BUDDADA BUDDADA

...MODERNSTE ANHÄNGERTECHNIK...

KA-LÖTER

...SENSATIONELLE PROTOTYPEN...

FERTICH?!

REISS AN PAPS!

HIÄ!

...KÖNIGE UND EINHÖRNER...

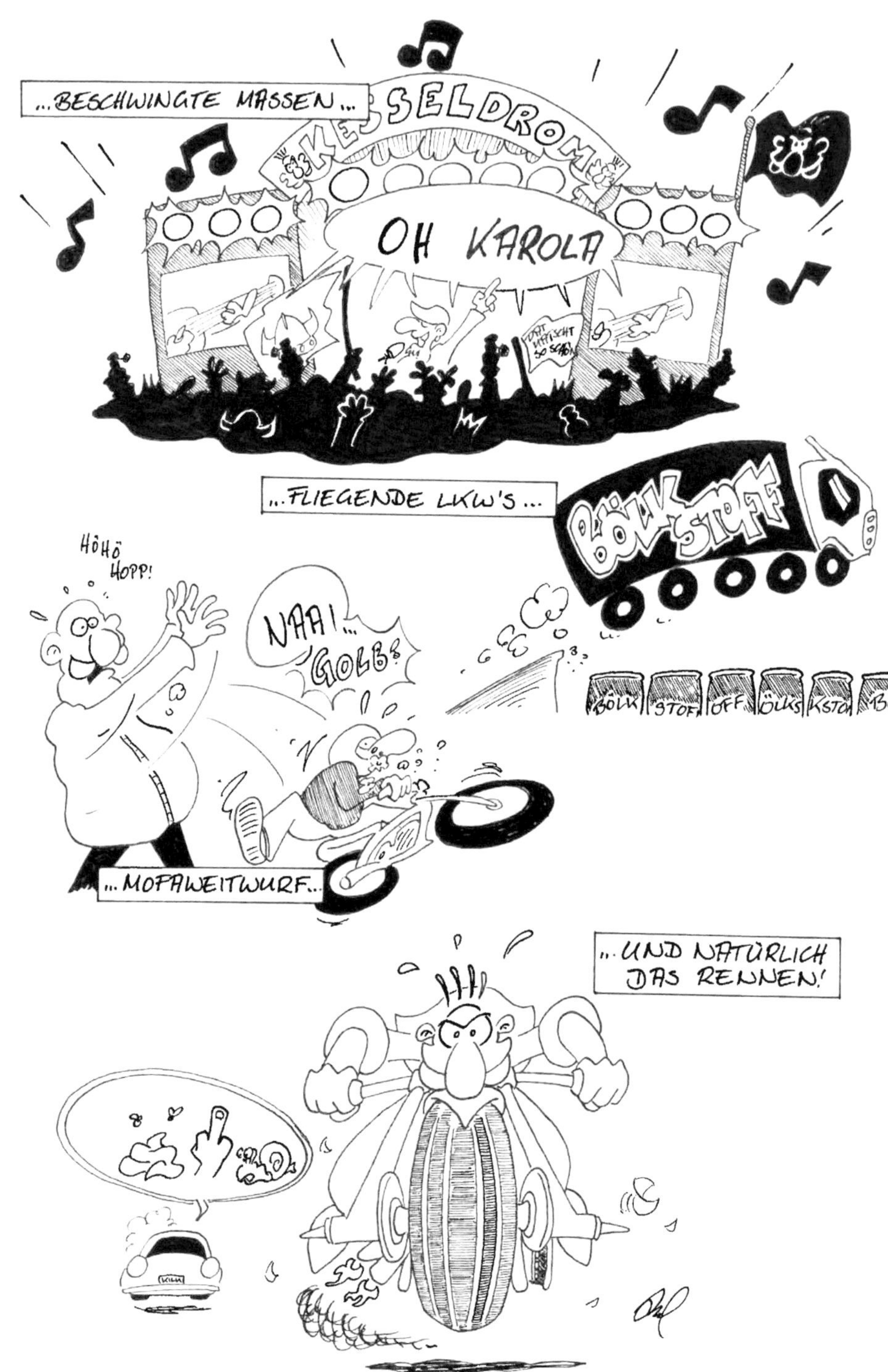
...BESCHWINGTE MASSEN...
KESSELDROM
OH KAROLA
...FLIEGENDE LKW'S...
BÖLK STOFF
HÖHÖ
HOPP!
NAA!...
GOLB!
...MOFAWEITWURF...
...UND NATÜRLICH
DAS RENNEN!

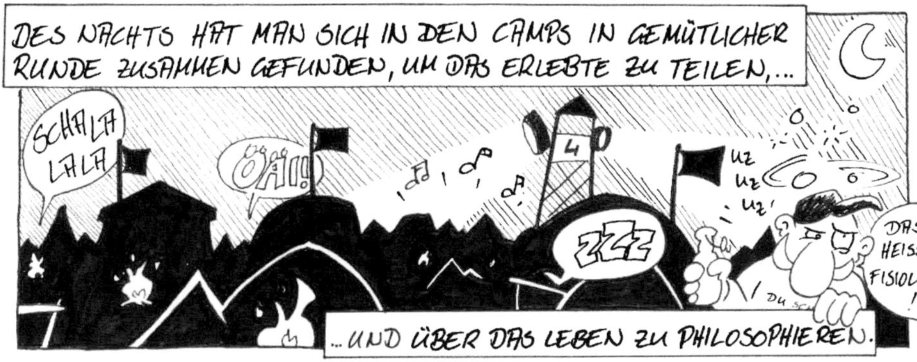

DES NACHTS HAT MAN SICH IN DEN CAMPS IN GEMÜTLICHER RUNDE ZUSAMMEN GEFUNDEN, UM DAS ERLEBTE ZU TEILEN, ...

SCHALALA LALA

ÖÄI!

ZZZ

UZ UZ UZ

DAS HEISS' FISIOLOFIERN!

... UND ÜBER DAS LEBEN ZU PHILOSOPHIEREN.

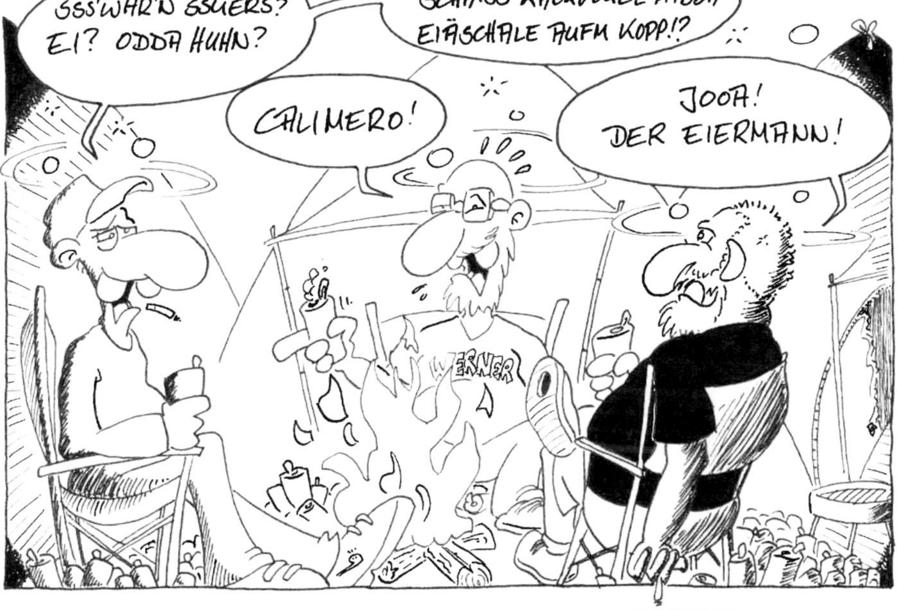

DAS RENNEN 2018 LÄSST SICH EIGENTLICH GANZ KURZ ZUSAMMENFASSEN ...

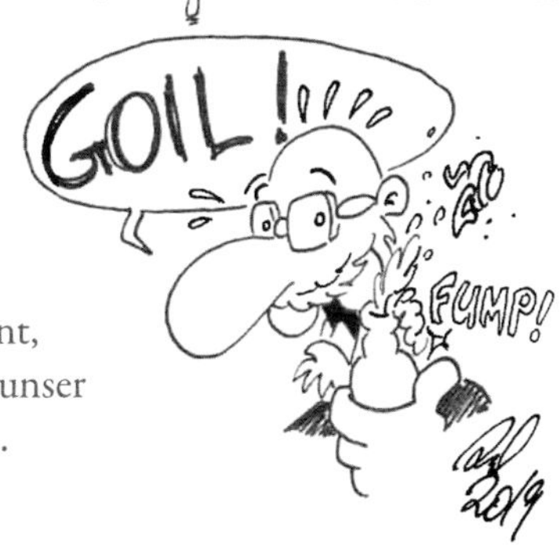

GOIL!!!!!

FUMP!

Vielen Dank, Axel!
Liebe Fans, wenn ihr auch einen Werner-Comic plant, fragt bitte vorher und veröffentlicht ihn nicht ohne unser Einverständnis – auch nicht in den sozialen Medien.
Petra und Rötger

DIE SPIELE KÖNNEN BEGINNEN!

Tim Eckhorst / 2020

Am ersten Veranstaltungstag, Donnerstag 30. August 2018, tröpfelt es noch ein wenig, aber die Sau geht trotzdem schon durch den Knick. Wo man auch hinschaut ist Action und die geschmiedeten Pläne scheinen zu funktionieren. Es ist eine wahre Freude das Treiben zu beobachten. Die Crew hinter den Kulissen ist ein unschlagbares Team. Vor Ort ist alles völlig Rock n' Roll, Improvisieren ist erlaubt, gewünscht und immer mal wieder nötig – aber alles klappt. Jeder ist für jeden da. Das Wort Schlaf wird zum Fremdwort und ob die Sonne in den Monaten vor dem Rennen geschienen hat, weiß auch keiner mehr so genau. Fest steht aber: An den Event-Tagen werden wir ab Freitag von hochsommerlichem Wetter beglückt und von den Bühnen schallt ein Soundtrack, der besser nicht passen könnten: Fury In The Slaughterhouse spielen „Won't forget these Days" und Niedeckens BAP geben „Verdamp lang her" zum Besten. Die Hymnen des Events stehen fest, gestandene Männer und Frauen haben Freudentränen in den Augen (dass Torfrock mit „Beinhart" auch völlig abräumen, muss wohl kaum erwähnt werden).

Am Sonntag kurz vor 16 Uhr, kehrt eine fast gespenstische Ruhe auf dem Platz ein. Das Rennen zwischen Holgi und Rötger steht bevor. Nirgendwo läuft noch Programm und die Massen pilgern

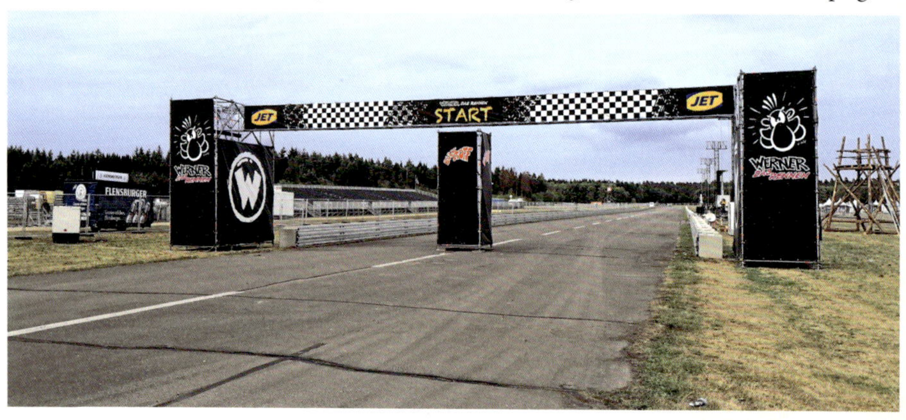

Erster Tach.

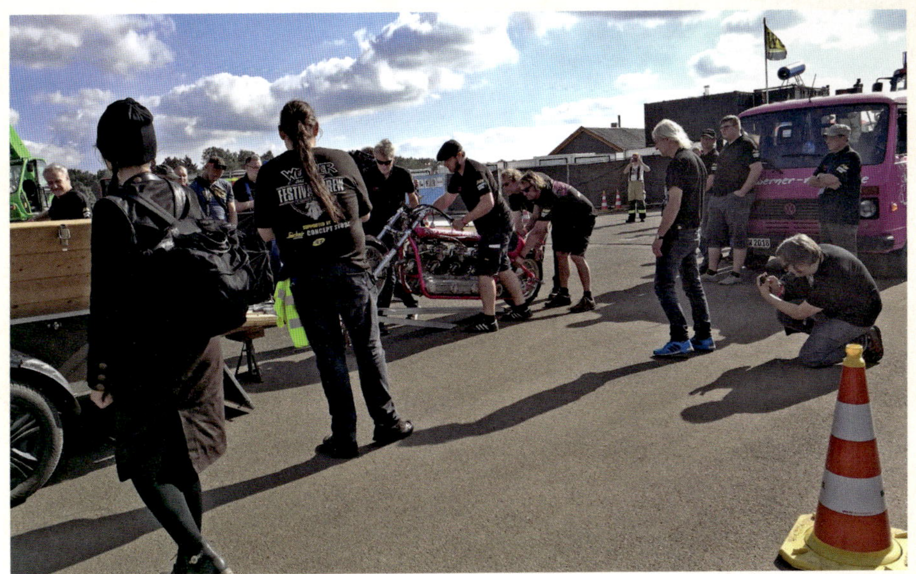

Es wird ernst: Der Porsche Killer wird an den Start gebracht.

zur Landebahn. Hinter den Kulissen herrscht eine Mischung aus Spannung, Euphorie und Anspannung. Man mag es kaum glauben, dass tatsächlich der Moment gekommen ist, auf den wir seit rund zwei Jahren hinarbeiten. Die wenigen und doch so wichtigen Sekunden. Egal wer gewinnt, den Zuschauern muss jetzt was geboten werden! Die Fahrzeuge treffen am Start ein. Holgi läuft in gewohnt lockerer Art umher und wartet geduldig darauf, dass das Team Red Porsche Killer startklar ist. Als das Geschoss anspringt, ertönt ein riesiger Jubel rund um die Strecke und man glaubt in diesem Moment würde die gesamte Welt auf diesen Flecken Erde blicken (tut sie natürlich nicht, kann sie aber, da das Geschehen vom NDR live übertragen wird). Rötger nimmt auf dem Porsche Killer Platz, Holgi steigt in den Porsche ein. Ermutigend wird noch mal auf diverse Schultern geklopft und dann springt die Ampel auf grün! BAM! Bevor wir vom Start aus am Ende der Strecke etwas sehen können, hören wir es schon über die Lautsprecher: Brösel hat gewonnen! Wir können es kaum fassen und am Start fällt man sich kollektiv in die Arme. Die Überraschung ist gelungen und die beiden Fahrer haben die perfekte Show abgeliefert. Rötgers Sieg ist so knapp, dass völlig klar ist, dass hier nicht getrickst und nichts inszeniert worden ist. Nach 10,08 Sekunden ist er im Ziel. Holgi nach 10,3. Im Ziel erwarten Rötger die überglückliche Ehefrau Petra und der völlig selige Ölfuß. Holgi gratuliert seinem Konkurrenten und gibt zu Protokoll, dass die Maschineneinstellungen wohl nicht so richtig gepasst hätten. Rötger entgegnet: „Der Start war gut, aber Holgi hat zum Schluss aufgeholt. Aber ich bin auch nur mit Halbgas gefahr'n."

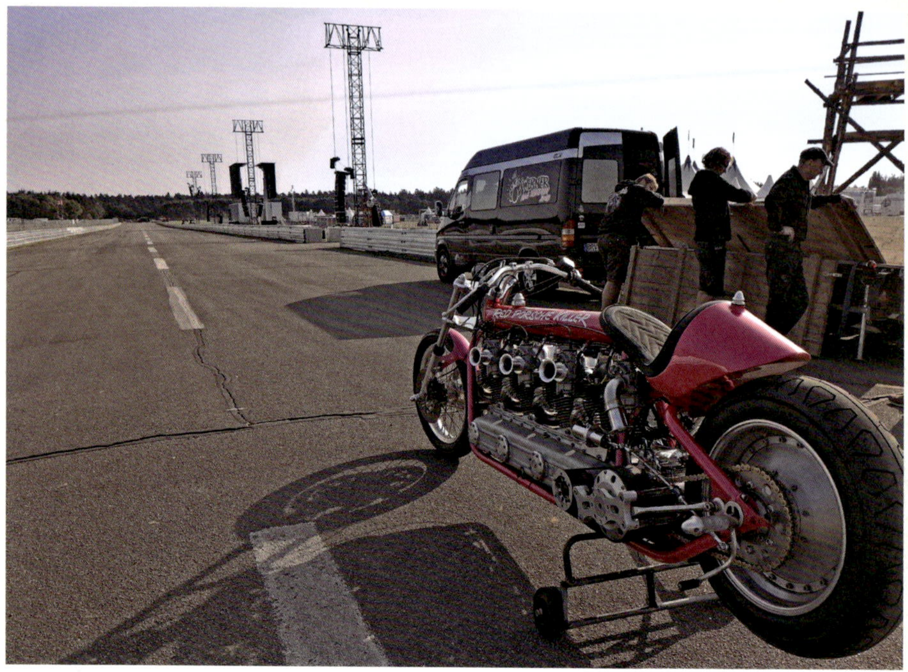

Die Menge johlt.

Genau wie 1988 geht es für die beiden Rennen-Helden nun auf den Schmähturm. Dort erwartet sie 'ne Ladung Schiet und Dreck, aber auch die glücklichen Gesichter der Fans und ein riesiger Applaus. Im Anschluss ans Rennen geht dann noch ein Flens-Truck über eine Rampe, Roger Chapman schmettert „Shadow On The Wall" und überall wird kräftig gefeiert.

2018 schließt sich in vielerlei Hinsicht ein Kreis. Cliff Barnes And The Fear Of Winning holen nach 30 Jahren ihren Auftritt nach. Sie sind damals nicht zur Bühne durchgekommen. Alle aus dem Werner-Kosmos sind am Start: Rötger, Holgi, Torfrock, Hannes Wendt von der Kius Band (leider muss Kulle von oben zuschauen †), Andi, Ölfuß und natürlich die Originalfahrzeuge, die exakt 30 Jahre später an gleicher Stelle wieder gegeneinander fahren. Was für ein großes Glück das erlebt haben zu dürfen!

1on1-motorsports.de

Werner das Rennen 2018

Revanche!

WERNER		HOLGI
.302	R/T	.457
2.373	60'	2.319
6.430	330'	2.370
9.452	1/8 Trap	9.638
10.080	1/8 ET	10.300
115.32	km/h	109.40
Winner		.375

2. Sep 2018 16:44:54

Timeslips Online: http://1on1-motorsports.de/slip

Gewonnen! Kein Zweifel.

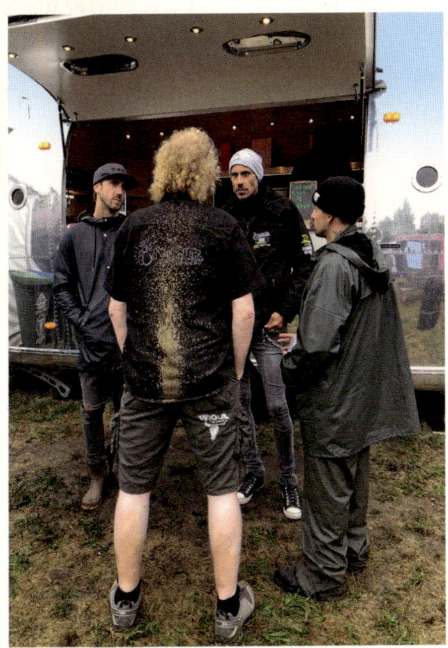

Holger Hübner nach einer Woche Werner Rennen. Der Mann hat gearbeitet.

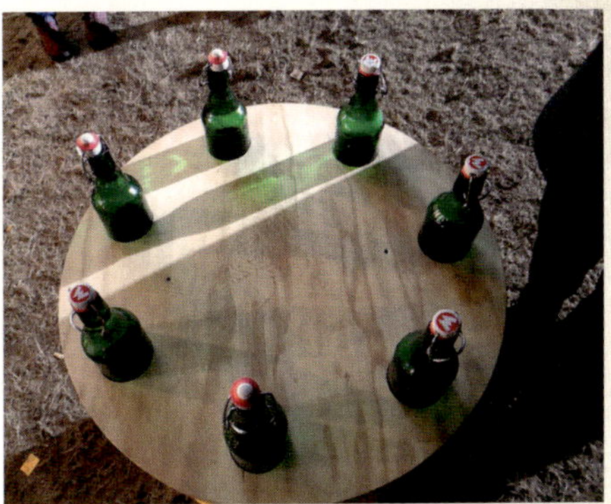

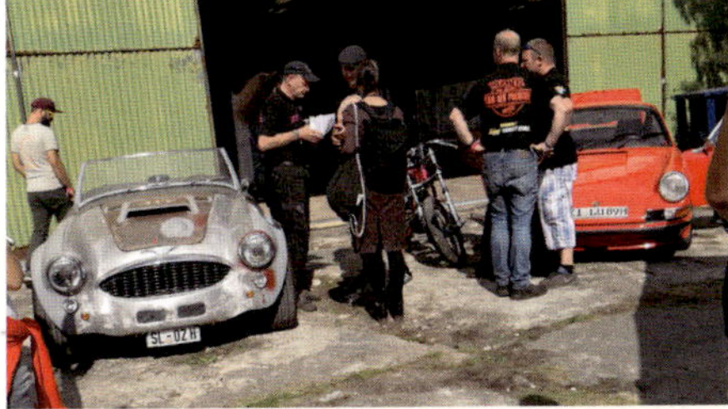

Buntes Treiben, schöne Gefährte. Andis Healey ist nach dem Schweinebauernunfall frisch instand gesetzt.

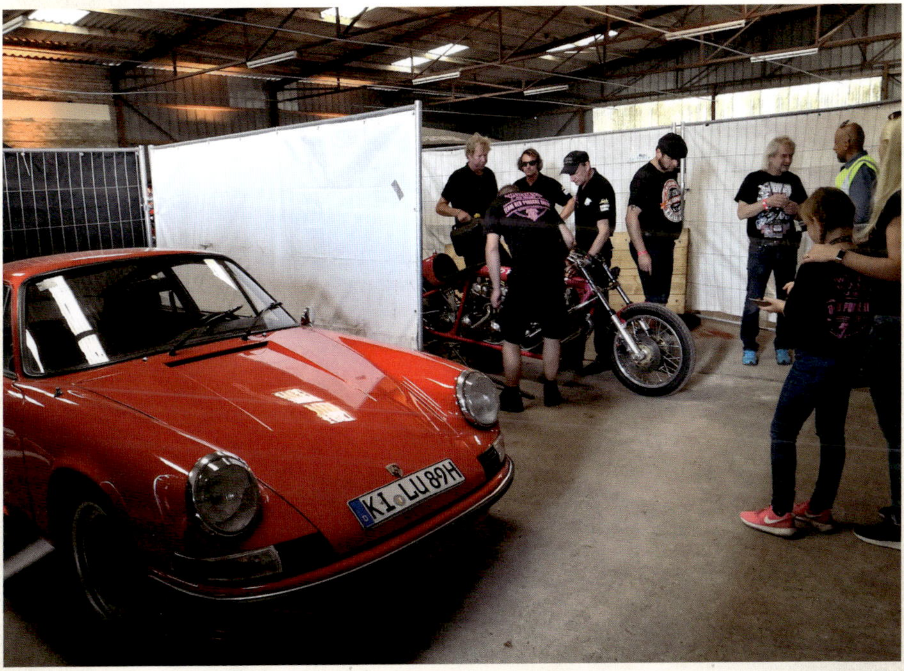

Die Pferde warten in ihren Boxen.

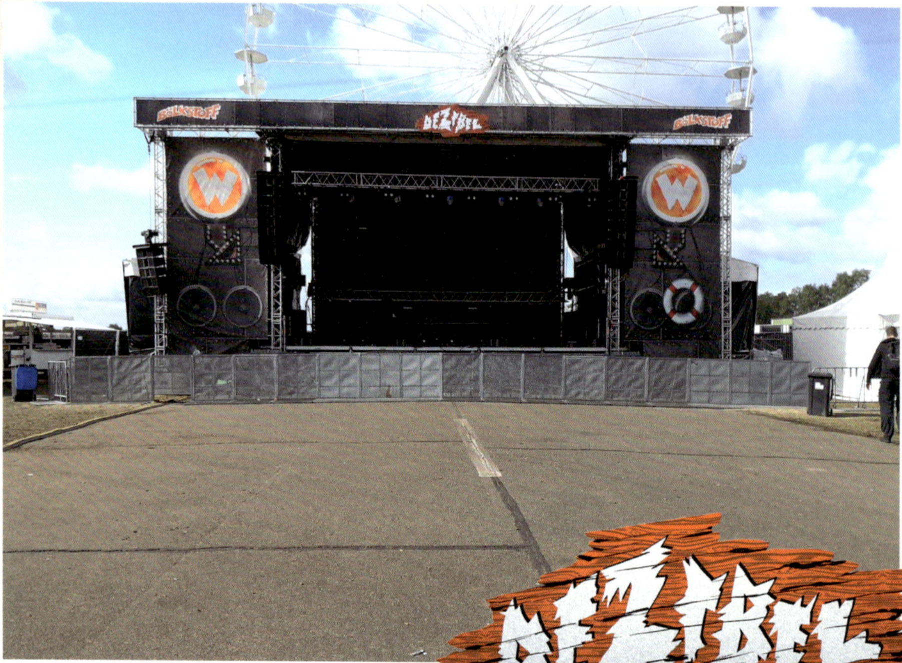

Könnte heute Abend etwas lauter werden.

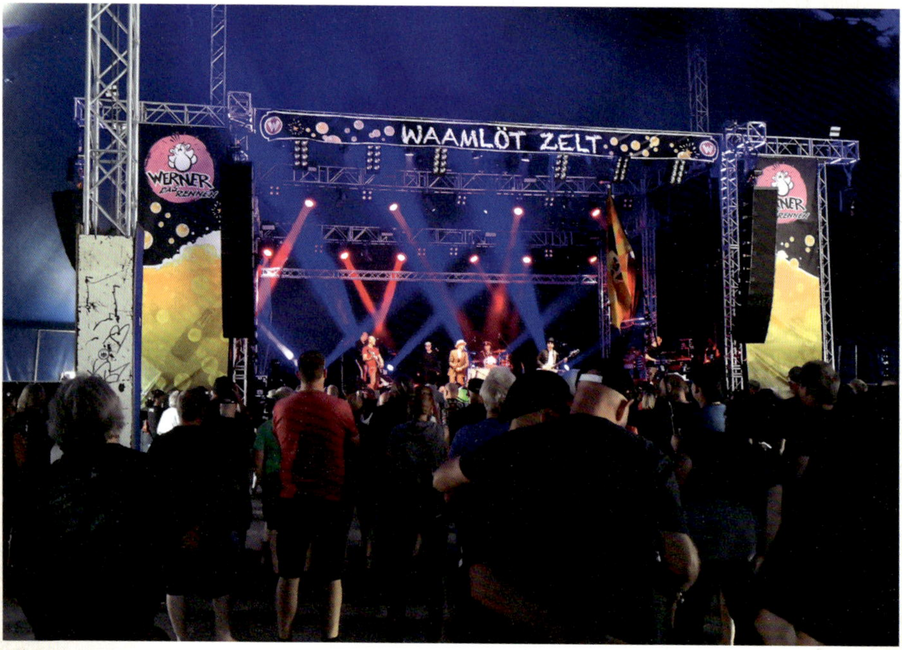

Hannes Wendt Band – The Voice of Fuckin' Kius im Waamlöt Zelt.

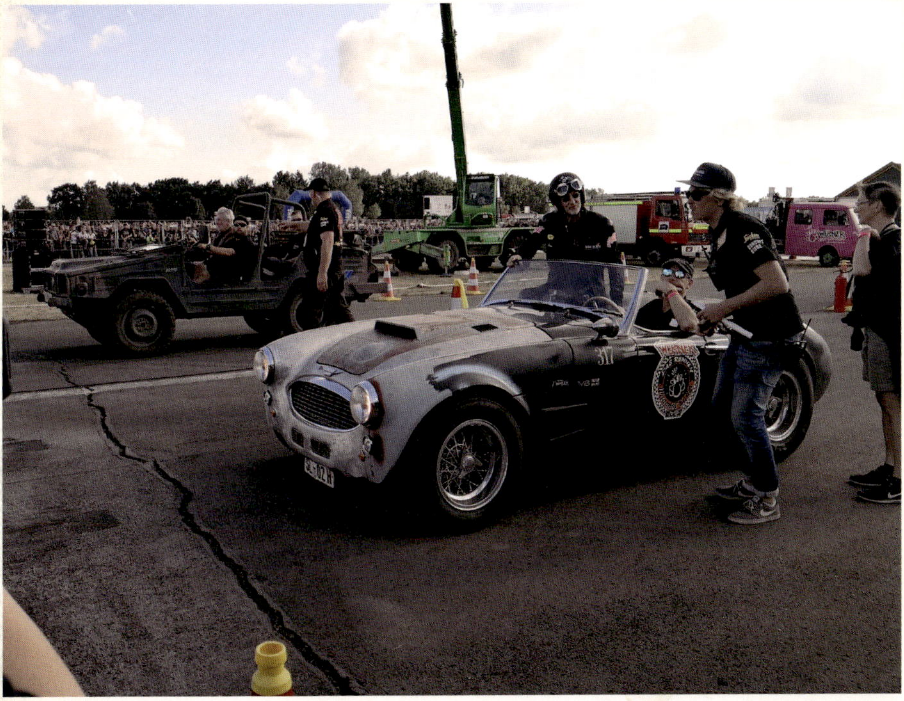

Jetzt gibt's kein Zurück mehr: Holgi und Rötger (hier mit Andi im Austin Healey) werden zum Start gefahren. Projektleiter Bastian Ohrtmann blickt nach vorne (was bleibt ihm Anderes übrig?) und Netzstrategin Maike Brzakala (rechts im Bild) hat den Rest im Auge.

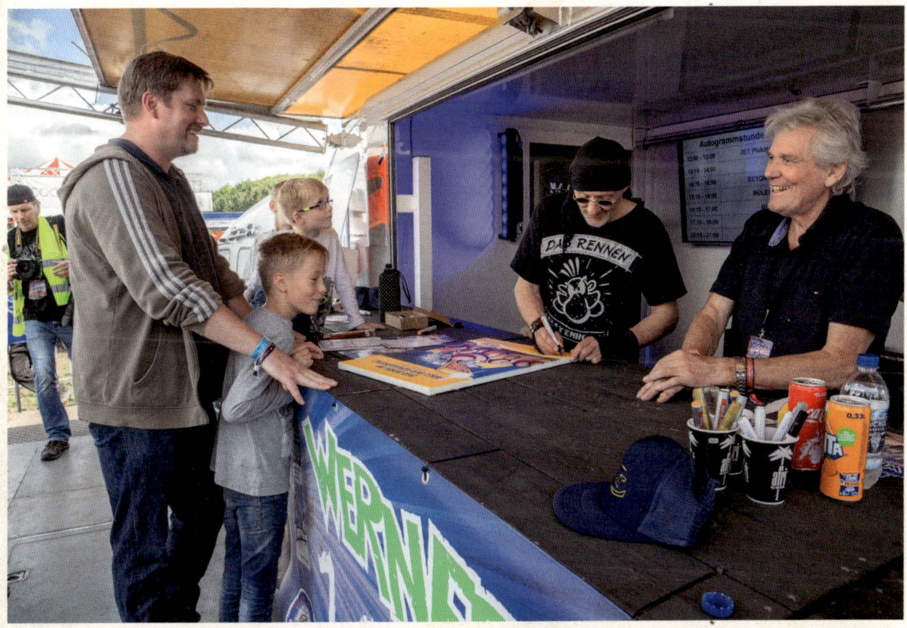

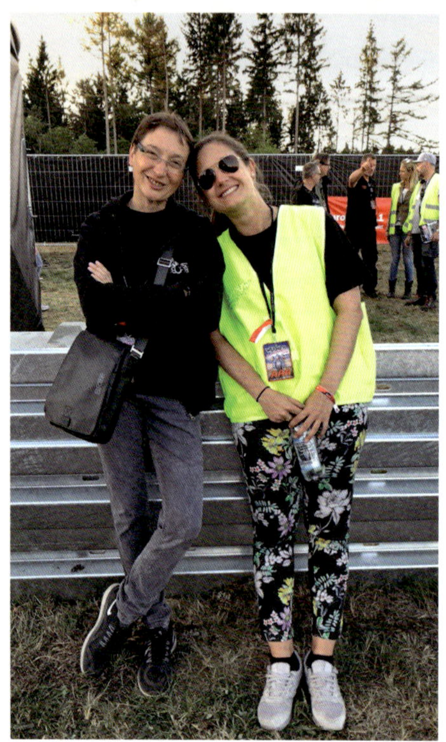

Netzstrategin Maike und Pressefee Jenny.

Brösel mit Detlef Steves beim 24-Stunden-Rennen.

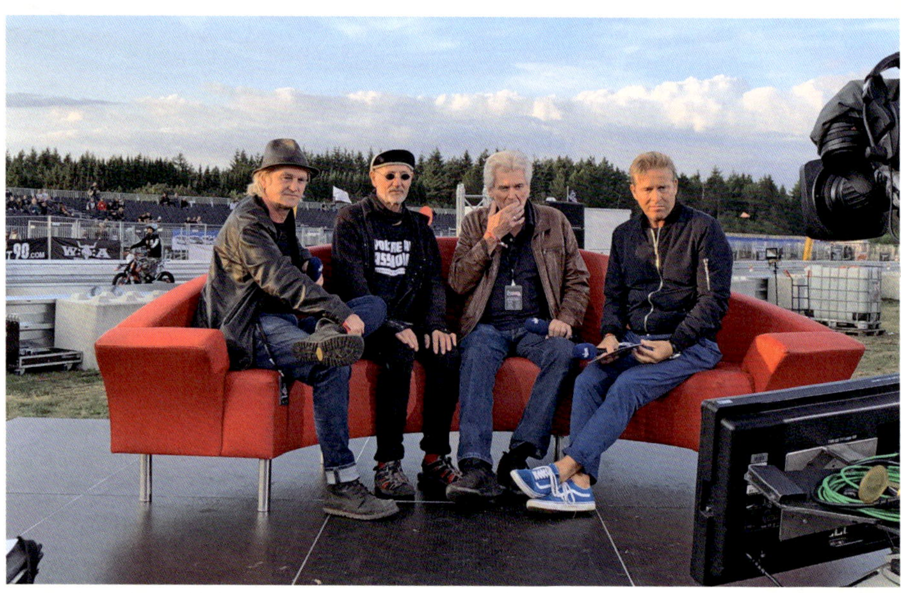

Detlev Buck, Brösel, Holgi und NDR-Moderator Hinnerk Baumgarten auf'm Roten Sofa am Rennen-Sonntag in Hartenholm. Das Rote Sofa freut sich auf das schöne Wetter.

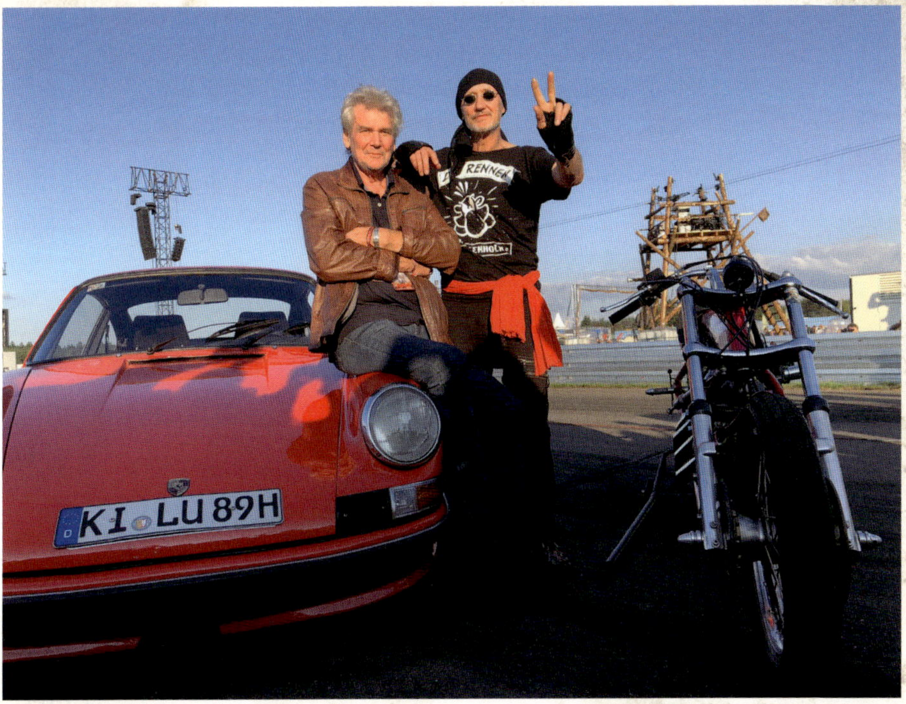

Im Hintergrund krönt Fynn Kliemanns Schmähturm die Horex. Böses Omen?

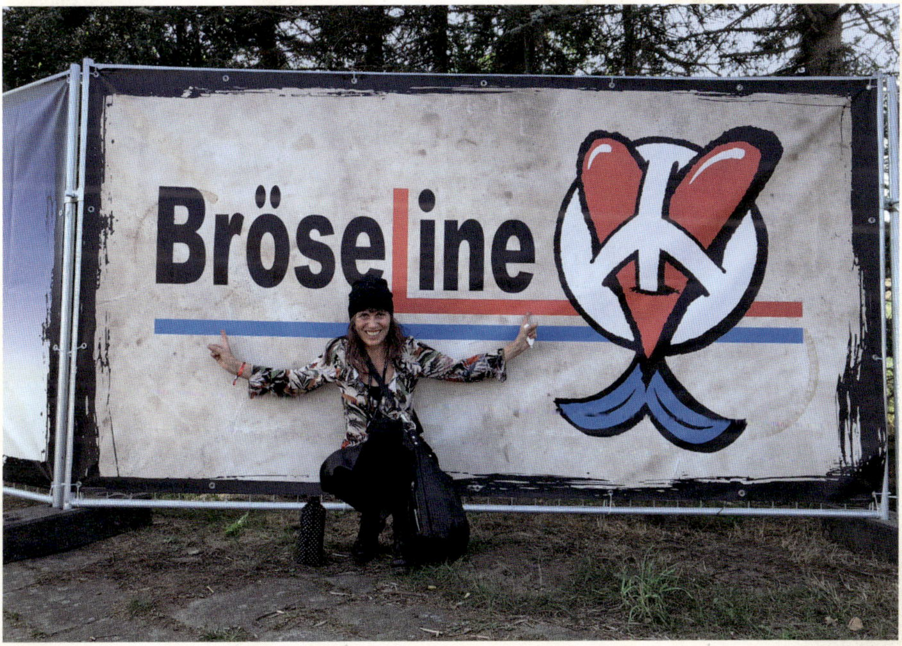

Die Verlegerin hat ihren Banner wiedergefunden.

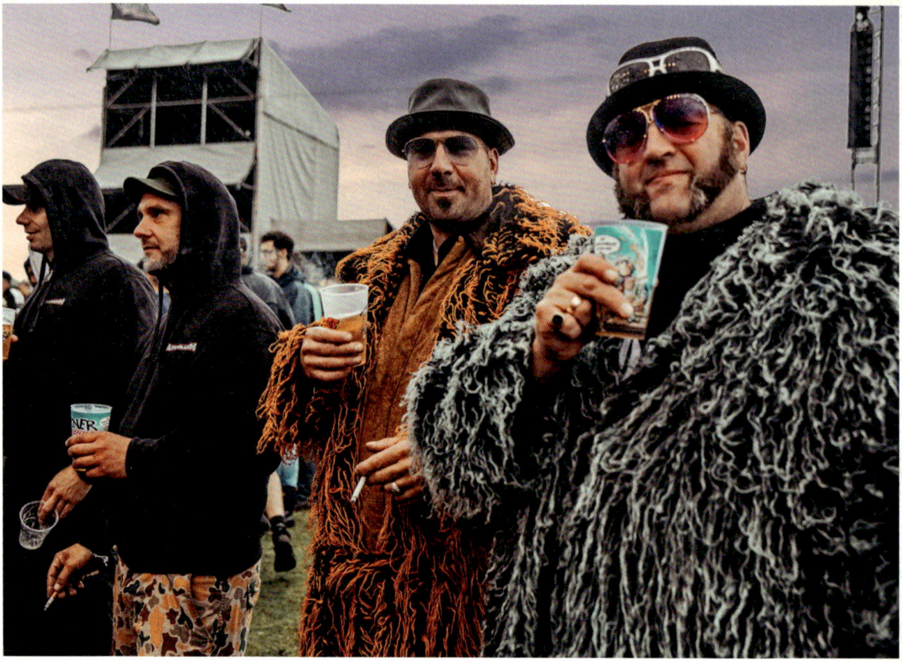

Wo bekommt man eigentlich solche Mäntel?

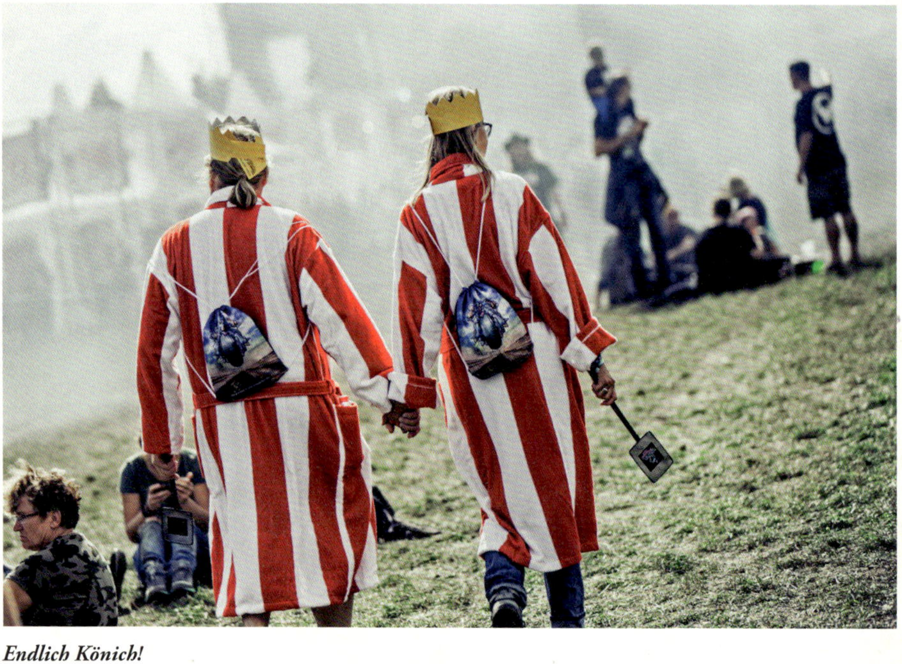

Endlich Könich!

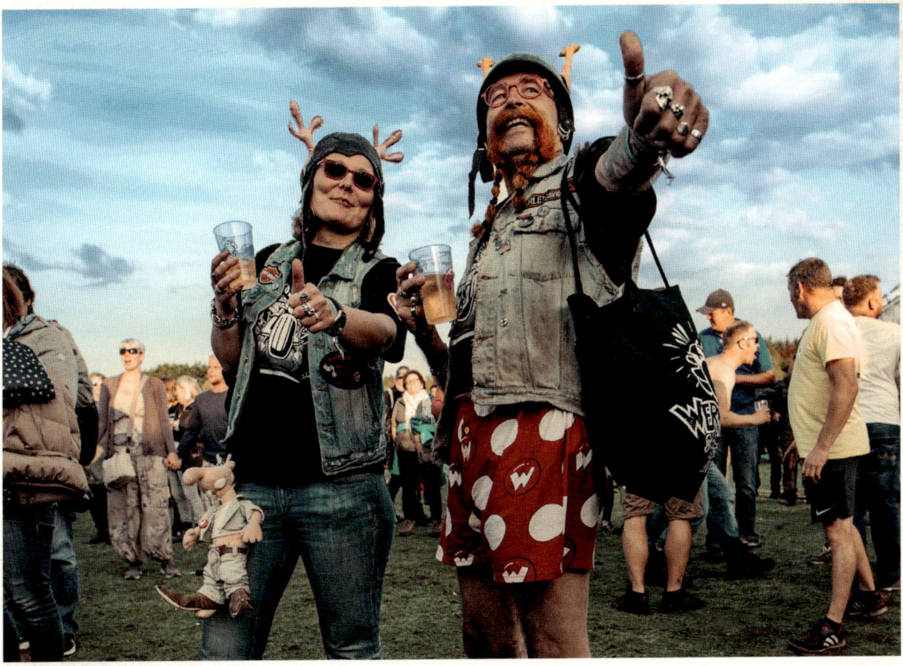

Gutemine und Wernerix.

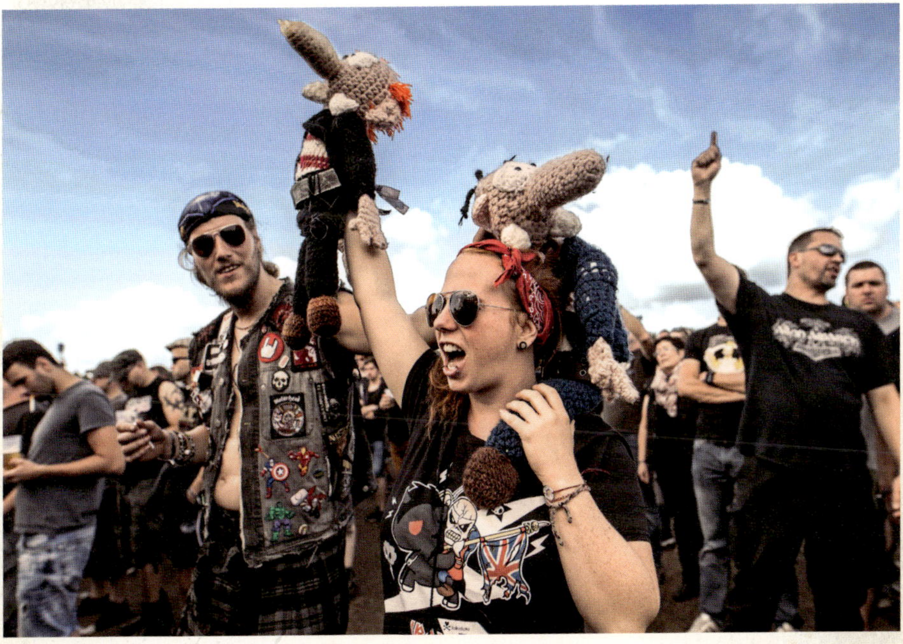

Echte Fans scheuen keine Mühen.

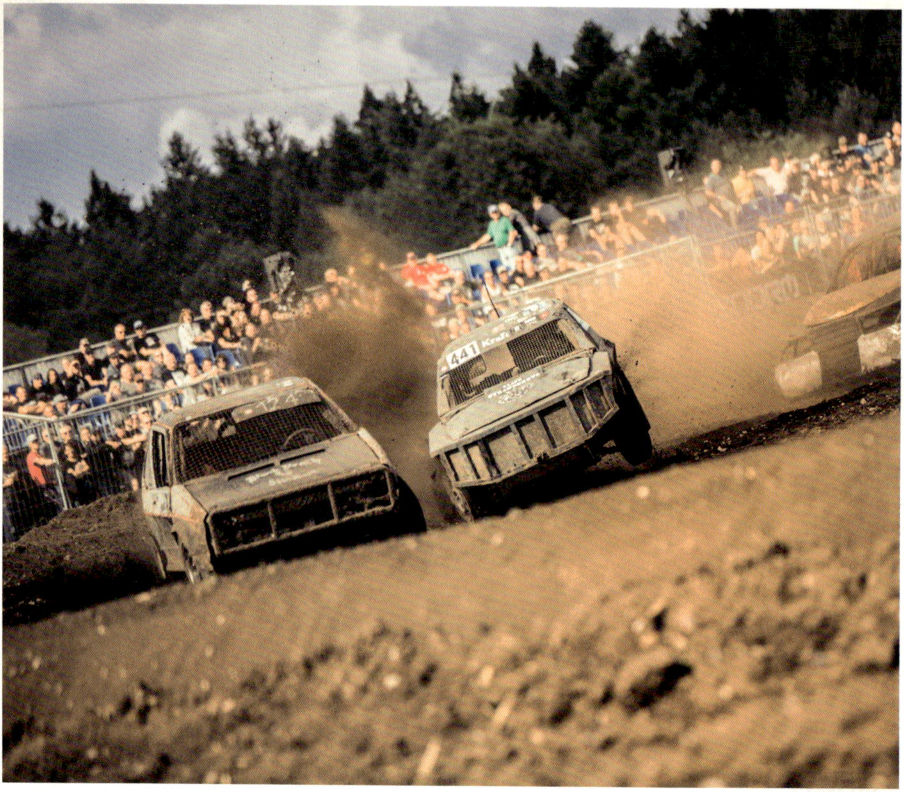

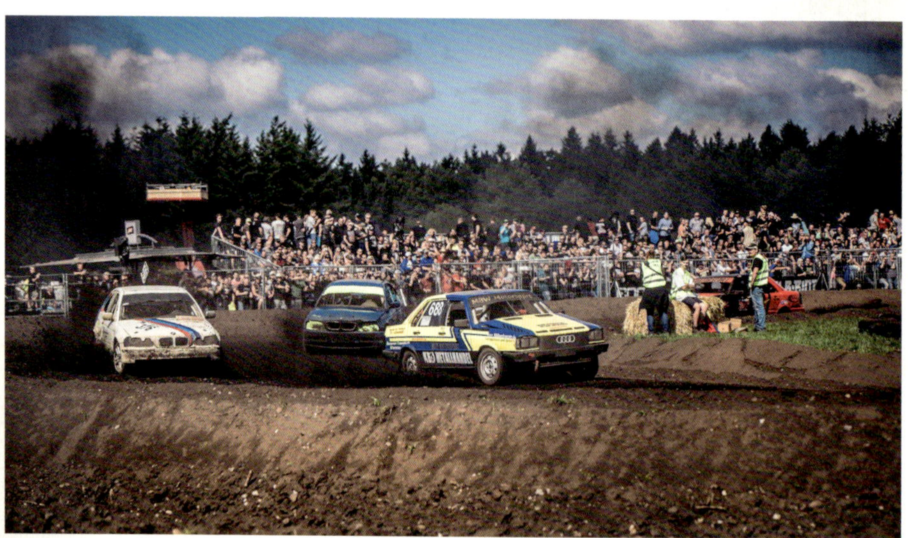

Volles Rohr Stockcar.

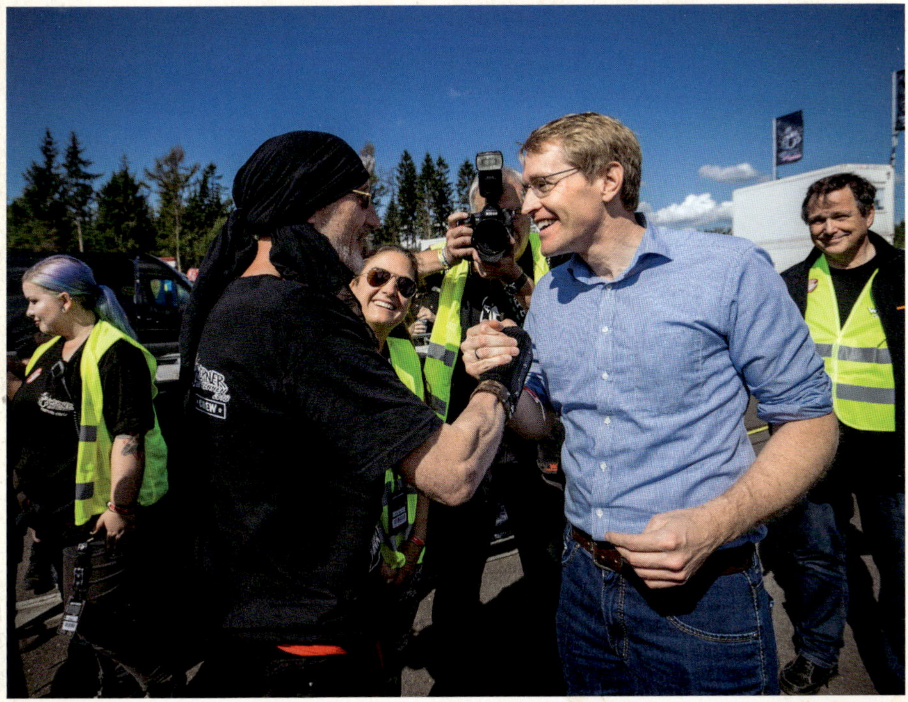

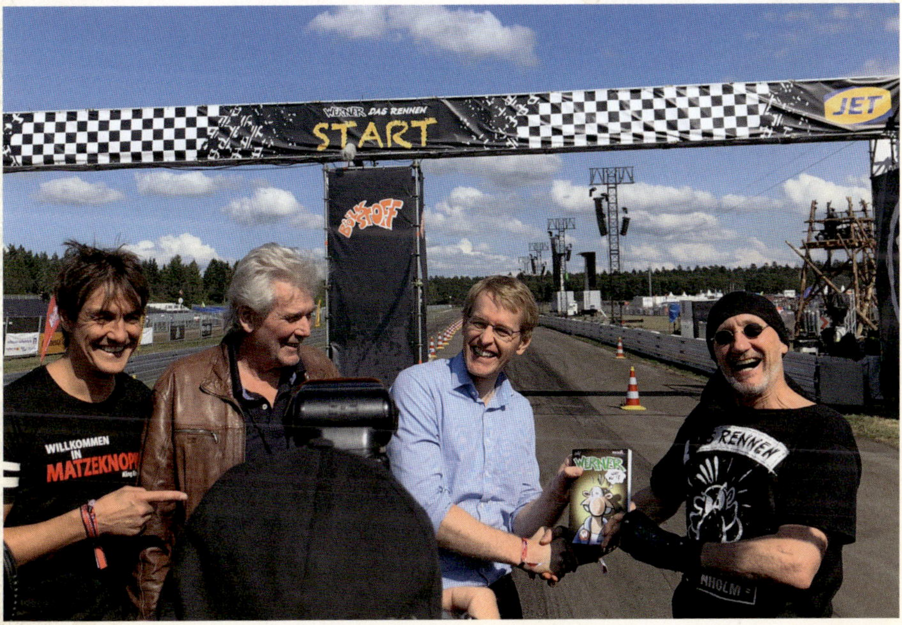

Kanisterpräsident Daniel Günther zu Gast auf'm Rennen.

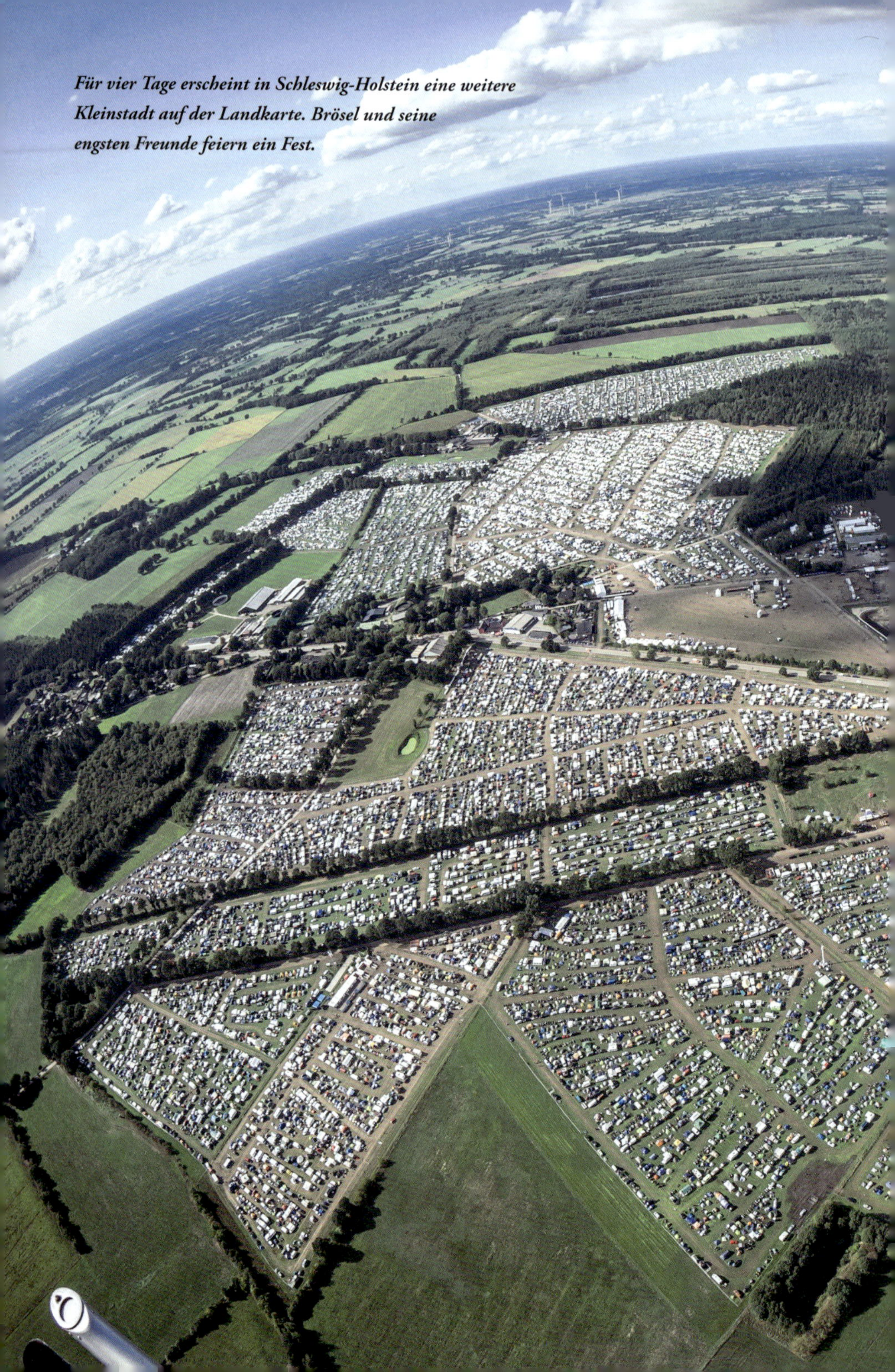

Für vier Tage erscheint in Schleswig-Holstein eine weitere Kleinstadt auf der Landkarte. Brösel und seine engsten Freunde feiern ein Fest.

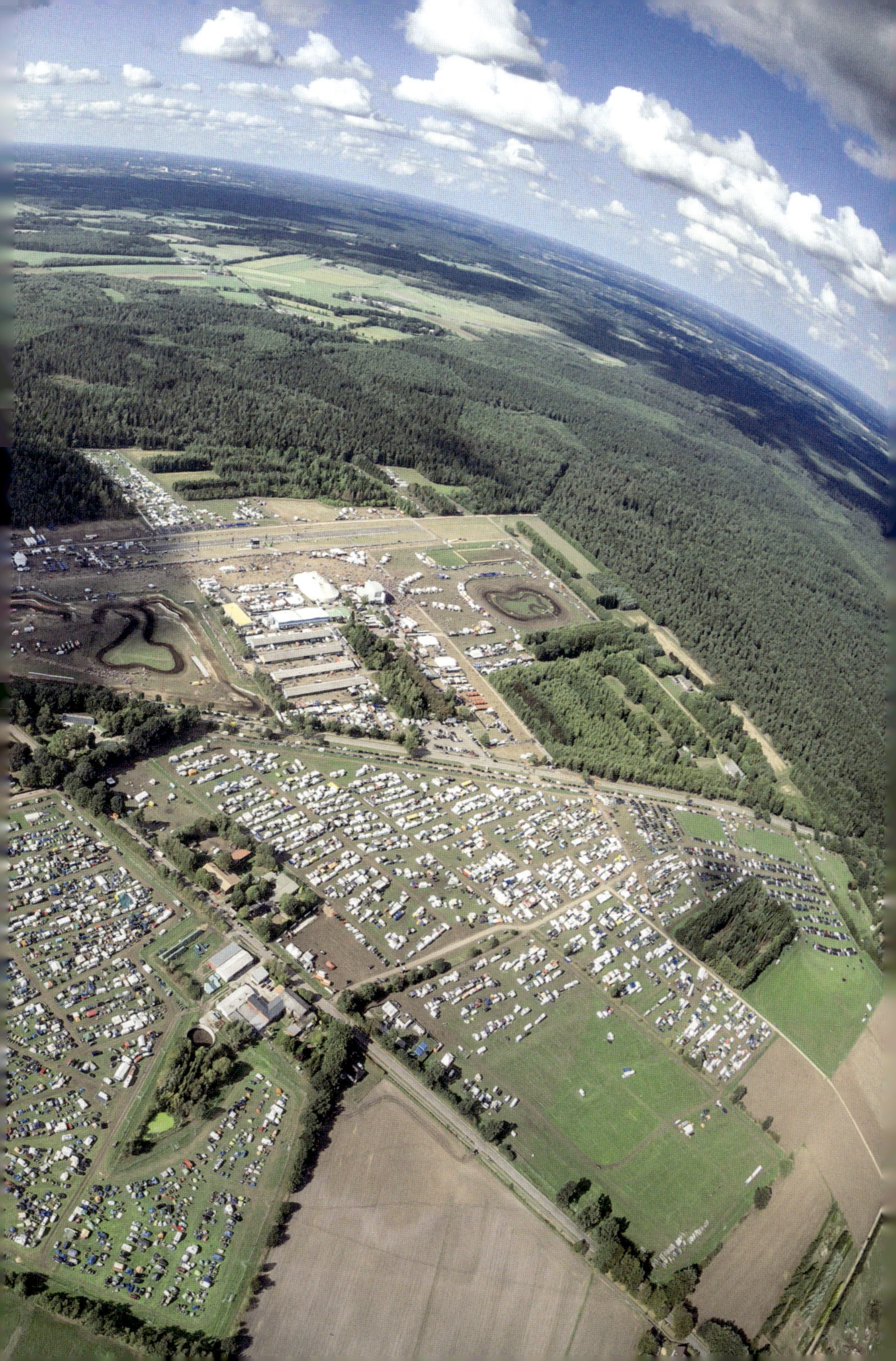

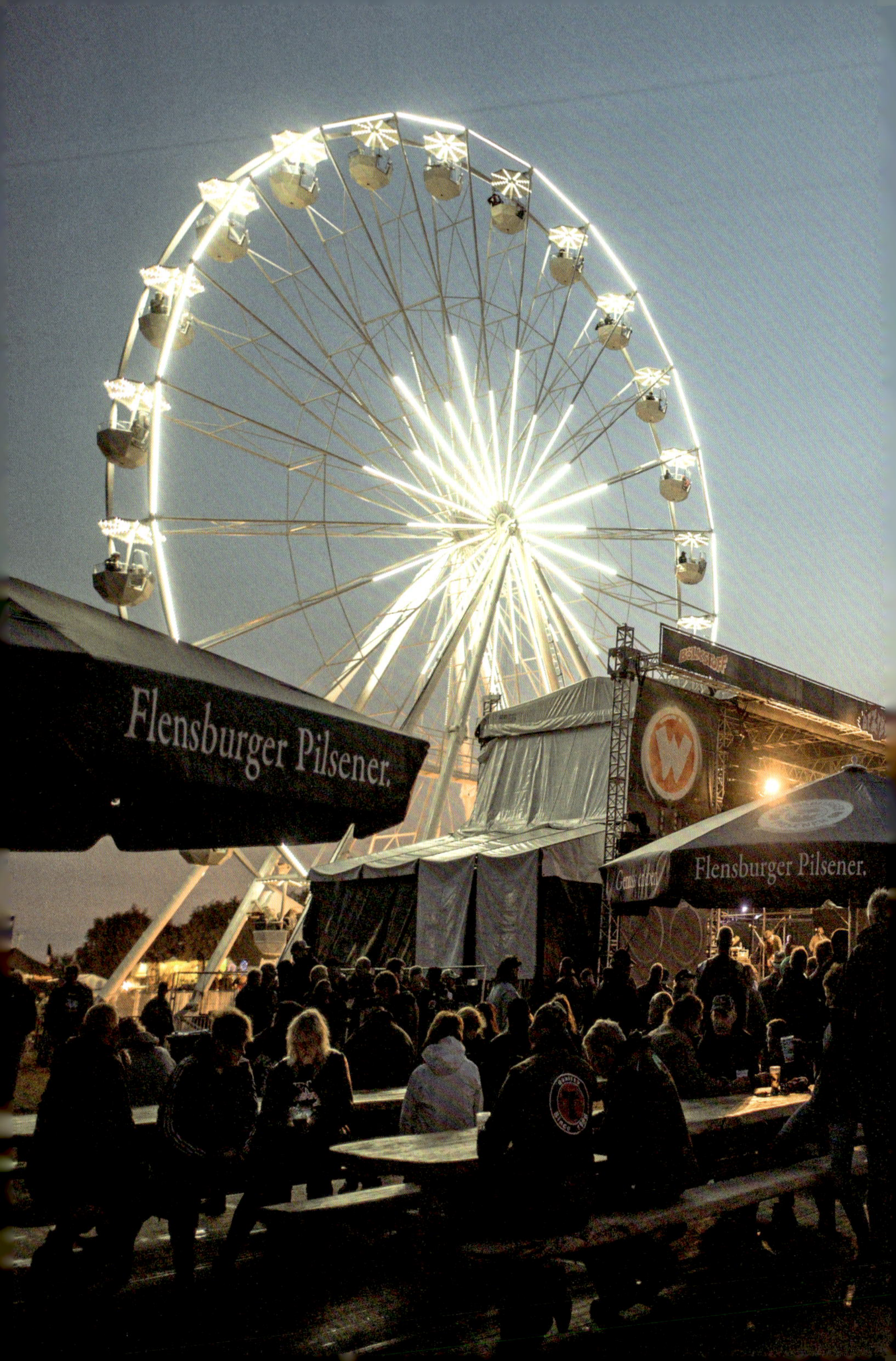

Flensburger Pilsener.
Flensburger Pilsener.

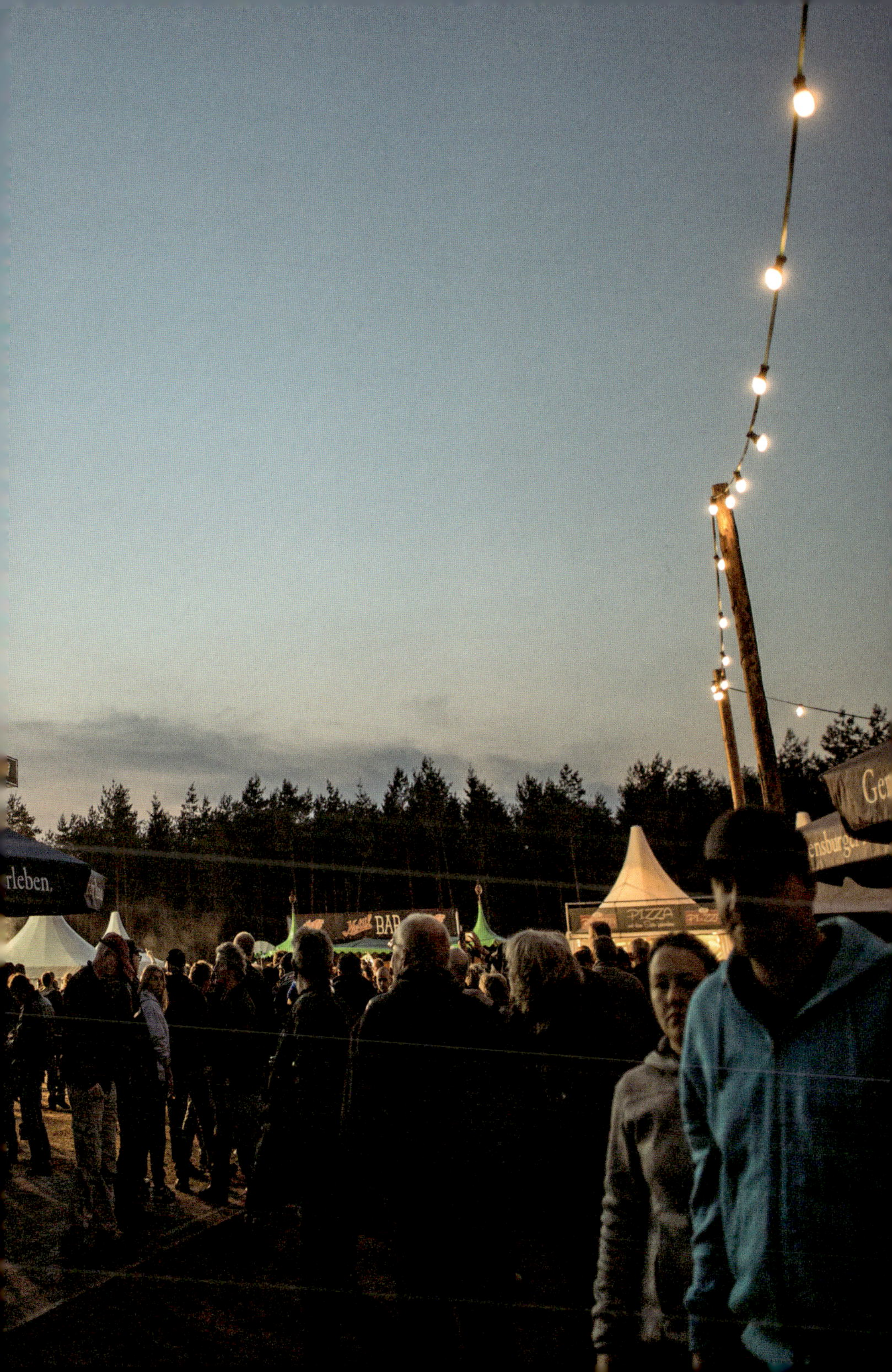
rleben.
BAR
PIZZA

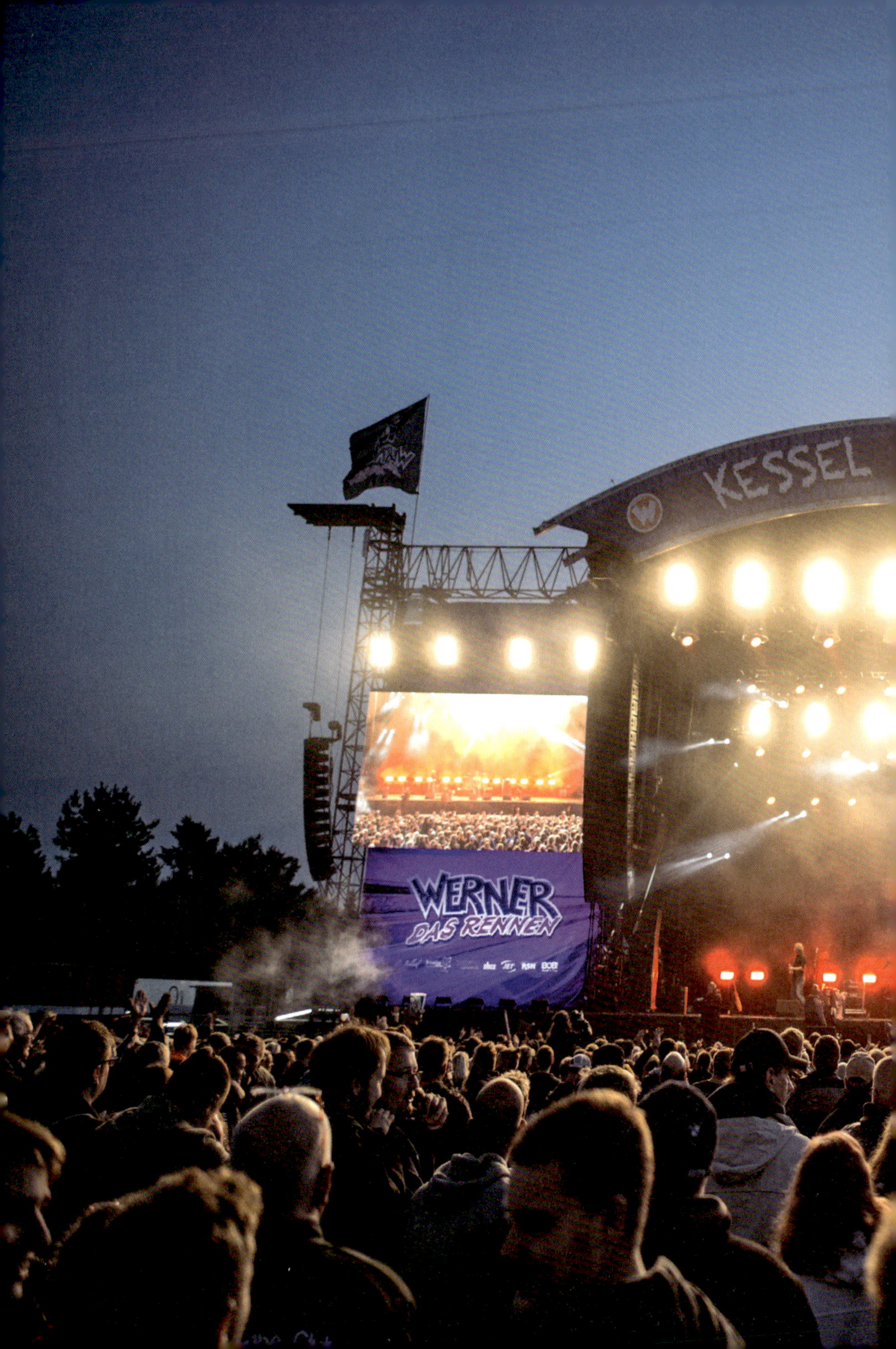
KESSEL
WERNER
DAS RENNEN

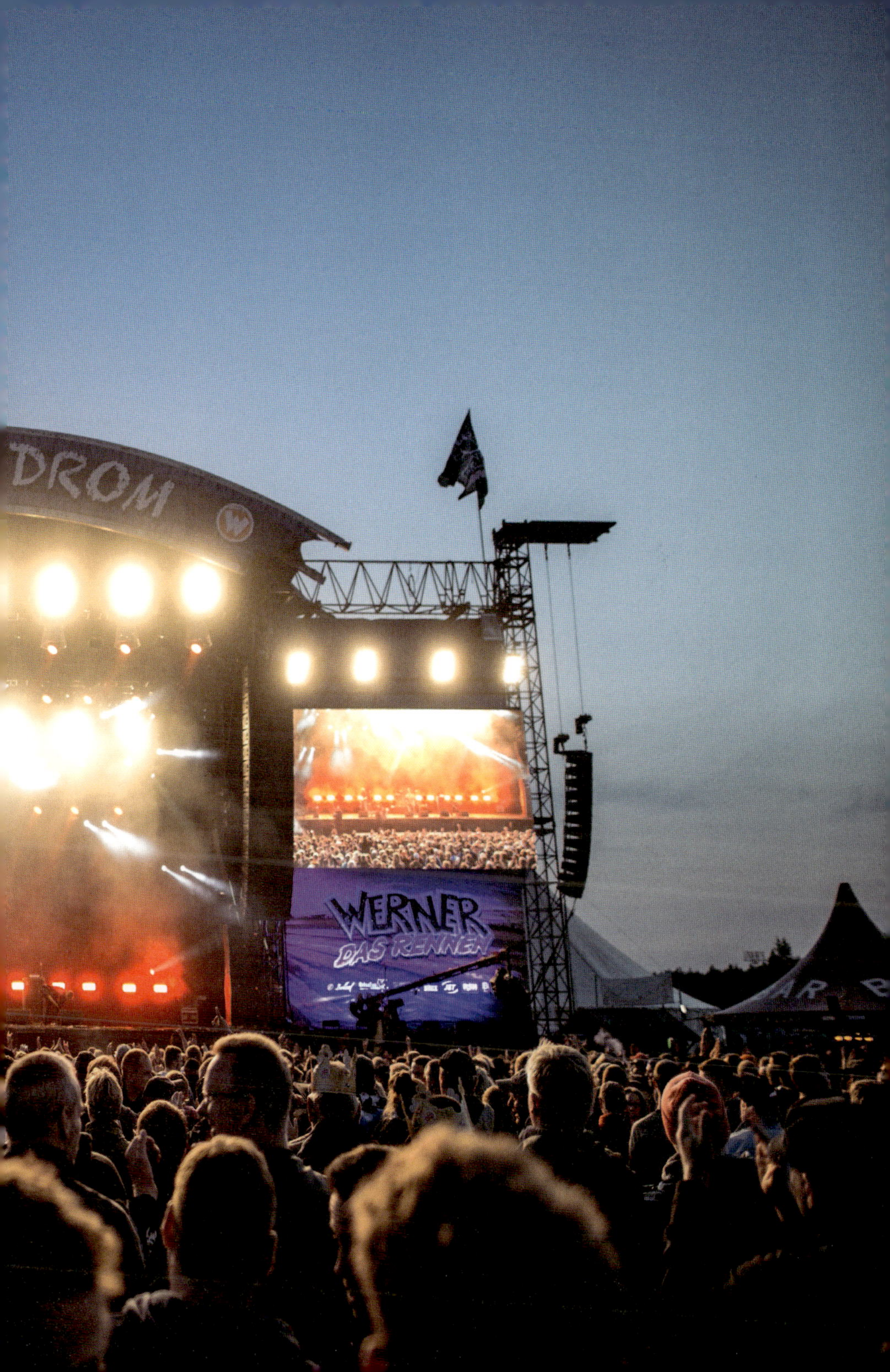
DROM
WERNER
DAS RENNEN

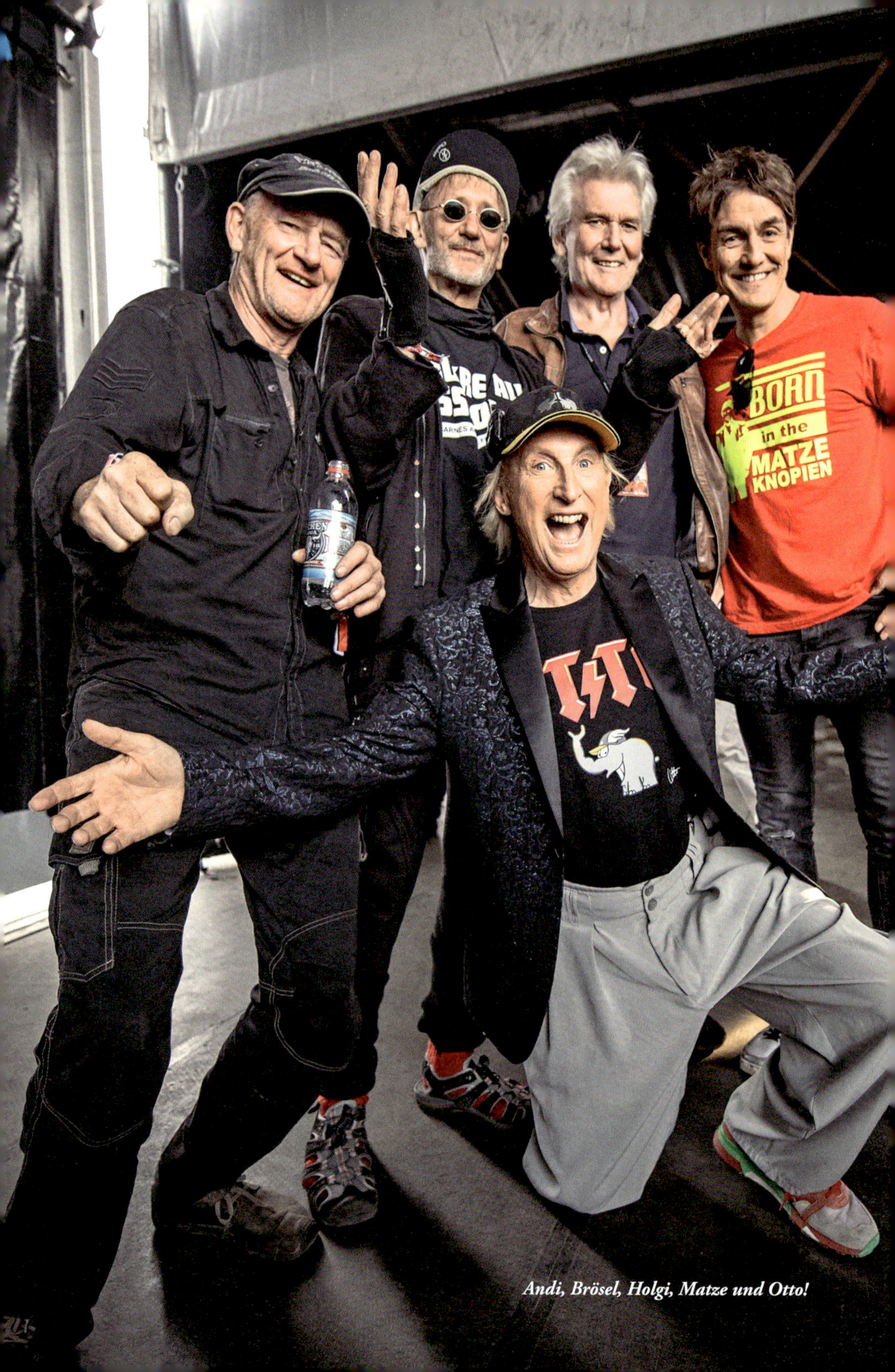

Andi, Brösel, Holgi, Matze und Otto!

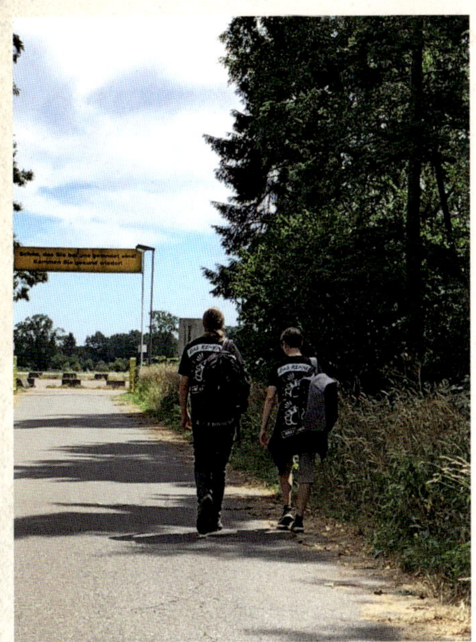

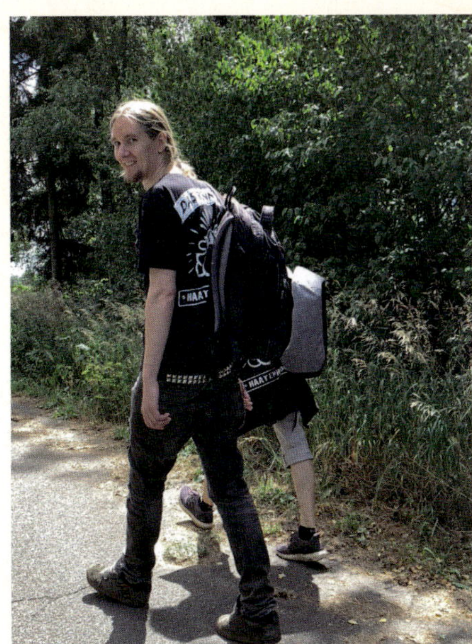

Leicht übermüdet, aber noch guter Dinge: Grafiker Tim und Netzstrategin Maike.

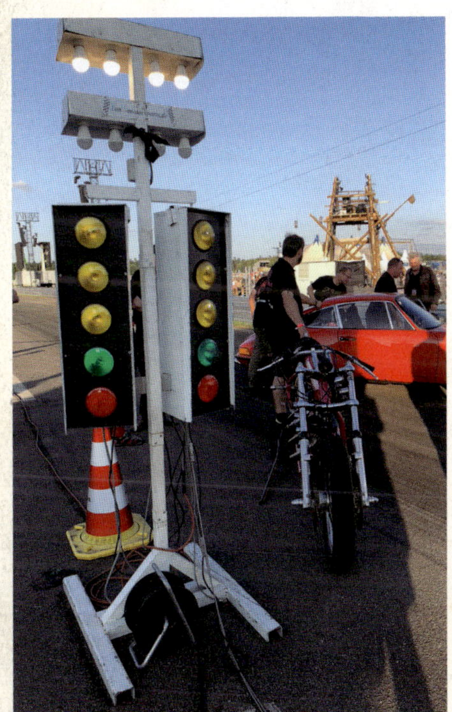

Die Startampel muss man auch erstma' versteh'n.

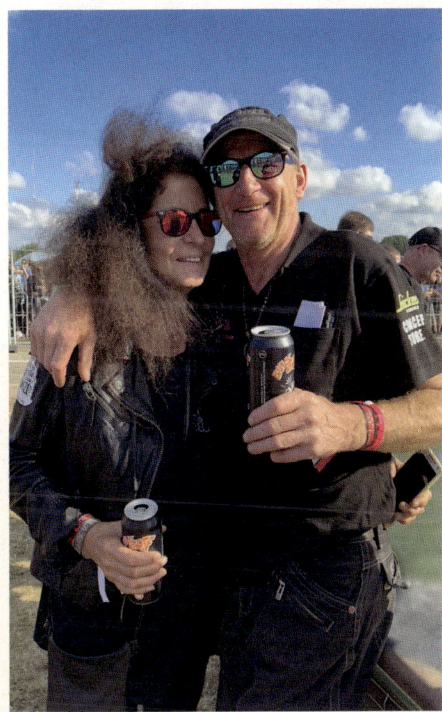

Susi mit Andi und Andi mit Susi.

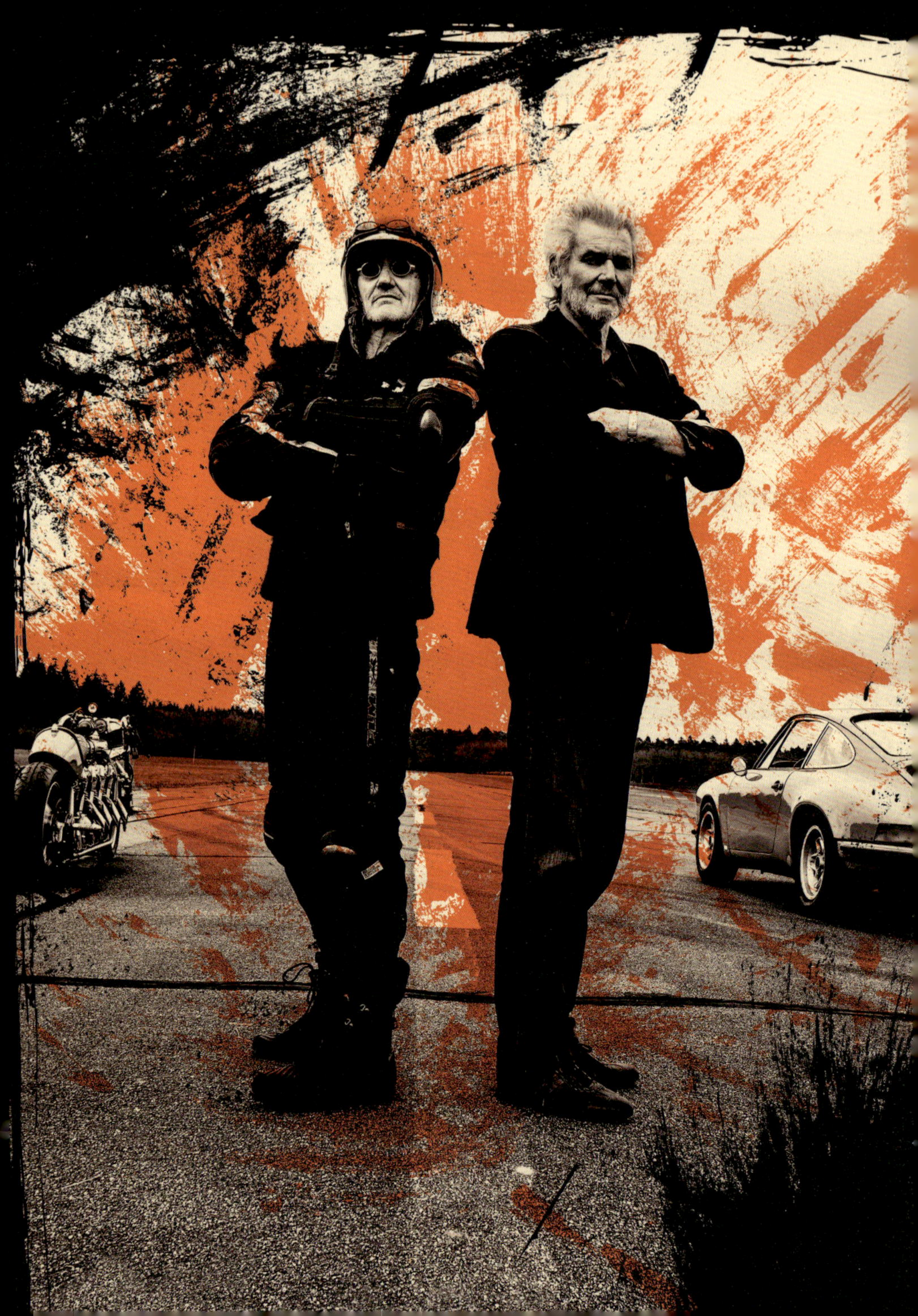

DIE KONTRAHENTEN

Brösel vs. Holgi

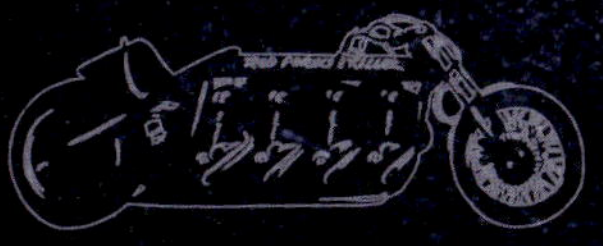

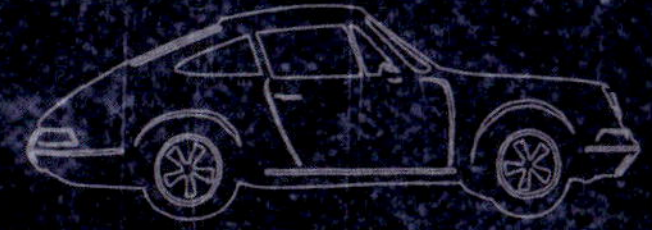

	RED PORSCHE KILLER	PORSCHE 911 T
Erstzulassung	Zulassung?!	13.11.1968
Typ	Einzigartig!	Zweitüriger Oldtimer (Coupé)
Hubraum	4x 550 ccm (2200ccm)	2341 ccm
Leistung	160 PS (geschätzt)	300-400 PS, vielleicht auch 600! (geschätzt)
Zylinder	4x 1	6
Getriebe	4-Gang Harley Davidson Dragster Version	5-Gang Renngetriebe
Vergaser	4x Del Orto 36	Fallstromvergaser, 2 Dreifach-vergaser (da muss Holgi noch bei)
Länge	2863 mm	4163 mm
Höhe	947 mm	1320 mm
Radstand	2230mm	2268 mm

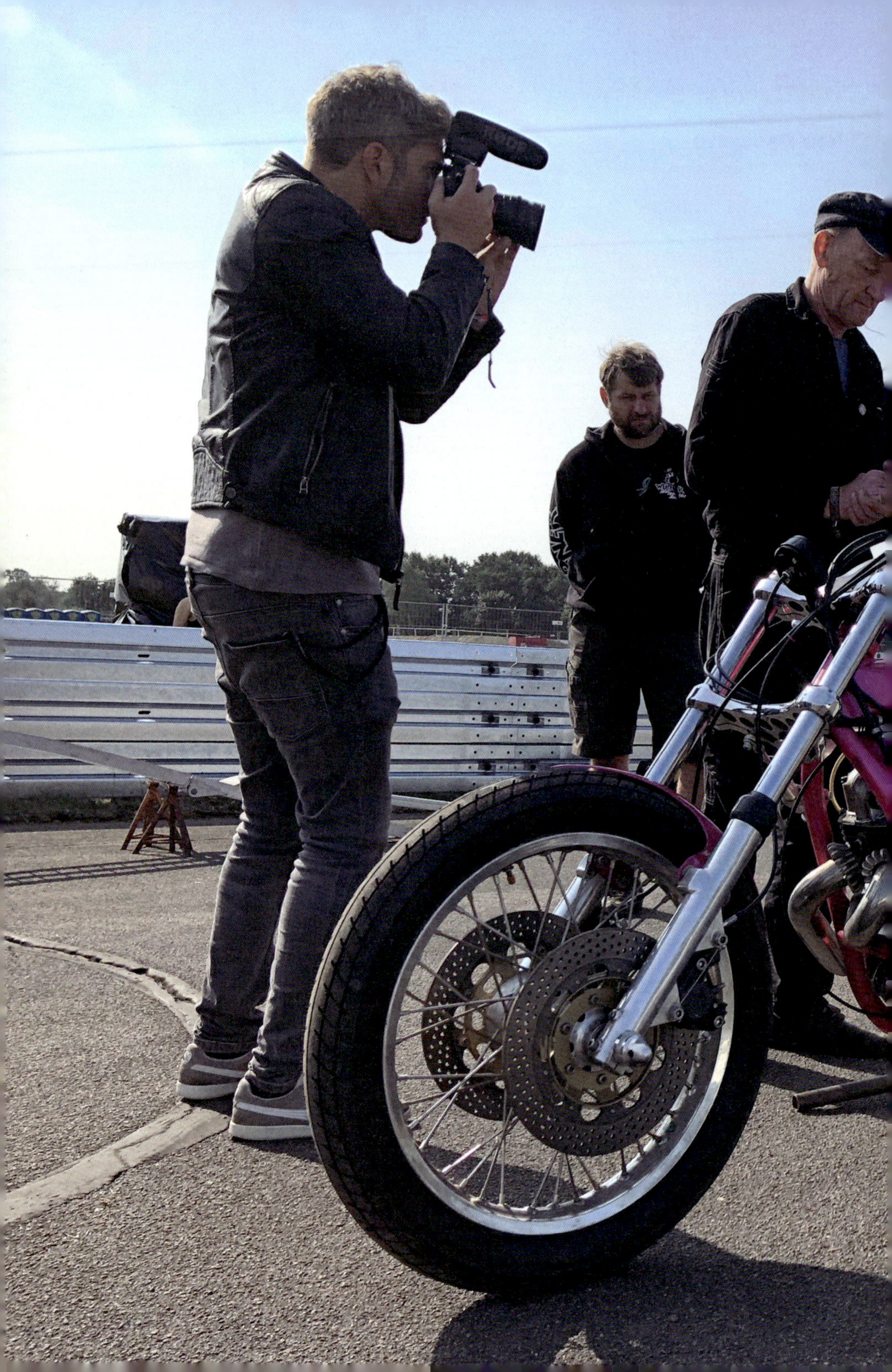

Dank Coach Dr. Buthke (†) werden Mensch, Asphalt und Maschine eins. Kenny (hinten) und Andi (Mitte) machen andächtig mit. Kevin (links) fotografiert und Tim (unter Brösels Arm) macht gerade etwas ganz Anderes.

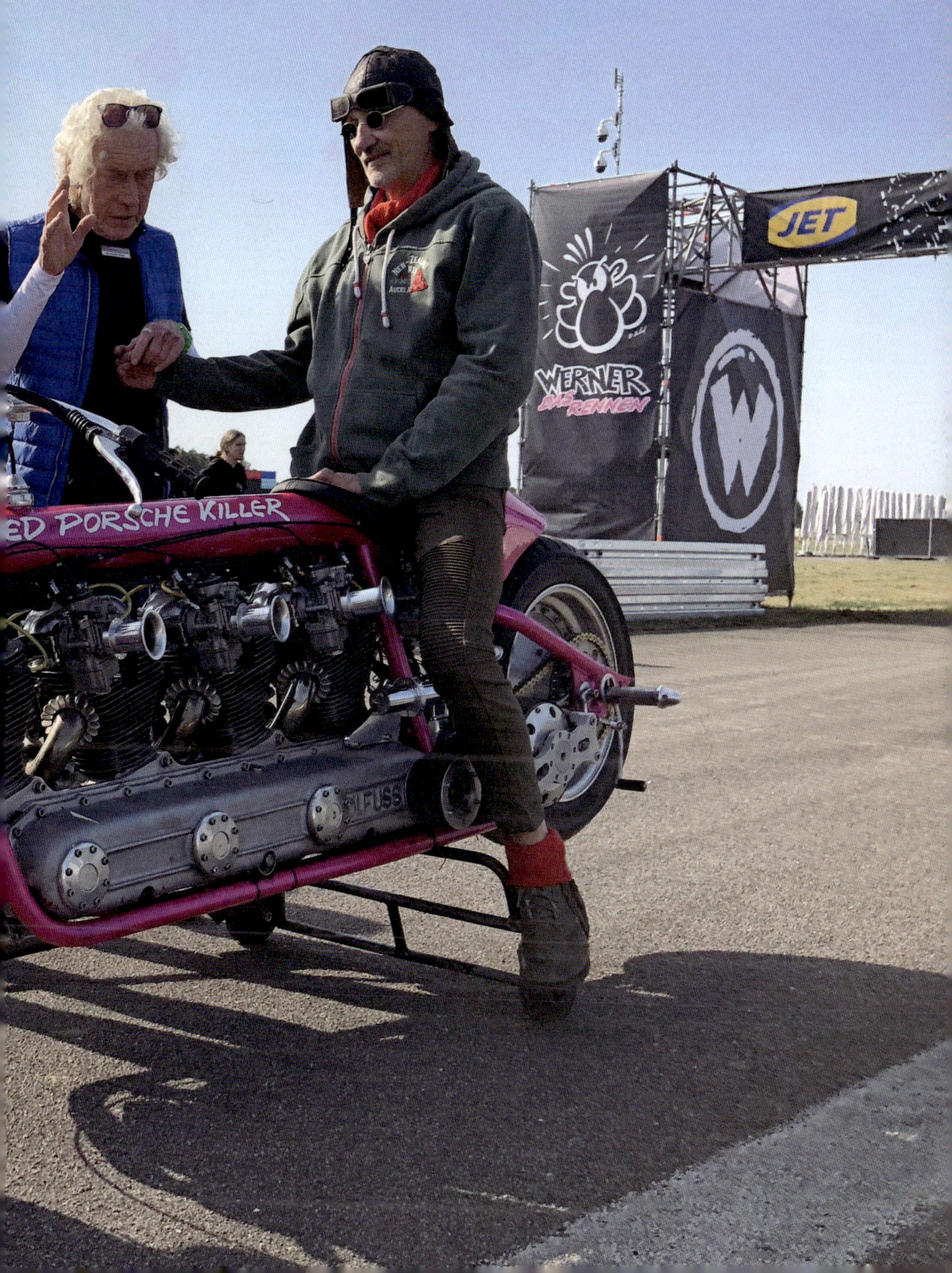

WENN ICH'S VERSIEB', BIN ICH DER ARSCH

Brösel / 2020

Die Stunde null rückt näher. Geh ich noch mal pissen oder nich? Meine Crew wuselt am Red Porsche Killer rum und versucht ihn zu starten. Man steht da und weiß: Jetzt geht's um alles. Zigtausend Menschen stehen und sitzen rundherum, Kameras sind auf einen gerichtet, Lautsprecher gurgeln vor sich hin, die Spannung steigt und man soll sich konzentrieren. Wer bin ich überhaupt? Wer seid das ihr? Mir mulmt, obwohl mich mein Coach am Vortag mit Asphalt, Team, Strecke und Maschine in Einklang gebracht hat. Hätte ich nich doch lieber einen Schluck Bölkstoff nehmen sollen?

Die Anlassermaschine jault und jault und jault und das Motorrad will nicht anspringen. Und da denkt man natürlich: Warum jetzt? Der Vorführeffekt! Es ist immer so. Sobald da Leute stehen, die gaffen, springt sie nicht an! So ist es auch heute. Maschinen haben eine Seele, die wollen nicht anspringen, wenn alle gucken. Sollen wir die Zuschauer bitten sich alle mal kurz umzudrehen? Nein, das kann man auch nicht machen, geht mir durch den Kopf. Holgis Porsche läuft schon, brüllt vor sich hin und seine sechs Auspüffe terrorisieren meine Nerven. Das macht der Knilch extra. Er will mich wieder platt machen. Ich hab noch nie was gewonnen – außer meine Frau Petra. „Orgel, orgel, paff, paff", erst ein Zylinder, dann zwei und »Wrooohm« – sie läuft! Sie läuft! Die Massen jubeln und die Spannung steigt ins Unermessliche. Jetzt muss ich meinen Arsch auf den Sattel schwingen und alles muss so funktionieren wie wir es geübt haben. Mein größter Gegner ist die Startampel. Sie macht mir Angst. Hab ich den richtigen Gang drin? Dann nehme ich beide Füße auf die Rasten, die Maschine steht auf dem Ständer in der Luft, was für ein Scheiß-Gefühl. Das würde man normalerweise nie tun. Es ist als würde man schweben. Mein Blick geht Richtung Ampel. Kenny fummelt mir noch schnell die Brille ins Gesicht. Die Luft flimmert. Du darfst dein Team, das monatelang jede Minute geopfter hat, jetzt nicht enttäuschen. Ihre Gesichter rauschen mir durch den Kopf. Wenn ich's jetzt versiebe, bin ich der Arsch, denke ich. Und schon geht die Ampel los! Im Halbsekundentakt zählen die gelben Lämpchen der Ampel runter. Wenn die

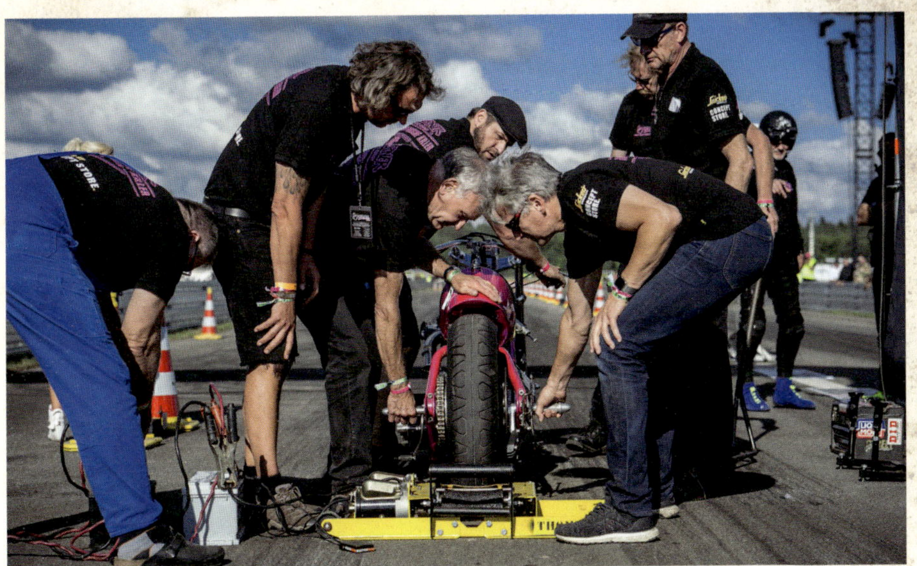

letzte gelbe Lampe aufleuchtet, musst du die Kupplung los lassen. Wenn man das nicht gepeilt hat, hat man verloren. Ich muss los lassen, ich muss los lassen, die Kupplung los lassen, hoffentlich hab ich genug Gas! Hilfe! Ich lass' los!

„Juuuuiip" macht das Gummi auf dem Asphalt und die Maschine schert für einen kurzen Moment leicht aus, weil sie hinten schneller sein möchte als vorne. Zu viel Gas bedeutet, dass man auf die Fresse fliegt. Zu wenig bedeutet verkackt.

Es hat geklappt, ich hab alles richtig gemacht: Die Maschine schießt los! „Gewonnen!", weiß ich nach den ersten Metern. Wenn der Start geklappt hat, ist das klar. Die Spannung fällt von mir ab. Genussvoll trete ich ohne zu kuppeln auf den Schalthebel. Zweiter Gang. Geil! Holgi ist hinter mir. Kurz vor'm Ziel noch mal den dritten. Tut eigentlich nich nötig, macht aber Spaß. Was für ein wunderbarer Moment!

Die Rennleitungstorte am Ziel hält ihre Arme am Körper, was nach Vereinbarung bedeutet, dass der Lauf gültig ist. Tausend Läuse springen mir aus der Leber. An der Auslaufstrecke empfangen mich meine Frau Petra und Ölfuß mit Freudentränen in den Augen. Das Volk jubelt. Ein pyromantisches Spektakel umhüllt uns. Die Luft brennt. Es ist einfach geil!

Ungefähr eine Stunde später finden wir uns gemütlich im Fahrerlager zusammen, um den Abend locker abschmirgeln zu lassen. Es gibt Eierlikör mit Schokoladenwaffeln – Kennys Spezialität! Die Anspannung hat sich aus dem Körper verabschiedet, alle sind lustig. Die Luft ist lau, der Eierlikör gelb und wir blau. Was will man mehr?

Heini, Jürgen, Kenny, Andi, Karl, Ölfuß, Pierre, Anni und Ingmar – ihr seid klasse! Ihr habt dem Porsche Killer neues Leben eingehaucht. Ich kann euch nicht genug danken!

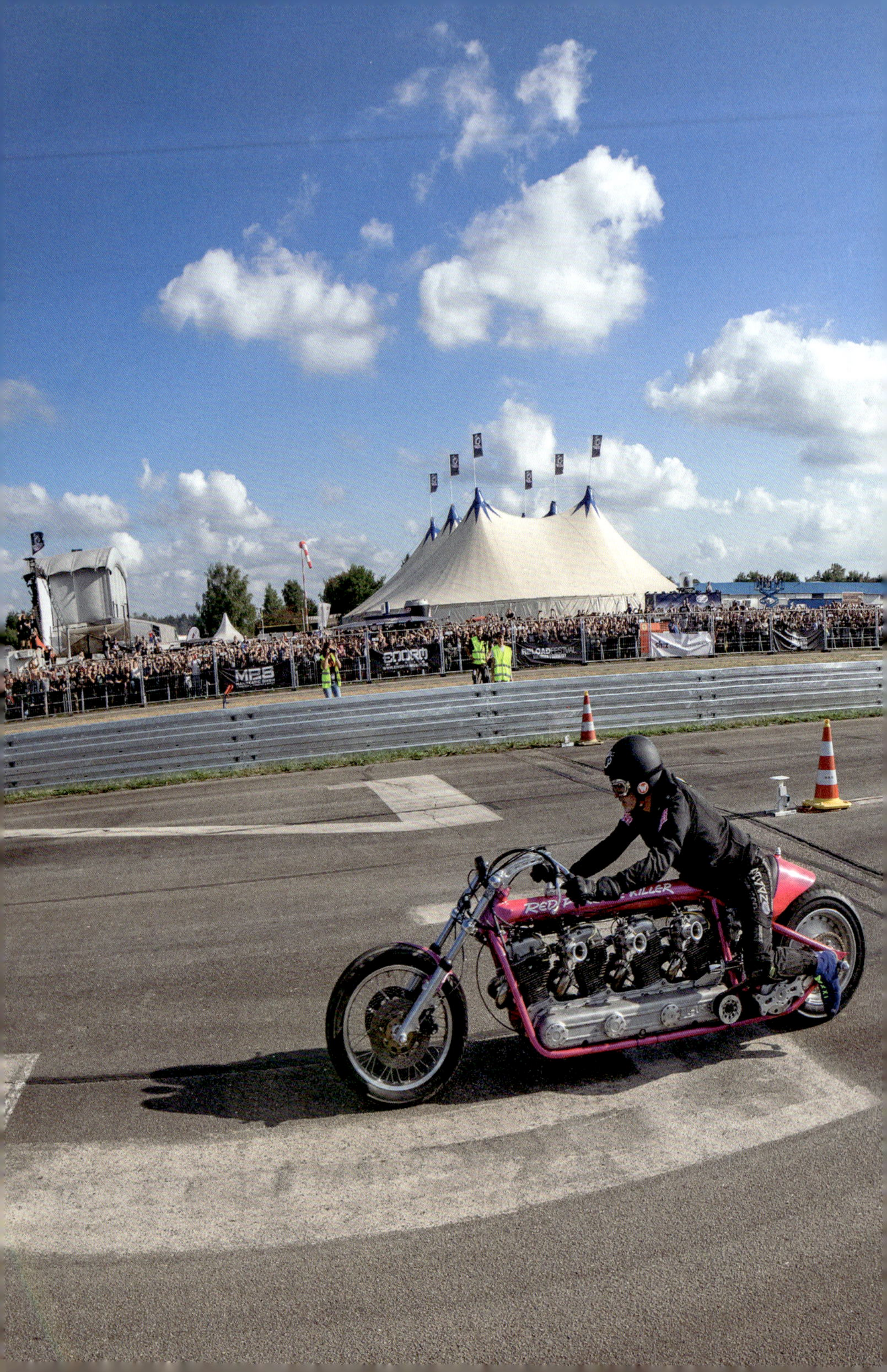
M26
RELOADFESTIVAL

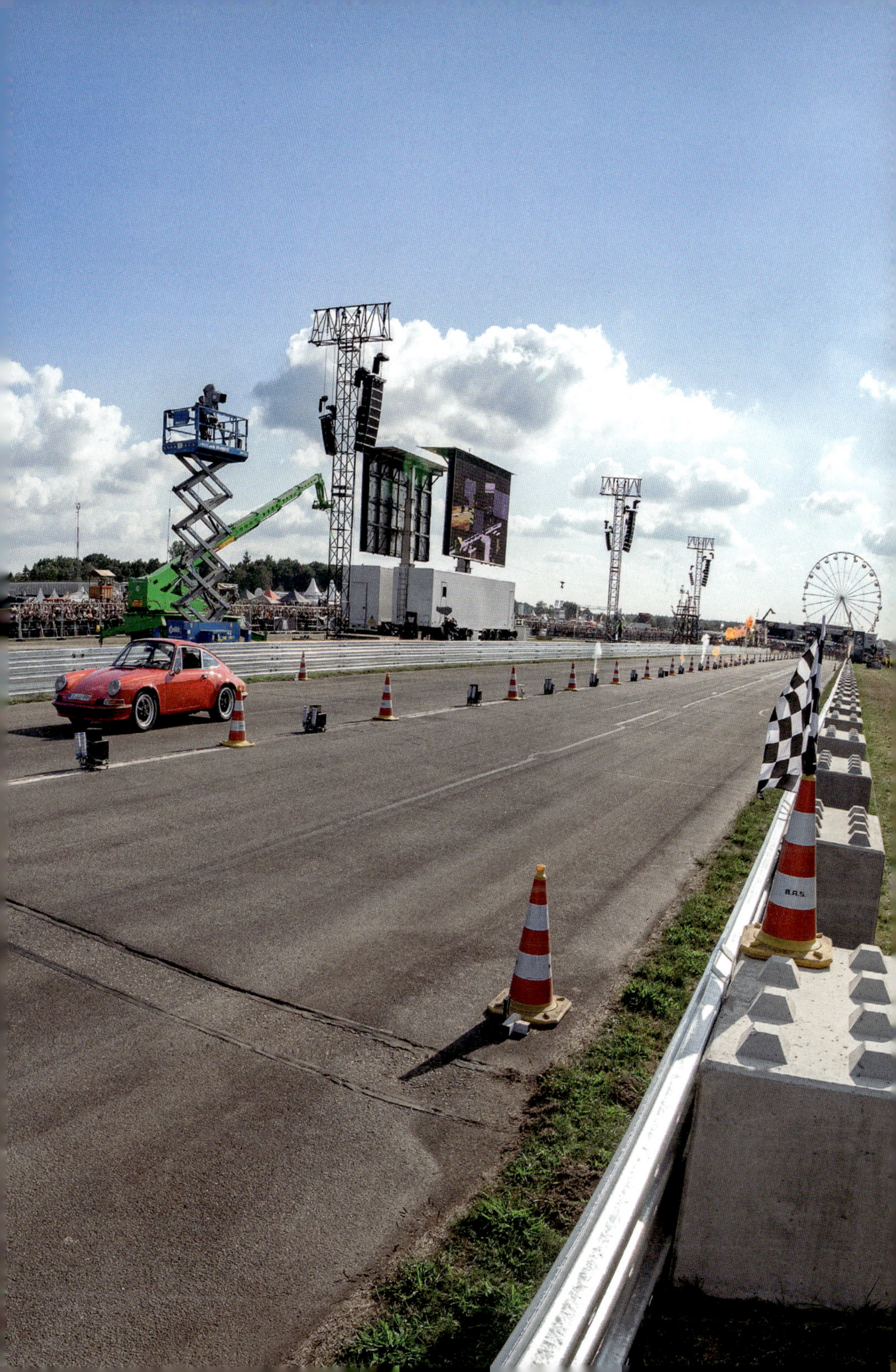

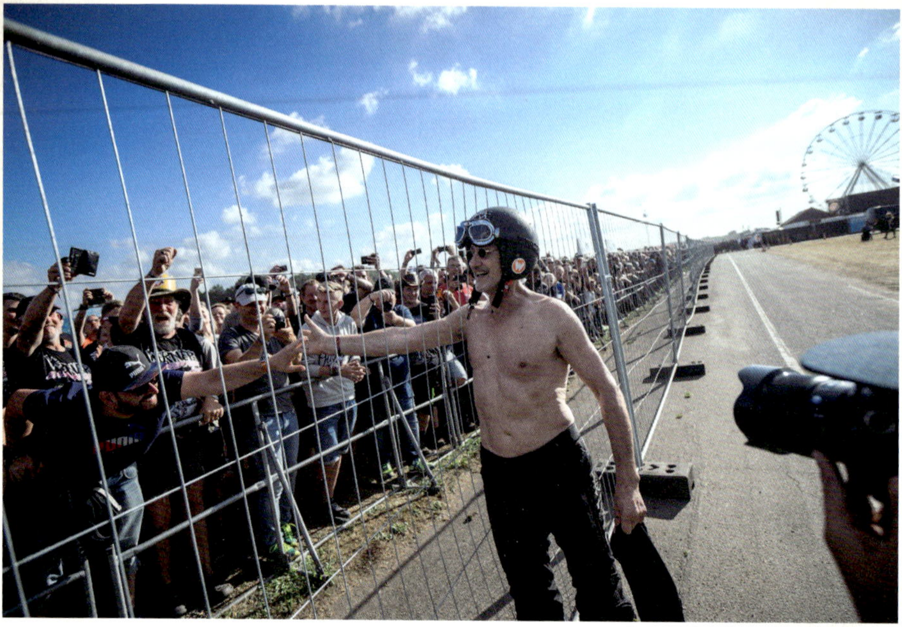

Die Fans freuen sich!

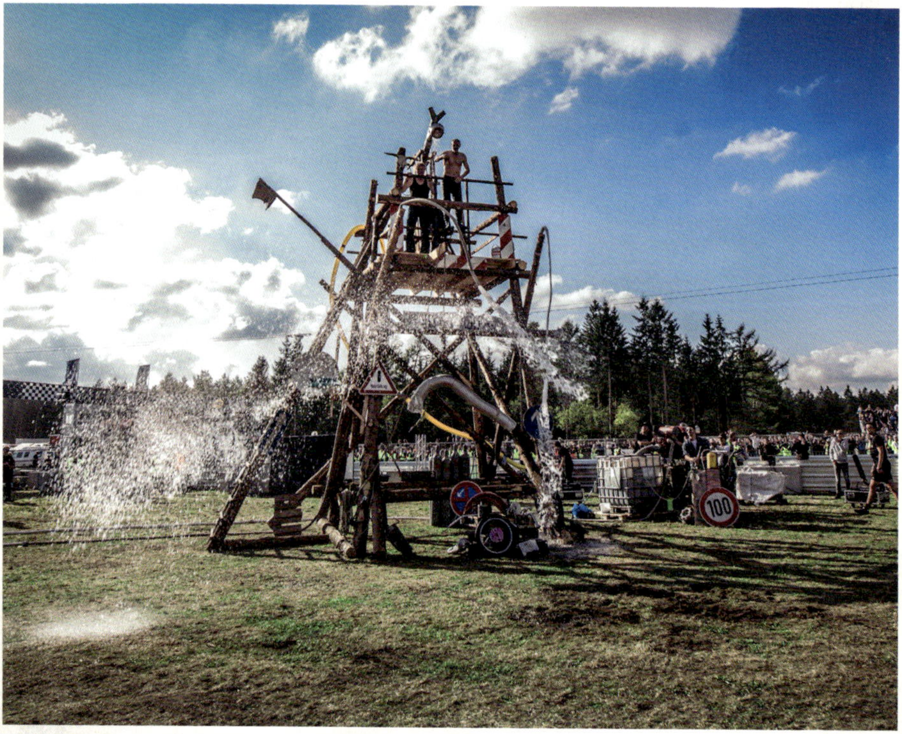

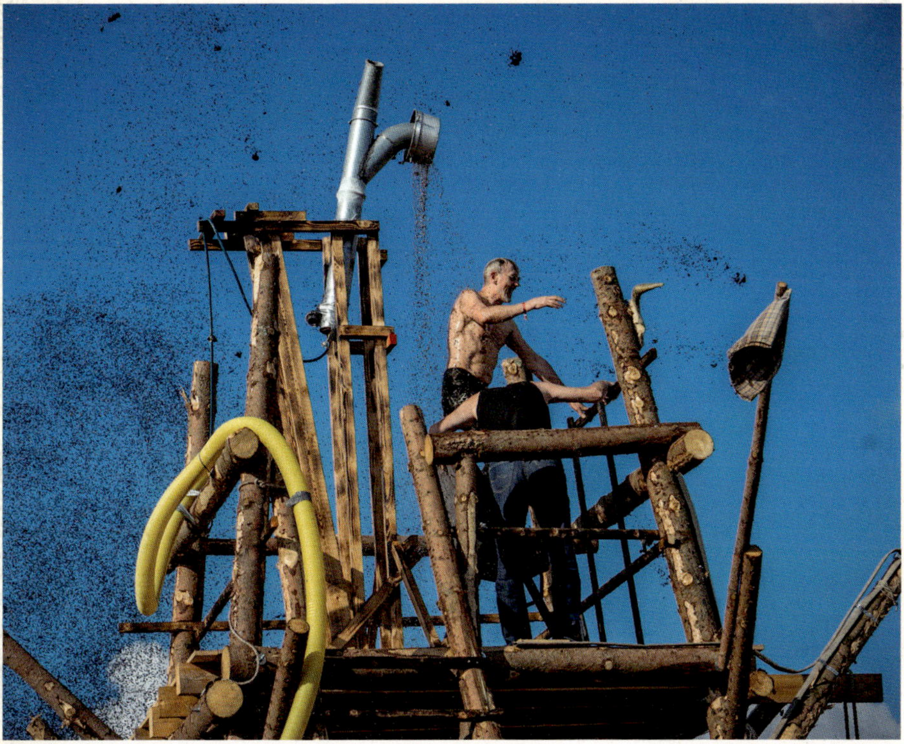

Fynn Kliemanns Schmähturm macht einen soliden Eindruck.

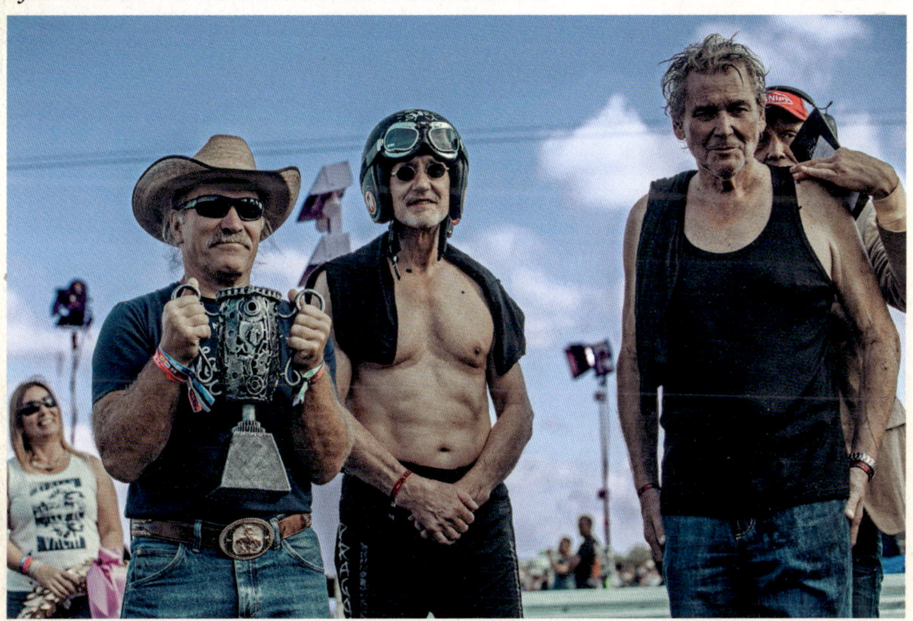

Manu und Konny Reimann, Brösel, Holgi und Matze Knop bei der Siegerehrung.

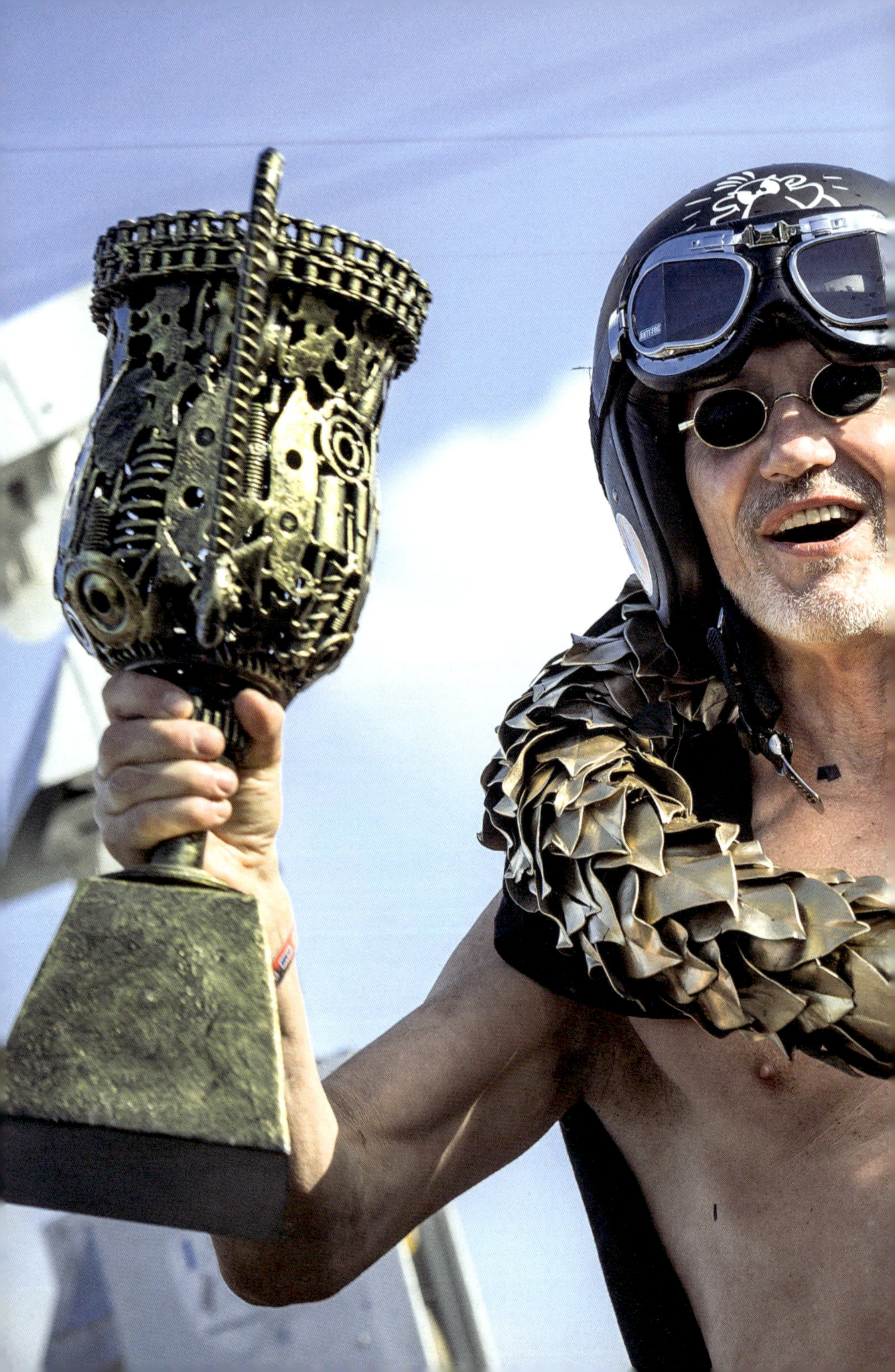

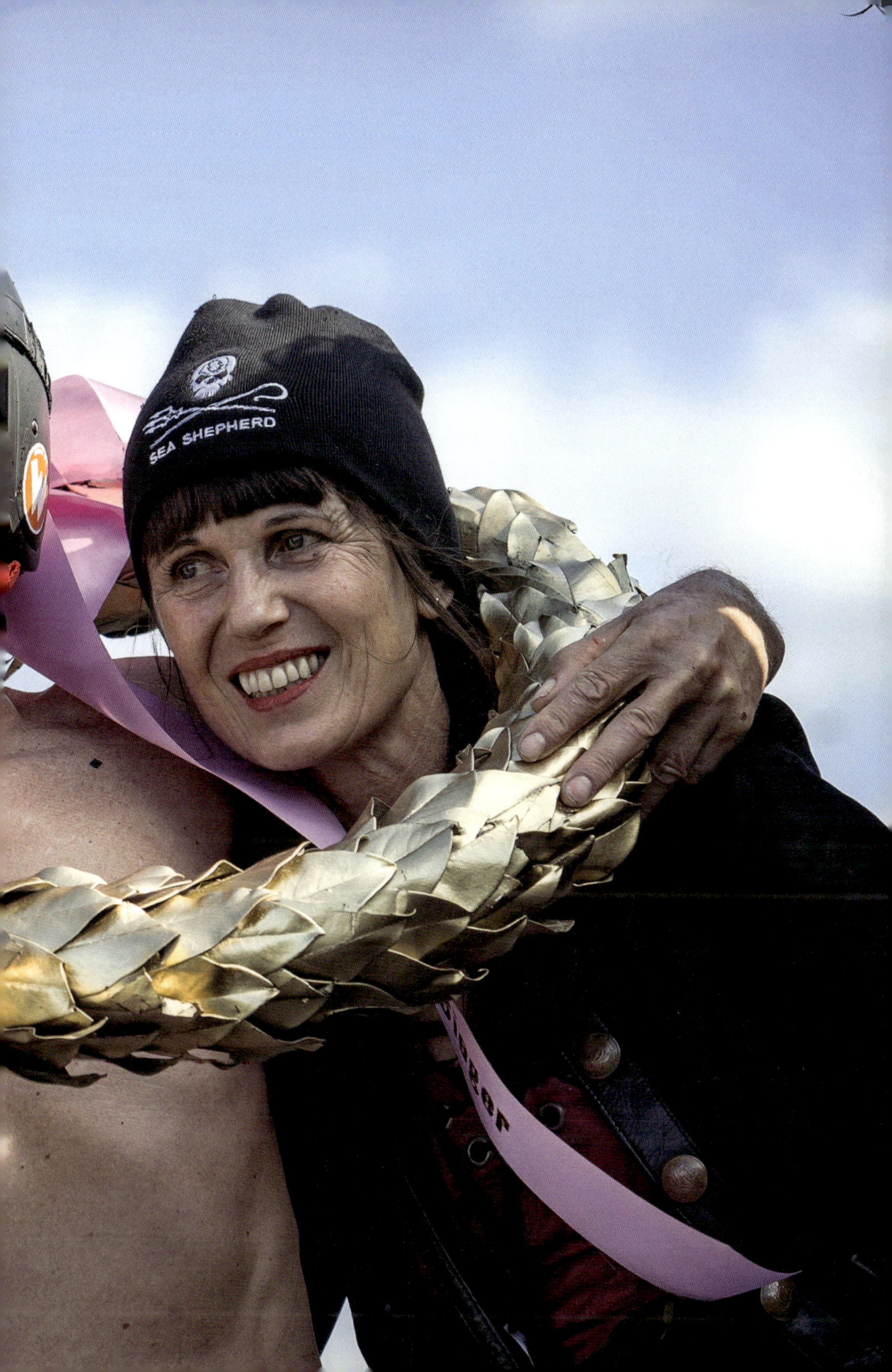
SEA SHEPHERD

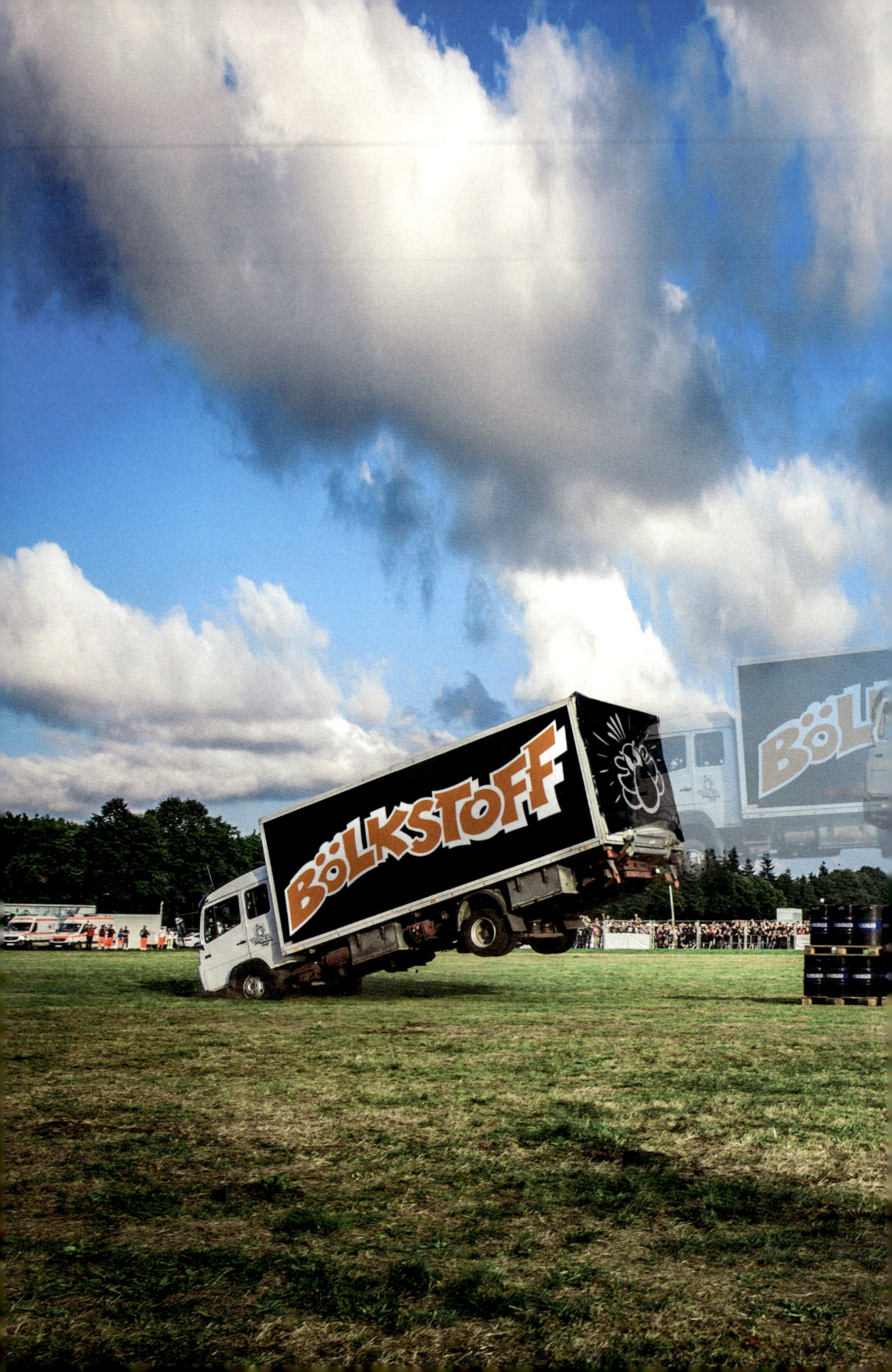
BÖLKSTOFF

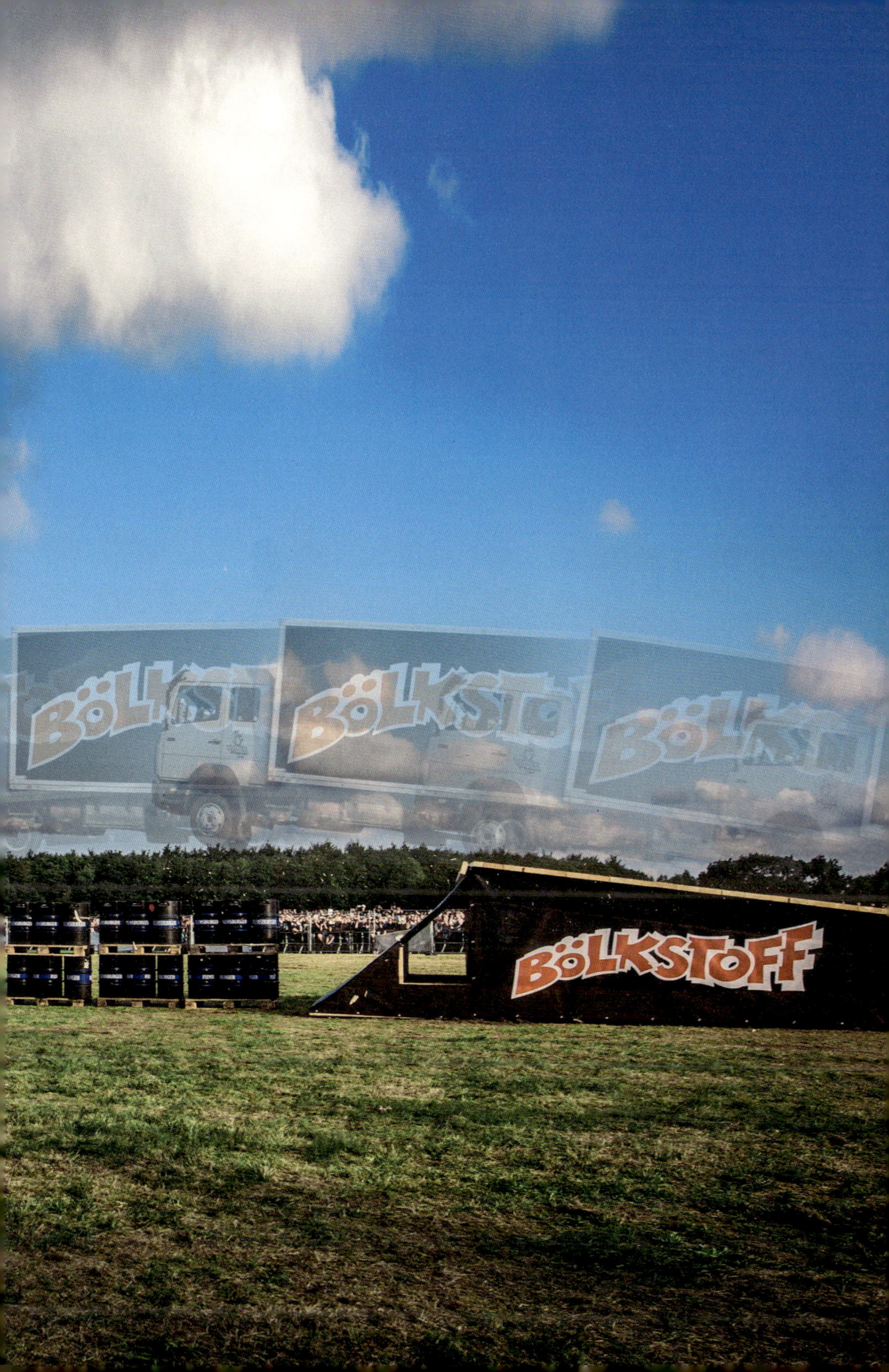
BÖLKSTOFF

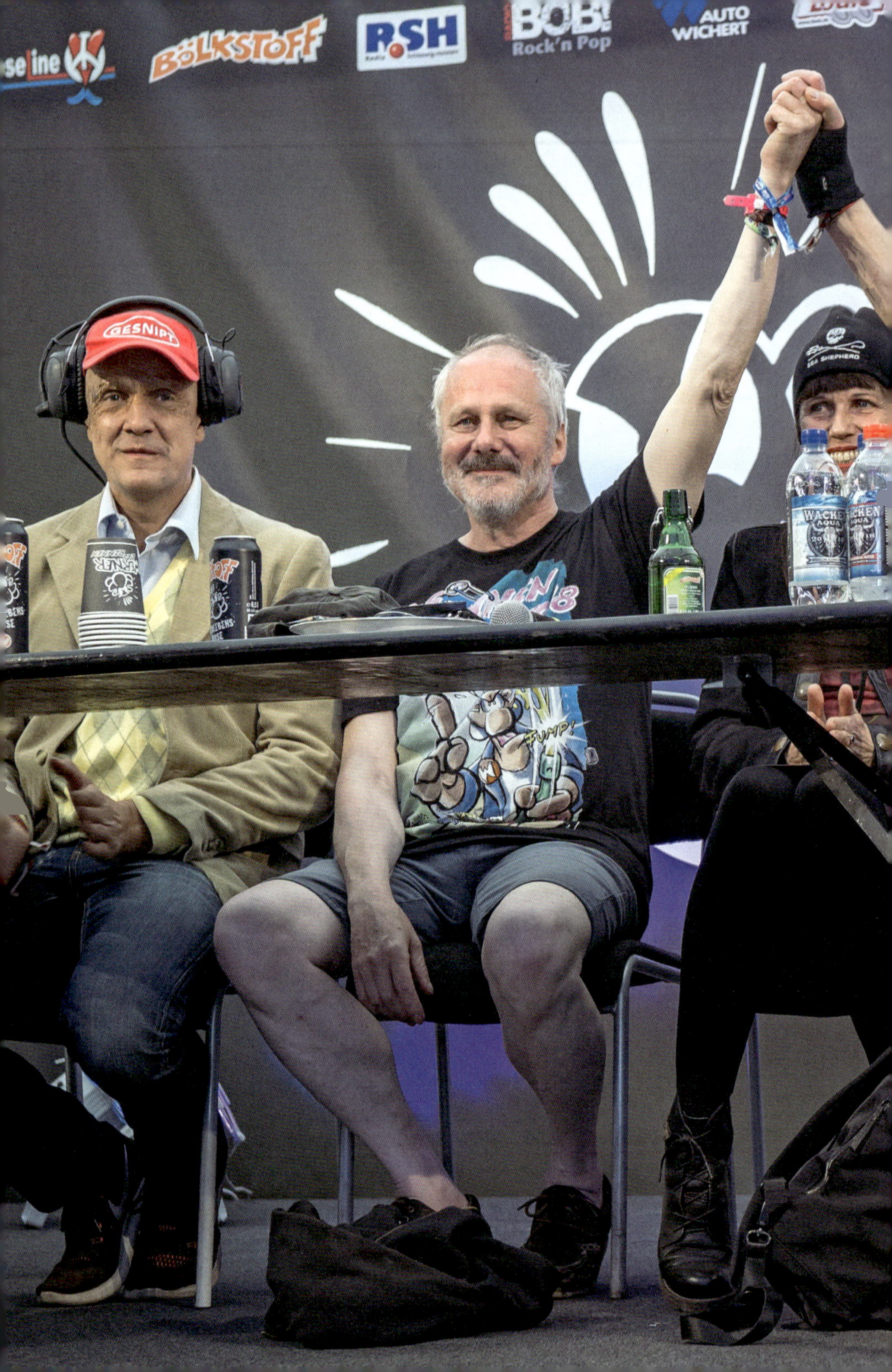
BÖLKSTOFF
R.SH
BOB!
Rock'n Pop
AUTO
WICHERT
GESNIPT
WACKEN
AQUA
SEA SHEPHERD
FUMP!

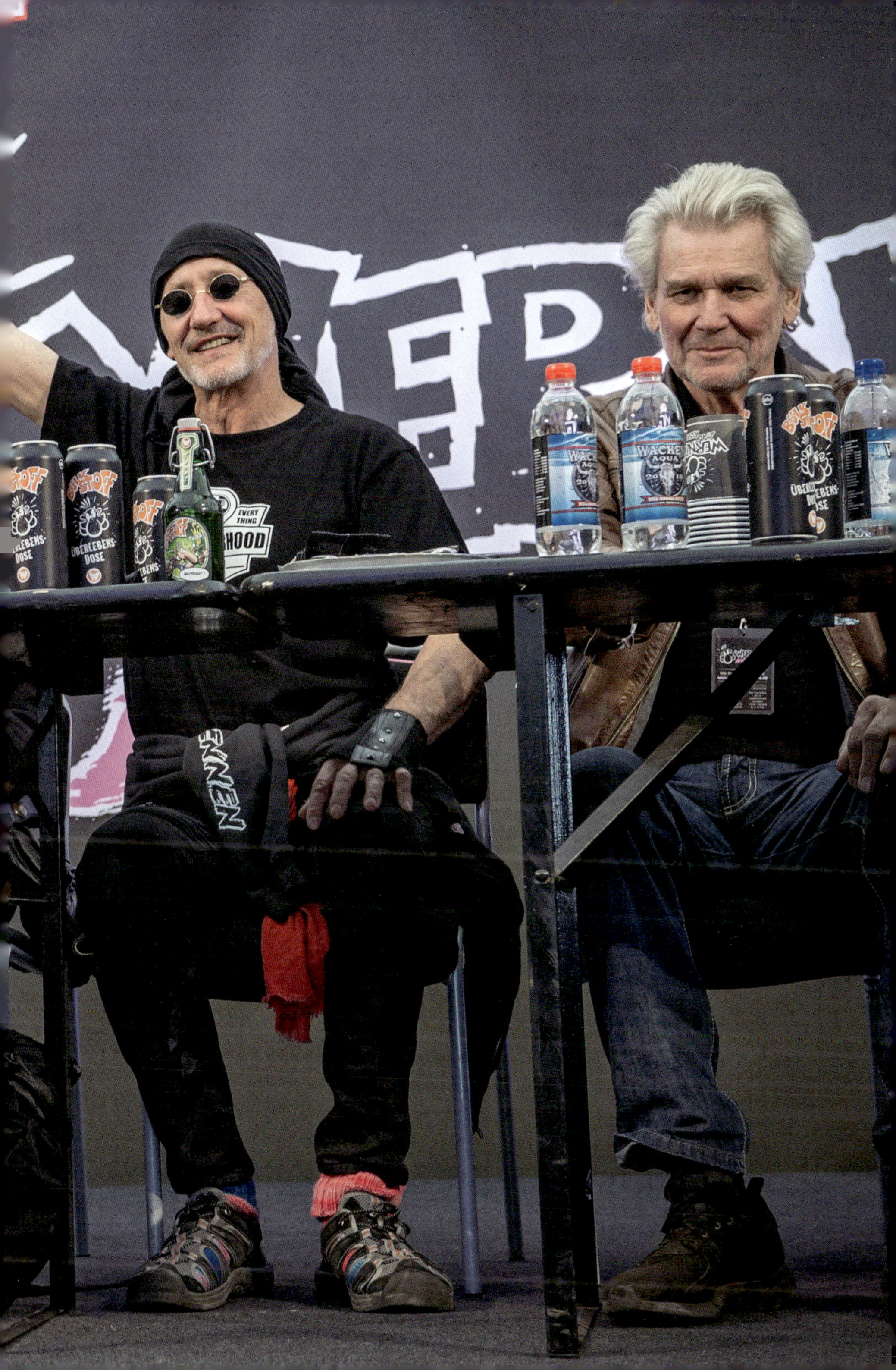
ÜBERLEBENS-
DOSE
EVERY
THING
HOOD
AQUA

Eine endlose Geschichte

Holgi / 2020

Das Rennen ist für mich eine Art Dada-Ereignis – also ein Event, das wie die Kunstrichtung von einer Stimmung lebt. Ein absurdes Erlebnis, das aus einer kindlichen Spielsucht entsteht. Man denke nur an die beiden Garagen im Hinterhof vom Club. Rötger kann sich erstmals eine Garage mieten. Und daneben steht ein fetter Porsche. Der arme Bastler steht dem Porsche-Fahrer gegenüber. Durch Neid oder Konkurrenz entsteht eine Geschichte. Im Comic manifestiert sich diese Auseinandersetzung. Aus dem Comic bewegt sich alles wieder zurück in die Realität und das Rennen findet wirklich statt. Es geht nicht darum, wer gewinnt oder wer der Bessere ist, sondern um das Happening. Es geht darum, dass die Leute gemeinsam Spaß haben und friedlich feiern.

Ich habe ab den 60ern viele Veranstaltungen betreut und war somit sehr vertraut mit größeren Events. Unter anderem war ich beim Fehmarn Festival dabei, auf dem Hendrix seinen letzten Auftritt gespielt hat. Noch heute habe ich zehn Hendrix-LPs, die mir sein Roadie damals geschenkt hat. Auf dem Rennen 1988 ist das Ganze natürlich noch etwas größer. Als wir angekommen sind, ist schon kein Durchkommen mehr. Auf der Bühne haben wir die tausenden Fans gesehen – ein Menschenmeer, was für ein irres Gefühl. Ins Chaos ist das übrigens nicht abgeglitten. Nachts fliegen friedlich Reifen über die Rennstrecke und sehen aus wie kleine, leuchtende UFOs. Dazwischen schlafen gut abgefüllte Besucher. Als wir am Tag des Rennens schließlich am Start stehen und es richtig ernst wird, bin ich nicht allzu nervös. Die Besucher blendet man aus und konzentriert sich auf die Technik. Das ist zum Teil komplizierter als man sich das vorstellt. Natürlich möchte jeder gewinnen, aber auch der Verlierer ist der Gewinner, das ist die Wechselwirkung und darin besteht der Reiz. Nur ein Idiot nimmt das zu ernst.

2004 bin ich gegen Rötger am Lausitzring gefahren. Die Strecke ist völlig irre und die Stimmung toll. Wir haben jeder eine große Halle zum Schrauben. Überall sind Schrauber, spektakuläre Dragster und außerhalb der Strecke wird ordentlich gefeiert. Gewohnt haben wir in einem Herrenhaus mit einem wunderschönen Schlossgarten. Abends beim

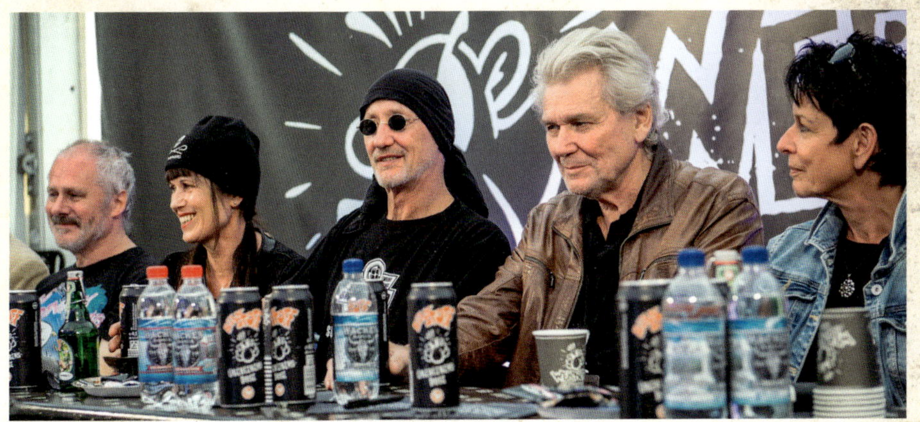

Ölfuß, Petra, Rötger und Holgi mit seiner Frau Sabine.

Essen sitzen wir gemeinsam auf der Terrasse. Walze haut ordentlich rein. Ich ermahne ihn noch, dass er sich zurückhalten soll. Zum Schluss drückt er noch eine Erdnuss in sich hinein und dann beginnt sein Plastikstuhl ganz langsam in sich zusammenzusinken bis sein Kinn auf dem Tisch liegt. Kann man mal sehen, was eine Erdnuss ausrichten kann. Viele witzige Ereignisse sind mir in Erinnerung geblieben.

Rötgers Frau Petra ist die erste, die mich bezüglich des Rennens 2018 kontaktiert. Natürlich habe ich mich über das Interesse gefreut, das Ganze aber erstmal mit ein bisschen Vorsicht betrachtet, weil man ja mittlerweile weiß, was alles an so einer Veranstaltung hängt. Also erstmal sehen, ob das was wird. Und was soll ich sagen? Es wurde! Das ganze Event ist größer, bunter und vielseitiger geworden als das Rennen 1988. Man konnte gar nicht alles sehen und verfolgen, weil an jeder Ecke Action ist. In der ganzen Eventwoche ist es sehr heiß. Am Rennentag gleicht der Porsche einer Sauna. Man mag kaum einsteigen. Der Start läuft ganz normal, außer dass die Reifen durchdrehen. Man hätte etwas Sand hinstreuen sollen, weil der ganze Startbereich voll mit Gummi von den Rennen der Vortage ist. Sofort nach dem Start gebe ich Vollgas und im Laufe des Rennens habe ich noch ein bisschen aufgeholt. Die entscheidende Zehntelsekunde, die mir am Start gefehlt hat, hat schließlich das Rennen entschieden. Aber auch hier gilt: Das Event ist entscheidend. Am wichtigsten ist es, dass die Besucher eine gute Zeit haben und wir dazu beitragen. Und das ist uns gelungen.

Beim Rennen 2019 schließt sich der Kreis. Ich trete gegen Fans an. Ein Junge auf einem Mokick steht mir gegenüber. Die Besucher rufen mir zu „Lass ihn gewinnen, lass ihn gewinnen!“ Er bekommt einen kleinen Vorsprung und tatsächlich gelingt es ihm vor mir ins Ziel zu rauschen. So ein glückliches Gesicht habe ich selten gesehen – sehr rührend. Die Menge johlt und klatscht. Bestimmt wird er Rennfahrer.

DIE ZEIT WAR GEKOMMEN, ES SOLLTE SOWEIT SEIN!

Petra Feldmann / 2020

Irgendwann im Frühjahr 2017 hatten Maike und Tim es soweit eingefädelt und Holger Hübner kam uns zu Hause besuchen. Meine Freundin Maike Brzakala (unsere Netzstrategin) ist eine echte Wackenerin und hat in ihrer Jugend schon die Jungs aus Wacken beim Fußball abgeledert und Tim Eckhorst war schon länger der Grafiker vom Wacken-Team. Holger und Thomas Jensen wollten schon immer gerne etwas mit uns machen. 2004 waren wir auch schon auf der Promotion-Tour in Wacken und wir beschlossen endlich ein neues Rennen mit dem Wacken-Team zu machen, damit Rötger noch einen letzten Versuch starten kann, um Holgi zu besiegen. Ich war der Meinung, dass Andi dieses Mal den Red Porsche Killer fit machen sollte und die Anderen stimmten mir zu. Nachdem die Verträge im Sack waren – die richtigen Verträge waren weitaus arbeits- und kostenintensiver als „der Vertrach“ – ging es los!

Ohne Maike und Tim hätten wir es nie geschafft. Tim machte seinem Namen Eckhorst alle Ehre und musste es allen Recht machen, zur einen Seite seinem Wacken-Chef und zur anderen Seite Rötger Werner Friedrich Wilhelm Feldmann, der seinem Namen auch alle Ehre macht und mindestens alle vier sturköpfigen Namensgeber in sich vereint hat, wenn er seinen Kopf durchsetzen will! Tim hat eine Engelsgeduld und ist der geborene Kommunikationsdesigner, das Studium welches ich einmal begonnen und zu meinem großen Ärger nie beendet habe. Aber aus mir ist ja doch noch etwas geworden, Damenschneidergesellin bin ich ja schließlich auch noch. Das ganze Team von Holger hat Berge versetzt und Basti (Bastian Ohrtmann), unser Projektleiter, hat sich selbst und alle unsere Erwartungen übertroffen und fast alle Wünsche vom nicht immer sehr einfühlsamen Brösel erfüllt – auch wenn er ihn vielleicht manchmal gerne zum Mond geschossen hätte. Alle guten Dinge sind drei. Dieses Mal, beim dritten Anlauf, hat es geklappt. Wir hatten einen Wahnsinns Coach, der mich unterstützt, mit mir zusammen Rötger fit gemacht und dafür gesorgt hat, dass er durch eine Gesund-und-Fit-Ernährung in Kombination mit Sport auf seine Gesundheit achtet, keinen Alkohol trinkt und ruhig, konzentriert und ausgeruht auf seine Rennmaschine setzt. Ich bin so stolz auf ihn, dass er sich wie ein rich-

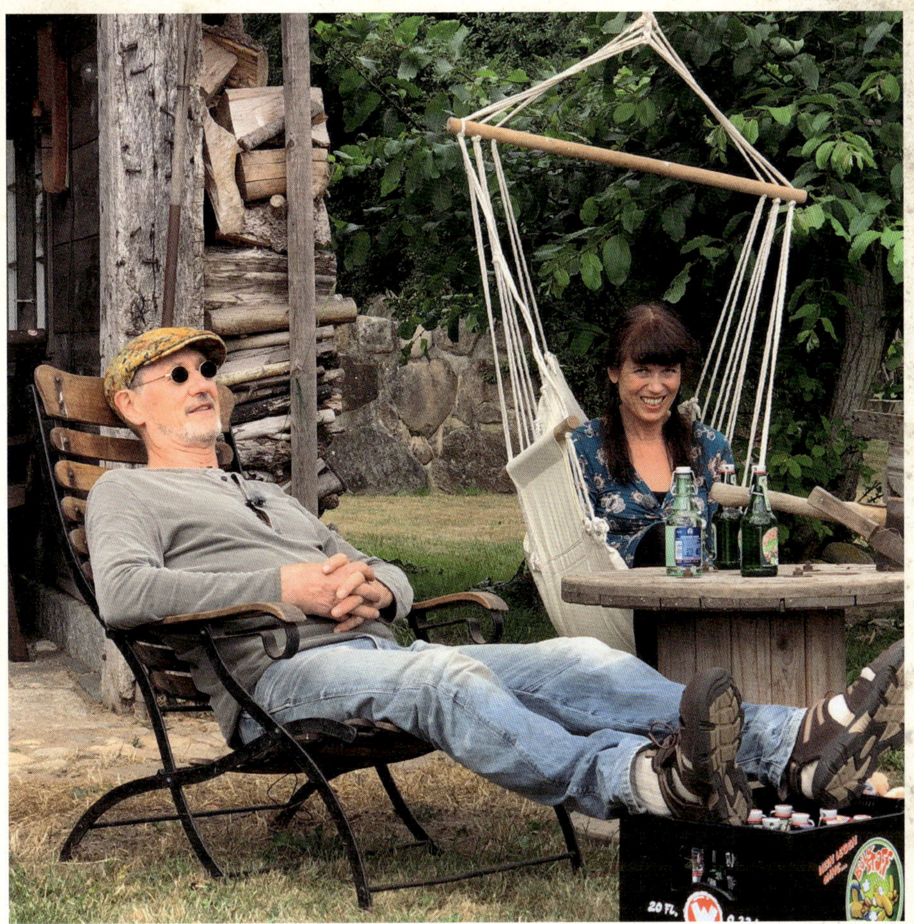

Nach dem Sieg: Kiste Bölkstoff, Füße hoch.

tiger Rennfahrer auf seine wilde Horex geschwungen und Holgi abgeledert hat. Ein eigentlich ungerechter Wettkampf – Holgi in seinem teuren Nobelschlitten und Rötger auf dieser wackeligen autodidaktisch selbstkonstruierten Rennrakete, und das auch noch mit eingeschränktem unscharfen Blickfeld auf dem linken Auge und winzig kleinen Brillengläsern, die ja sein Markenzeichen sind und ohne die er undenkbar ist. Und 69,5 Lebensjahre sind ja auch kein Pappenstil! Zum Glück konnte Holgi das Feiern nicht sein lassen und Rötger ist diesmal früh mit mir zusammen nach Hause gefahren. Am Vorabend hat er noch einmal mit dem Rennleiter den Start an der Startampel geübt, so dass er sofort losrasen konnte während Holgis neue Reifen einen kleinen Burn-Out drehten. Das war Brösels Chance, weil das Glück endlich bei ihm war. Er hat ihn abgeledert, auch wenn das Ende viel zu schnell vorbei war, wie jedes gute Ende im Leben.

Danke, lieber Wacken-Holger, dass du das möglich gemacht hast!

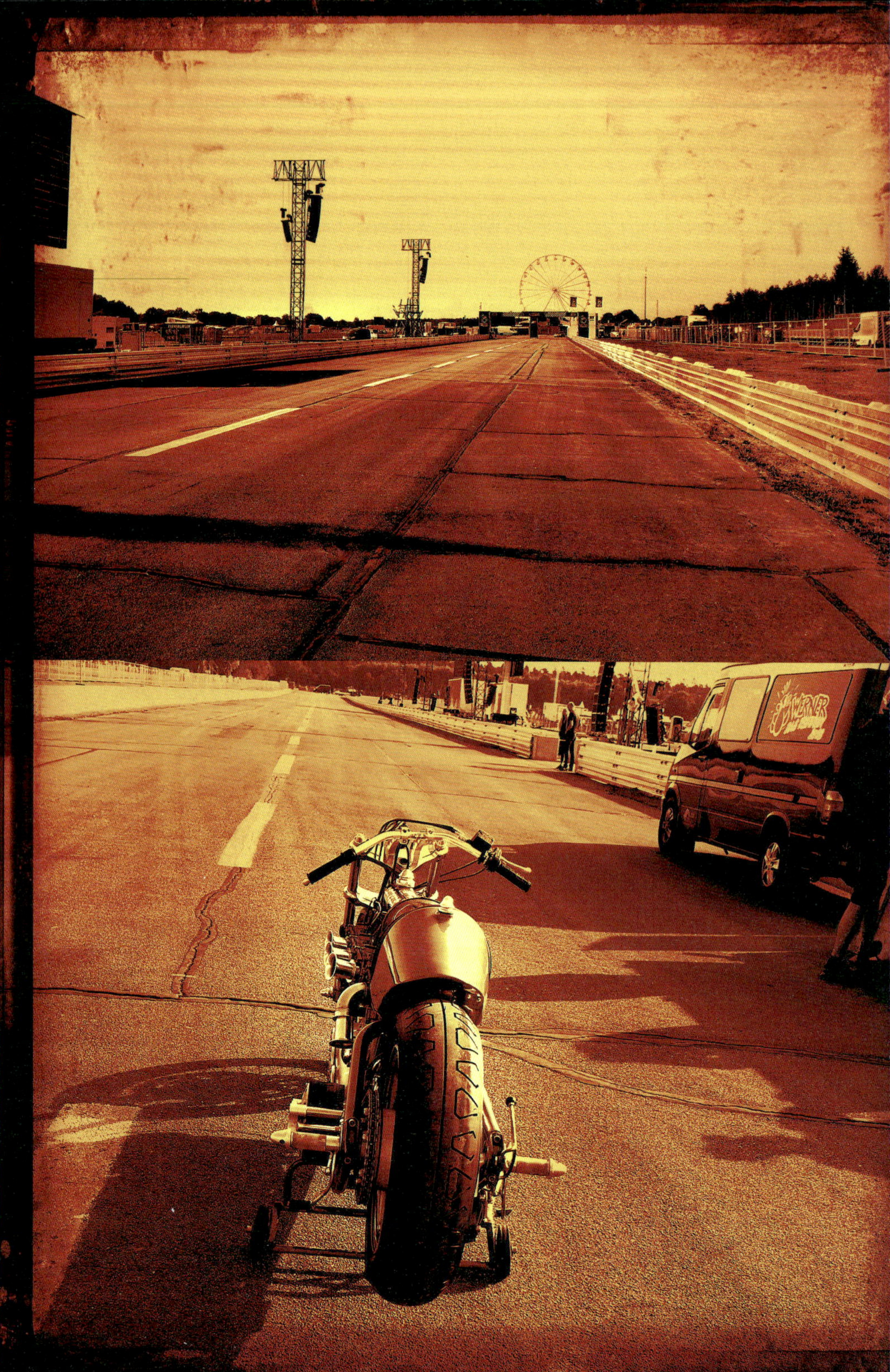
WERNER

DATEN - FAKTEN - SUPERLATIVE

Das Rennen 2018

- Größe des Festivalgeländes: 200 Hektar
- Festival-Infield: 80.000 m²
- Besucher: 50.000
- 50 Kilometer beplanter und gestellter Bauzaun
- 500 Mobiltoiletten (+ 350 Metal-Mobile-WCs)
- 250 Einheiten wassergespülte Toiletten
- 250 Urinalplätze
- 6 Behinderten-gerechte WC-Container
- 300 Duscheinheiten
- 2 Behinderten-gerechte Duscheinheiten
- 200 Waschplätze
- 20 Trinkwasserstationen
- 400 Tonnen Müll
- Stromleistung: 12 Megawatt (entspricht dem Bedarf einer Stadt mit ca. 70.000 Einwohnern)
- Zusätzlich zum Feststrom werden weitere 40 Dieselaggregate benötigt
- 6 Kilometer flexible Stromleitungen (dazu 280 Verteilerkästen aufgebaut)
- 50 Food- und 50 Gastronomiestände
- 50 Non-Food-Stände
- Bierverzehr: VIEL
- 1.500 LKWs mit Material
- 75 Sattelzüge Bühnenmaterial (entspricht 1.000 Tonnen)
- 10 Sattelzüge Tontechnik
- 33 Sattelzüge Lichttechnik
- Bühnenaufbau: 7 Tage
- Bühnenabbau: 5 Tage
- 450 Lastwagen liefern an fünf Tagen 11.000 Tonnen Erde für den Streckenaufbau
- insgesamt 3.000 Mitarbeiter
- 400 Polizisten täglich
- 250 Feuerwehrleute täglich
- 900 Sanitäter täglich
- 6 Notärzte (Tag und Nacht je 3)
- 50 Behördenvertreter
- über 80 Bands (ca. 900 Personen auf 4 Bühnen)
- 8 Rennserien
- 4 Rennstrecken
- 1.100 Fahrer
- 3.600 Rennenteilnehmer
- 15 geländegängige Pritschenfahrzeuge
- 20 Geländewagen
- 50 Stapler
- 30 Shuttlefahrzeuge
- 40 Quads
- 40 Motorroller
- 60 Fahrräder

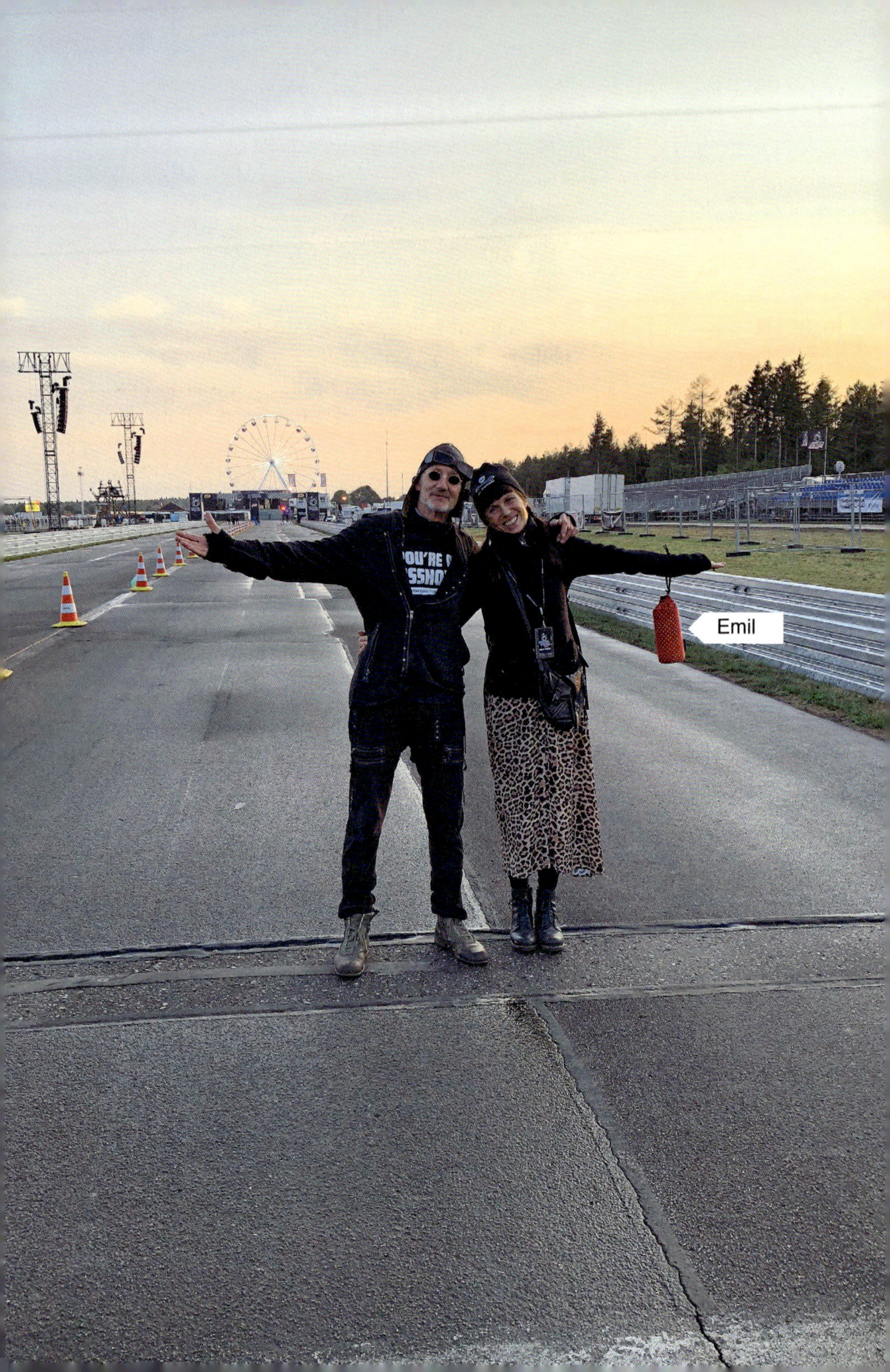
Emil

Vielen Dank an:
1988: Ölfuß und sein Team, Holgi, Joha Driving Unit, Renate & Mike Conrad, Niels Brandt (†), Uschi Feldmann, Uwe Achterberg, Winni Bartnick, Strupp und Wolfgang Marx, Frederic Plambeck und allen freiwilligen und unfreiwilligen Helferinnen und Helfern.
2004: Ölfuß + Team, Andi Feldmann, Holgi, Folkert Koopmans, Bernie Schick und das gesamte FKP Scorpio Team, allen Besuchern, Fahrern, Künstlern, Mitarbeitern, Helfern und Ämtern.
2018: Holgi und Sabine, Ölfuß, Andi und die gesamte Porsche-Killer-Crew, Jens und Conny, Daniela, Holger Hübner, Thomas Jensen, Bastian Ohrtmann, Sebastian Rohmann und die ganze ICS-Truppe, Dr. Michael Buthke (†), Martin Beering, Manu und Konny Reimann, Maike Brzakala, Ingo Martin, Tim Eckhorst, Bernd „Harry Sack" Stölting, Kai Swillus und Team, Loerke PR, Erik Jülicher, Linn, Strupp und Wolfgang Marx, Frederic Plambeck, Klaus Eckhorst, Axel Hinrichsen, allen Besuchern, Fahrern, Künstlern, Mitarbeitern, Helfern, Anwohnern, Ämtern, Medien und an alle Fans!

Petra & Rötger

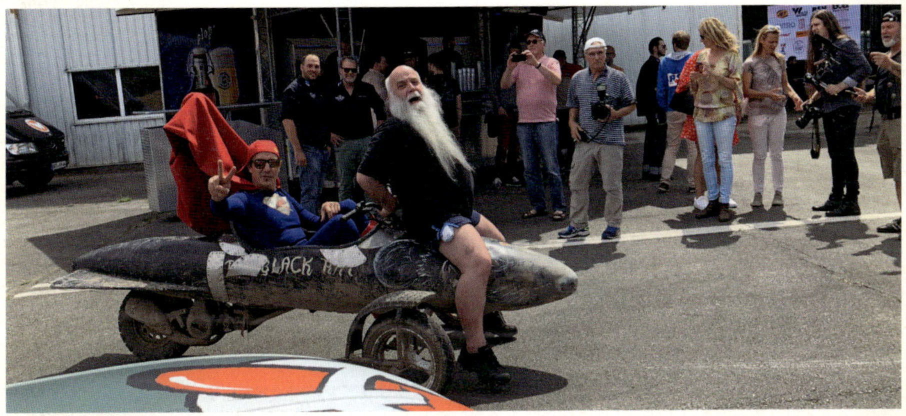

BILDNACHWEISE / FOTOS:

Kai Swillus: 5, 152 (Bildbearbeitung jeweils: Tim Eckhorst) **Frederic Plambeck:** 11 (oben), 27, 31, 35, 45, 56, 61, 62, 65 (oben), 76 (Bildbearbeitung jeweils: Brösel) **Tim Eckhorst:** 104–107, 132–134, 135 (rechte Spalte und unten), 136, 137 (oben), 153, 172 **Lutterbeker Produktion:** 22/23, 52, 58/59, 66, 67, 74, 75 **Andree Schulz:** 65 (unten), 70 **Axel Hinrichsen:** 110–115, 128–131 **Petra Feldmann:** 11 (unten), 79 (Foto Mitte), 80–90, 93 (rechte Spalte und links unten), 95–99, 101 (Mitte), 109, 116, 120–125, 135 (oben links), 138, 139 (oben), 143 (unten), 151, 154/155, 175 (Bildbearbeitung jeweils: Brösel) **Casei Media Team:** 171 **Ölfuß:** 15 (Red Porsche Killer Zeichnung) **Klaus Eckhorst:** 15 (Foto Mitte), 20, 21, 44, 53, 63, 91, 93 (oben links) (Bildbearbeitung jeweils: Brösel) **HoHa GmbH:** 126/127, 137 (unten), 140–142, 143 (oben), 144–150, 157–169 (Bildbearbeitung jeweils: Brösel) **Brösel:** Alle anderen | Wir haben alle Bild- und Autorenrechte nach bestem Wissen und Gewissen recherchiert. Sollte dennoch jemand seine Rechte verletzt sehen, bitten wir um Mitteilung.

WEITERFÜHRENDE LITERATUR IM HANDEL ERHÄLTLICH!

DIE STORY ZUM RENNEN 1988!

DER COMIC ZUM RENNEN 2004!

DAS BUCH ZUM RENNEN 2018!

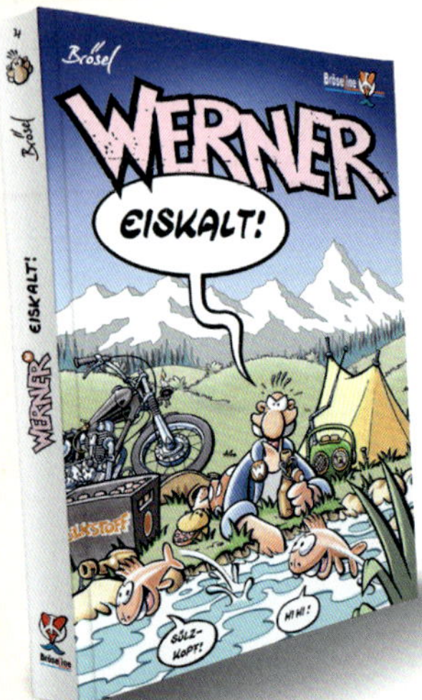

4 WERNER – EISKALT!
A5 Softcover
ISBN 978-3-947626-04-5
144 Seiten

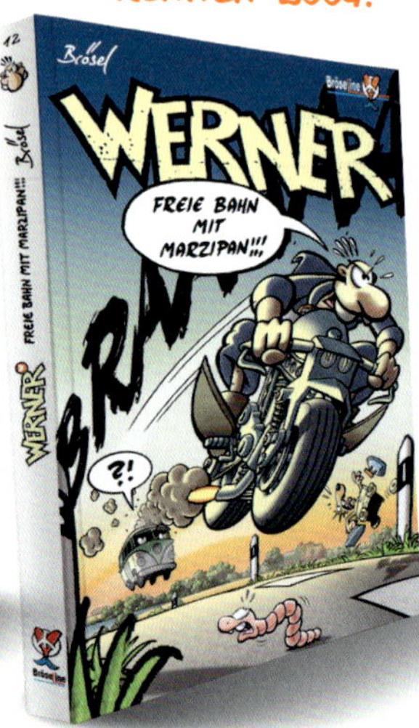

12 **WERNER – FREIE BAHN MIT MARZIPAN**
A5 Softcover
ISBN 978-3-947626-12-0
128 Seiten | Neuauflage in Vorbereitung!

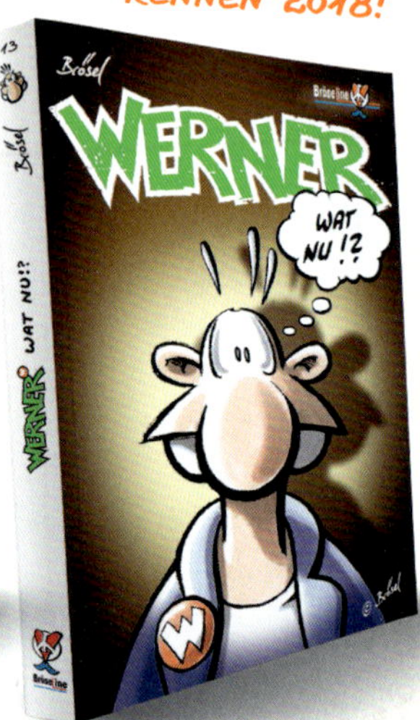

13 **WERNER – WAT NU!?**
A5 Softcover
ISBN 978-3-947626-00-7
128 Seiten

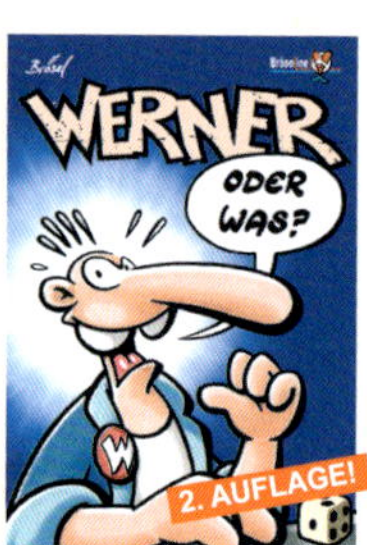

1 **ODER WAS?**
ISBN 978-3-947626-01-4

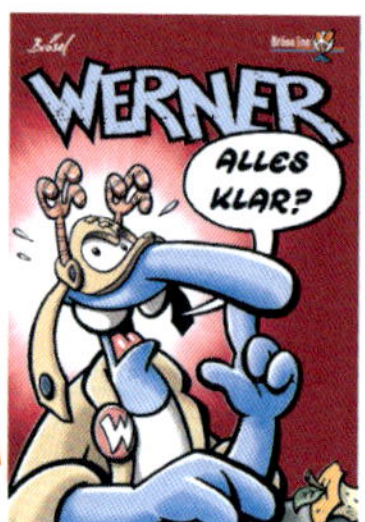

2 **ALLES KLAR?**
ISBN 978-3-947626-02-1

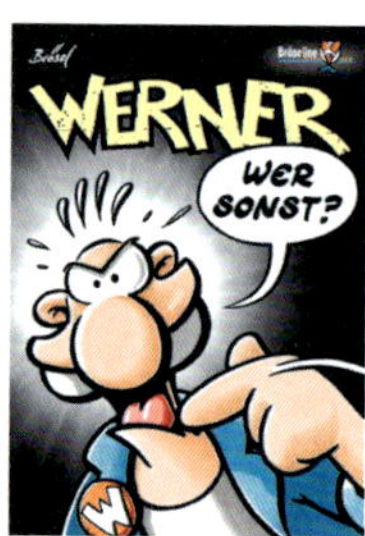

3 **WER SONST?**
ISBN 978-3-947626-03-8

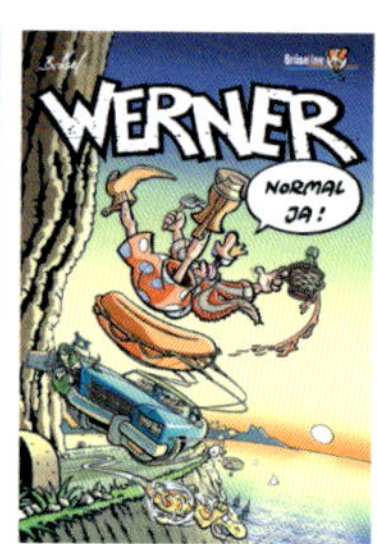

5 **NORMAL JA!**
ISBN 978-3-947626-05-2

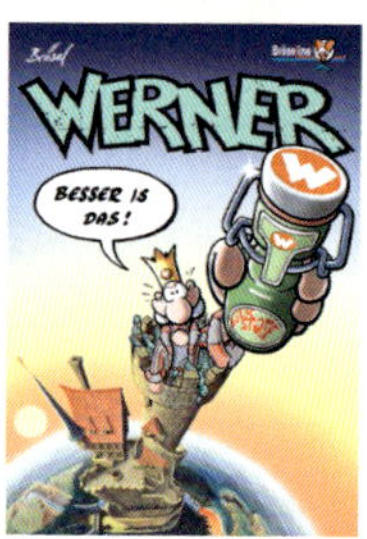

6 **BESSER IS DAS!**
ISBN 978-3-947626-06-9

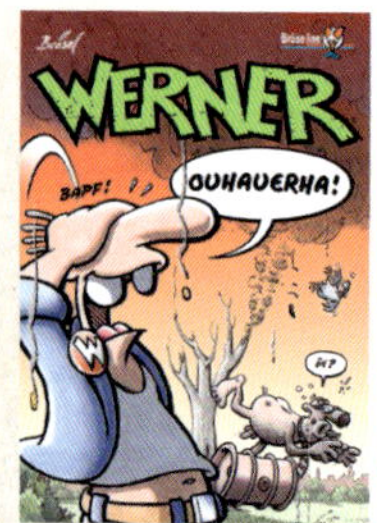

7 **OUHAUERHA!**
ISBN 978-3-947626-07-6
In Vorbereitung!

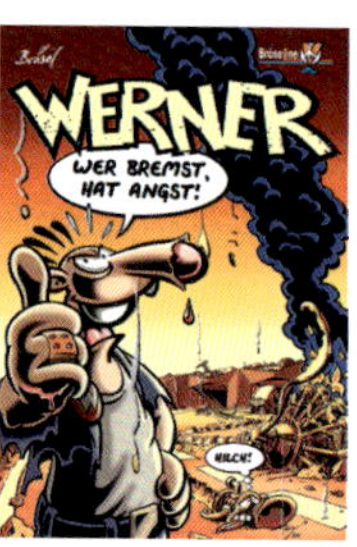

8 **WER BREMST, HAT ANGST!**
ISBN 978-3-947626-08-3

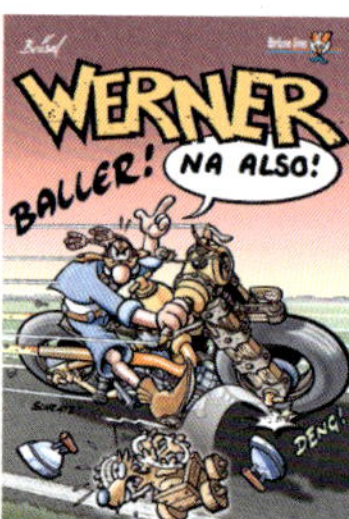

9 **NA ALSO!**
ISBN 978-3-947626-09-0

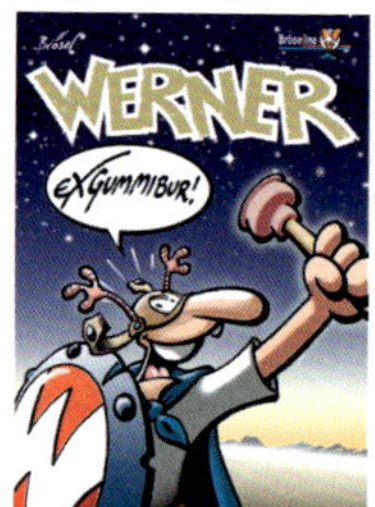

10 **EXGUMMIBUR!**
ISBN 978-3-947626-10-6

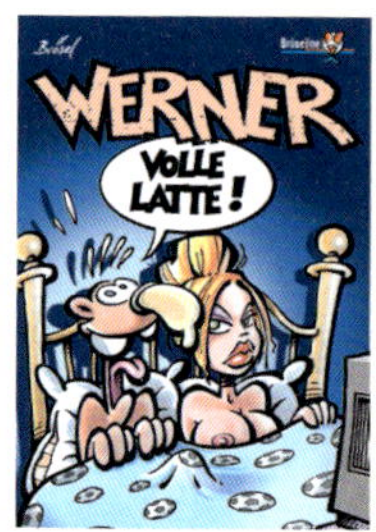

11 **VOLLE LATTE!**
ISBN 978-3-947626-11-3

ERHÄLTLICH IN JEDER GUTEN BUCHHANDLUNG!!!

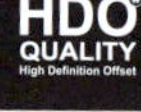

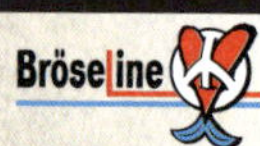

werner.de | werner-tv.de | facebook.com/werner-41840467057 | instagram.com/broeseline.werner